在深渊里仰望星空

北溟鱼 著

魏晋名士的卑微与骄傲

湖南人民出版社

自序

在最深的黑暗里，人睁开眼睛，
看见漫天繁星

那年，谢安二十啷当岁了，偏偏拒绝了所有的工作邀约，还在家里蹲着。为了逃脱亲朋好友对他"不守规矩"的劝诫，他住在山上。没有应酬，就不用做新衣服，每天穿着半旧的衫子在后山转悠。兴致来了，就出海去钓鱼。他只有两三个朋友，在钓鱼与闲逛时，与他谈论历史、传说、小说与诗。

他身处的时代，三国两晋，是有记载以来中国历史最黑暗的时代。战争、饥荒、瘟疫不断轮回，死亡成了每天必须面对的话题。他们被迫迁徙，远离故土，甚至不能够祭奠祖先。但在最深的黑暗里，人却可以逃脱旁人的审视，睁开眼睛，看见漫天繁星。

在这个最苦难的时代，他们以生活的动荡为代价，打碎了社会与家庭套在脖子上的枷锁，舒展身体，真正成为一个"人"。在他们之前,做人要守"规矩",哪怕那意味着在循规蹈矩里磨灭自我本身的个性与情感,哪怕那意味着戴着面具,把自己装进一个安全却密不透气的"套子"里。但是在他们的时代,宗白华说,人向外发现了自然,向内发现了自己的深情。

他们自爱,所以珍惜自己的肉体,讲养生,尚容止。于是有"濯濯如春月柳"的王恭,有面白似粉、顾影自怜的何晏。在这个时代,你看到最俊美的男人,看到最舒适惬意的生活方式,于是有悲茄微吟、浮瓜沉李的西园之游,有曲水流觞的兰亭集会。

他们服五石散,信天师道,追求肉体的永生。却也谈笑被戮,从容赴死——追求肉体之外,精神的永恒。他们珍视自己的精神世界,追求生后可以被记得的理由。于是中国历史上最美的死几乎都出现在这个时代:临刑场而色不变的夏侯玄,回望落日以一曲《广陵散》奏成千古绝响的嵇康。

第一次,他们认真地谈论谁是"英雄","英雄"终于脱离了道德模范高高在上的偶像模板,开始变成了鲜活的,值得尊敬和却无法复制的个体。于是有横槊赋诗却终于壮志未酬的曹操,也有对着昔年垂柳感慨时光易逝却愿意遗臭万年的桓温。

秋天的时候，谢安与朋友们坐在楠溪江边的大石块上发呆，仰头看见天高云淡，飞鸿往来；再低头的时候，在他们不久远的记忆里，在他们的身边，有那么多可以被反复提起的人物：

前朝有曹丕，因为故友爱听驴叫，带着朝臣到故友坟前专门学驴叫；

前朝有阮咸，穷又不服，别人晒金银财宝他晒裤衩；

前朝有阮侃，半夜去茅房撞了鬼，哇地大叫一声：鬼怎么能长得这么丑！

前朝有胡毋谦之，撞见老爹胡毋彦国酗酒，连名带姓骂他爹：胡毋彦国！不能再喝了！

夜深人静，醉得东倒西歪，谢安仰天躺着，常感到伤感：如果人生与涨潮一样有指定的方向，有人在努力融进潮水的节奏里，有人只想好好跟自己相处，但那都不是自己可以掌握的。

后来他年纪渐长，原先一起玩的朋友渐渐散了：他们有家庭的责任要去承担，在人生潮流中"逆行"有巨大的代价。当然，被人景仰、吹捧、跟从，也是一种诱惑。

微雪的冬夜，围着铜甑煮羊汤烫酒的，只剩他和袁宏。

袁宏是谢安老乡，给他哥哥谢尚做参军。公文写得无精打采，倒是很爱在上班时间迟到早退，瞎胡聊。他钻研历史，却也没能因此走上人生巅峰。三十卷《后汉纪》都写完了，他也还是一个秘书。这时候，谢安那些默许他躲在家里不上班的哥哥们不再能庇护他。谢安也将要出山，努力与世道周旋。谢安便对袁宏感叹：最后离开的人，应该把他们谈论过的人物记录下来。看来要你来写了。

袁宏从来没问，写它做什么？却依言写了一部《名士传》。讲述有晋以来正始名士、竹林七贤和中朝名士的故事。袁宏以夏侯玄、何晏、王弼为"正始名士"；阮籍、嵇康、山涛、向秀、刘伶、阮咸、王戎为"竹林名士"；裴楷、乐广、王衍、庾亮、王承、阮瞻、卫玠、谢鲲为"中朝名士"。

这就是您将要翻开的这本书里大多数人物的来历。

这些人或是政治家，或是哲学家，文学家，有的甚至什么也不是。只是因为特立独行，让人忍不住述说他的故事。如果他们一定有所共同，是自由——追求心灵的自由，言行的自由。在对凡俗的反抗中，有的堕入了尘埃，有的成为绝响。在身处的世界，他们曾经想保持精神的高蹈，却又偏偏得在鸡零狗碎和尔虞我诈里求生存。后人看到他们的浪漫，他们的无奈，他们的挣扎，甚至卑琐。但就是因为这些，他们才变得更加真实。那时候，那么多闪烁着智慧和生命之美的个体，如同当风的披帛，如同流过溪涧的酒觞，如同和暖的阳光，给了我们俯仰天地的范本。

后来也有想要在"世道"一往无前的潮水里逆流而行，与自己好好相处的人。不过，他们甚至连谢安的两三个好友也没有，常常感到孤独。

现在可以回答那个问题了：谢安为什么坚持要袁宏写下这些人的故事？

不是留给后人的政治经验，也不因为这些人出生如何显赫，如何在活着的时候叱咤风云，如何成了人生赢家。只因为，他们够勇敢，够坚定，把无聊的人生过得够有趣，把卑微的人生活得够骄傲。

它像是一道光，照见那些以年龄为单位，被缚住手脚扔在洞穴里的人。鼓舞他们站起来,走出去,看一看历史上曾经有过的,更广阔的人生与心灵。

但袁宏的书竟然没有保留下来。我只好在堆积如山又沾满尘埃的历史里找出只言片语,在他的底本上加入了"三曹""建安七子"和他与谢安的时代。搭个样子,放在这个熙熙攘攘的时代里,昏暗拥挤令人焦虑的十字路口。

期望经过的人睁开眼睛,看到光。

曹操：取暖靠抖的时候，也要敲着空碗唱歌　　001

曹植：不去奋力挣扎，只有被人践踏　　009

曹丕：在这样对人生的失望里，保持微笑　　019

孔融：当生命里最纯粹的东西闪光的时候　　032

陈琳：打工仔，必须要没脸没皮　　042

王粲：再耀眼的才华，也要有人度　　048

阮瑀：从此当歌唯痛饮，不须经世为闲人　　057

刘桢：当命运拐弯的时候　　064

应玚：如果人生是场没完没了的party　　073

徐幹：人之所以寻找爱人　　079

何晏：处境尴尬的才华和美貌　　084

夏侯玄：我允许你编造一个处死我的理由　　096

王弼：书生的报复　　107

阮籍：人生总是得到一些，失去一些，
　　但什么也不想失去可以吗　　　　　113

嵇康：古痴今狂终成空　　　　　121

嵇绍：以身殉国，是一个男人最幸福的归宿　　134

山涛：世人谤我欺我辱我笑我轻我，又如何　　142

向秀：现实太残酷，越聪明的人越痛苦　　154

刘伶：痴迷于酒的人，又寂寞又骄傲　　161

阮咸：一直被模仿，从没被超越　　166

王戎：知交半零落　　171

裴楷：被比作"玉"，是怎样的光芒　　177

卫玠：身披美貌和荣耀，看到永恒的悲伤　　183

谢鲲：见鬼的勇气　　189

庾敳：想过快活日子，得有个哥哥　　196

王承：人生何必处处"艳压"　　200

乐广：才华、德性都抵不过命　　　　　　204

王衍：卸了妆的人生　　　　　　　　　　210

王导：人之所以为人，并不因为完美，

　　而是因为那些无法用理智约束的真心　217

庾亮：只有时间能医骄傲这种"病"　　　228

殷浩：失败的人生还值得讲述吗　　　　　236

桓温：天下人都骂你，也是一种豪杰　　　242

王羲之：一个流传千年的误会　　　　　　255

王徽之：也许想着你，不需要见到你　　　264

谢安：风流绝　　　　　　　　　　　　　269

谢道韫：有些人，从未想过会有交集，但最后，

　　　倒是一起走到了地老天荒　　　　　279

后记：在历史与文学的分叉点　　288

参考书目　　293

本书大事年表　　298

曹操

取暖靠抖的时候，也要敲着空碗唱歌

七月仲夏，疾风骤雨。山谷里的一切都被裹在升腾的雾气里。一列绵延数里的部队蜿蜒而行。沉默中只有雨水撞击树石草木的单调声响。看不见路，不知走向哪里。曹操望着泥泞中缓慢行进的军队，被雨水冲刷着的脸上没有表情，但内心，是崩溃的——曹操征乌桓，被猪队友带到了坑里。

先是，行军路上夏季暴涨的海水冲垮了河北沿海往北去辽东的路。于是田畴献计，绕道河北迁安县徐无山的卢龙塞。没想到的是，这一条路要通过的山口在夏季也被山洪所阻而不通。于是他们只好开山填谷，自己挖出一条路来，从白檀、平冈、鲜卑庭绕了五百多里的路才终于到达目的地辽东柳城。

但坑爹的事情并没有结束。九月回军的路上因为天气干旱，曹操的军队行军两百里没有水源，没有粮食，恶劣的环境把得胜的军队逼到了绝路。

曹操从来就是一个不信命的人,环境越恶劣,他应对的态度越强硬。

小时候爱斗鸡走狗。一心想把他养成一个"三好"学生的家人很担心,叔父常常苦口婆心地教育他。有一天,曹操犯了事,却在马路上看见叔父正迎面走来,他就装疯卖傻,斜吊着眼睛,歪嘴流口水,说自己中风了。

比起那些家里往上数好几辈都是朝廷重臣的体面人家,曹操的出身其实有点糟糕——曹操的祖父是掌实权的宦官,富而不贵,很是受人白眼。于是曹操二十出头就知道绞尽脑汁找有名望的人给他说好话,有了好评才好出去混。他也知道,不喜欢他的人特别多,一家吃了闭门羹,就换一家。他专门去拜访当时的名流南阳宗世林,想让他说两句好话,屡屡登门屡屡被拒之门外。好不容易等到一个举办大宴会的机会混进去,专门等着宗世林起身,手都伸出去了,宗世林视而不见,飘然而去。后来,终于等到欣赏他的乔玄,曹操便把乔玄对他的吹捧到处宣传:乔玄说,天下大乱,只有名世之才才能安天下,这不就是阁下您吗?乔玄也很够义气,不仅自己吹捧他,还专门托关系请自己的好友,月旦评的掌门许劭吹捧他。这才有了曹操得意地拿着许劭"治世之能臣,乱世之奸雄"的评价见人就说的后话。

曹操二十岁,举孝廉——得到一个出来做官的机会。做了洛阳北部尉(某公安分局局长),在门口左右各摆了十来个五色大棒,犯法的,该抓抓,该打打,不管家里多有背景,不避豪强。

灵帝宠爱的小黄门的一个叔父犯宵禁，被曹操直接抓起来杀掉。

三十岁的时候，做济南相。治下有十多个县，官场到处都是阿谀奉承，贪污受贿，卖官鬻爵的，老百姓活不下去，就求神拜佛，这也拜那也拜，一片乌烟瘴气。曹操刚上任，就把十个县的长吏奏免了八个，求神拜佛一律禁止。当地豪强恨他，扬言要杀他家人，他也不管：大不了老子干完这票辞职回家。

三十五岁的时候，董卓打进了首都洛阳，想让曹操做骁骑校尉，曹操不肯，就跑。他一路跑，董卓一路追，直到曹操逃到老友吕伯奢家。吕伯奢不在，他儿子和宾客却早已听说董卓追曹操的事情，一面接待他，一面劫了他的马和财物，打算向董卓邀功。曹操一人一刀杀出重围。没过几年，就与天下诸侯一道起兵讨伐董卓。

直到建安十二年的这个九月。他五十三岁了，依然是想好了就去做、遇到险阻就硬扛的性子。这一次，他依然胜利了。但胜利来得不完美，甚至有些惨烈，他在品尝成就的时候，也要咽下更多残酷的苦涩：曹操在这一次行军中平定了乌桓，消灭了袁尚袁熙的残余，统一了北方。冬水枯竭，土地冻结，因为艰苦的行军他最喜欢的谋士郭嘉病死柳城，因为饥饿，只能以杀死数千匹战马来做兵士的粮食。

但在这时，他写了诗。是我们从小便知道的五章《步出夏门行》。那会儿，他正在经历一场寒冬，一场饥饿，一场战争。正当此时，他看见了大海。简直是满斟苦酒，不过他还要端着酒杯祝曰 cheers（干杯）。有人饥寒交迫便哭，有人饥寒交迫便擦亮火柴幻想一个热腾腾的大肉包子。可还有人,一边取暖靠抖,一边敲着空碗唱着歌——不是缺心眼,是真气魄。

他写了沧海——"日月之行,若出其中;星汉灿烂,若出其里"(《观沧海》);他写了让人绝望的饥寒——"流澌浮漂,舟船行难。锥不入地,蘴藾深奥。水竭不流,冰坚可蹈"(《土不同》);更重要的是,他写了自己——"老骥伏枥,志在千里;烈士暮年,壮心不已"(《龟虽寿》)。

他把自己比喻成一匹老马,一个烈士,为了他的志向奔波远途。曹操的志向很简单,他在《让县自明本志令》里说了,"欲为国家讨贼立功",更长远一些,是在《对酒》一诗里写的,"对酒歌,太平时,吏不呼门。三年耕有九年储,仓谷满盈。斑白不负载"。——标准的儒家式的盛世图景。而他,与那些不能得用,满心委屈,因而理直气壮光动嘴不动手的诗人不同,他想做的,都做到了。

在他同时代的诗人里,曹操写了最多、最细腻的时代的痛苦。《薤露行》《苦寒行》,天气冷,没有吃的,饿殍遍地,没有活人。以至于文学论文《文心雕龙》的作者刘勰说他爱抱怨,羁縻于哀思,是《诗经》里《韶》《夏》一类不上台面的"郑声"。钟嵘在《诗品》里把他评了一个下等,罪在"古直"。

"古直",用曹操自己的话来说,就是"强盛,又性不信天命之事"。他是他所处的时代最坦率的诗人,坦率到有时因为无法以成理推测,而让人不安。他也不拘泥——不拘泥于成礼,也不为过去的自己所限制。在一次征吴时,天下大雨,军中多有怨声。

曹操知道有人要劝，直接发了一通告示"有谏者死"，然而贾逵还是进谏，于是被收监。但过了几天，曹操却又发了一通告示，说贾逵并无恶意，官复原职（说好的有谏者死呢？）。又比如，《魏志刘矫传》里他下令，说，我们不要搞东汉那套以风评来判断人的标准。丧乱以来，风教凋敝。风评议论的标准，已经不适用判断人才了。任何人，以前做过的事情，既往不咎。

他的坦率与强硬，像一道利剑，劈开汉末混混沌沌一潭死水。

但他依然要面对古来所有英雄都要面对的问题：年龄渐长，他强烈的自信与执行力，在时间以白发、皱纹、记忆衰退、松弛的皮肤等残酷的攻击之下，演化成一种强烈的防御性——他变得多疑、狠辣，任何挑战他权威的行为都被冷酷镇压。汉献帝在许昌，宿卫兵士全都是曹操的人，议郎赵彦为献帝解说他的处境，立刻被曹操杀了。他诛杀了政敌袁谭，甚至不许别人去哭：敢有哭之者，杀全家。他还养间谍，潜伏在自己的儿子臣下家刺探秘密，不能容忍任何人在他背后议论他。

似乎预想到他的某些行为会在后世遭来非议，他也是替自己辩解的。但他为自己辩解，也不祈求普遍的谅解。似乎是，我真心诚意地这样想，也说给你们听了，至于相信不相信，随便。建安十三年的湿冷的冬天，在那场后世为周瑜与诸葛亮树碑立传的赤壁之战之前，曹操怀着他统一天下的最大愿望，横槊赋诗。

是这首《短歌行》。他写道：

青青子衿，悠悠我心。

但为君故，沉吟至今。

这四句是从《诗经》里抄来的。按照诗经的原来脉络，下面就该是黏答答的"纵我不往，子宁不嗣音"。

但是曹操，他倒是宕开一笔，写道：

呦呦鹿鸣，食野之苹。

我有嘉宾，鼓瑟吹笙。

明明如月，何时可掇？

忧从中来，不可断绝。

越陌度阡，枉用相存。

契阔谈䜩，心念旧恩。

月明星稀，乌鹊南飞。

绕树三匝，何枝可依？

山不厌高，海不厌深。

周公吐哺，天下归心。

讲鹿鸣，讲宴谈，最后讲"归心"——人家《诗经》是为了写"情郎呀，快回我的信"，可他写的是"想干番事业的人，难道不该来找我？"用情诗来招聘，写得这么强硬却让人喜欢，这是最鲜明的"曹操风格"的诗篇。

但是曹操好像也没有很在乎要以诗人的形象为后人所知。以他性格中的"强硬"，但凡他下决心专心做点什么，都能有成就。他钻研兵法，便有了最早的《孙子》注。曹操爱喝酒，就有后来谈起喝酒，就要提到的"何以解忧，唯有杜康"；他把家乡一种"九酝春酒"的方子写出来，献给了汉献帝刘协，于是便有了日后的"古井贡酒"。他好读书，也督促孩子们读书，以至于很多年后他的儿子曹丕还记得他在军旅途中，也手不释卷。他铸造宝剑，却以哪个儿子爱读书作为赠送的标准。他接纳天下最杰出的文人，哪怕人家刚写檄文把他骂得狗血淋头。蔡邕比他大二十多岁，他还是无名小卒的时候，蔡邕便是知名天下的大才子。两人同是乔玄（大小乔的父亲）的朋友，点个头的交情（曹丕只能以关系很铁却不常来往的"管鲍之交"来粉饰）。可等他得势了，还想着要把蔡邕的女儿蔡文姬从匈奴那儿用黄金玉璧换回来，算是他对蔡邕的交代。

陈琳曾经替袁绍写讨伐曹操的檄文，骂他是"赘阉遗丑，本无懿德，僄狡锋协，好乱乐祸"，总之，猥琐得不得了。但正相反，名门后代耿耿于怀、斤斤计较的，在曹操这里不值一提。他不耐烦计较这些。多响亮的家世名声也不妨碍他在心里品评一番，有时候更暗地里鄙夷一下。三十五岁的时候，朝廷置"西园八校尉"，曹操跟袁绍都在其中。袁绍出身汝南大族，家里四代出了五个国家最高级领导人，这金灿灿的出身，把曹操一比，只留下局促。但曹操却丝毫不气短。后来袁绍与曹操一道起兵勤王，袁绍得到一块象征皇权的玉玺，认为是自己得势的吉兆，碰碰坐在他边上曹操的胳膊，显摆给他看。曹操笑笑，心里却不齿袁绍的目光短浅。袁绍后来听说孔融在曹操麾下，专门写信给他，让他赶紧找个理由把孔融杀掉，因为自己从前跟孔融互相看不顺眼，曹操又笑笑，拒绝了。等当年羞辱过他的宗世林落到了他的手上，曹操却笑问，先生现在可愿意跟我交往了？而后厚礼善待了之。建安初年，曹操迎了汉献帝去许都，袁绍命令曹操把皇帝迁到鄄城去，曹操拒绝。袁绍大怒，恨恨骂道，曹操早该死了，没有我救他，他还有今天！但建安九年，曹操打败袁绍的儿子们，占据了邺城，专门跑到袁绍墓前祭祀，又赐给袁绍妻儿老小财物。

他铸造铜雀台，原是为了军事，后来人却觉得一定是为了收藏美女，似乎一定需要一个不寻常的场所与许多美人，才算是合格的"英雄图腾"。崇拜他的后人江淹顺着这思路，在《铜爵妓》中写了曹操去世之后，美女的怀恋——清夜何湛湛，孤烛映兰幕。抚影怆无从，惟怀忧不薄。

整个魏晋南北朝文化人追求的"风流"，是风度与骨气，是文能倚马赋诗，武能定国安邦，出门不受气，在家爱干吗干吗。这些，曹操都做到了。

说起来，也是不亦快哉。

曹植

不去奋力挣扎，只有被人践踏

建安十九年的夏天，曹操南征孙权，天降大雨，无功而返。但他的儿子们在邺城过得还算滋润。五官中郎将曹丕的办公室门外有一棵大槐树，盛暑的中午，他经常走到这棵槐树下散步，一圈又一圈，有的时候正撞见他的弟弟曹植和朋友们。他们之间能说的话题越来越少，碰上了，其实挺尴尬的——父亲的继承人只能有一个，而他们各自的朋友都认为，自己支持的这一个一定好于另外一个，在每一件事情上都要针锋相对。所以现在，为了保有表面的和平，他们每一次聊天的话题都需要仔细斟酌，才好不痛不痒。没话可说的时候，曹丕就说，这样吧，按照老规矩，我们同题同韵，一起来写一篇槐赋。

曹植在这年得到一个新的封号——"临淄侯"。父亲在他封侯的诏书里说，你好好去做这个临淄侯，保卫魏国。而曹丕，依然没有任何的封号,还是一个主管候补官员选举,在老爸身边打杂的"五官中郎将"。曹操有他自己的解释:成年的儿子们都封了侯,只剩下长男曹丕没有(曹操最大的儿子曹昂死在宛城之战中),你们就该知道,我是想要曹丕继承家业的。

但人是复杂的动物,理智只是所有行为动因中最表象的一种解释。对于曹操来说,也是如此。千万别去问他你最喜欢的儿子是哪一个,他反正不会说实话的。曹植不爱奢侈品,也不爱华丽的服装,除了爱喝酒,没有不良嗜好。性格随和,不爱装腔作势,爱读书,也有好文采。邺城里新的高台建起来了,父亲很高兴,就让曹植写一篇赋(《铜雀台赋》);两个妹妹出嫁了,母亲想念女儿,也让曹植写一篇赋(《叙愁赋》),他全部有求必应。诗词歌赋对他来说,是取之不尽用之不竭的才华。他跟随父亲行军,在涡水边被要求做赋,他就扬鞭策马,在桥上一徘徊,立刻挥笔写就。比起城府深沉,爱奢侈品,爱美女,沉迷打猎,让父亲操心地说"子弱不才,惜其难振"的曹丕,曹植更像个模范儿子。曹植封了临淄侯,没过几年,曹操又增加他五千户封邑,加上原来就有的五千户,二十多岁的曹植成了年轻的"万户侯"。

有上天的馈赠,有爹妈的宠爱,曹植活得随心所欲,毕竟,只要他开口要求,没有什么是不属于他的。在这年,曹植跑去曹操面前,请求征辟天下闻名的才子邯郸淳作为自己的秘书。

曹操想了想,问他,你哥哥也想要邯郸淳做五官将文学,你知道吗?

曹植摇了摇头。

假设他是孔融，学习儒家尊老敬长的传统，就会礼让谦退，不再打邯郸淳的主意；假设他是后代所有恃宠而骄的小儿子，就会泼地打滚不达目的不罢休。不过曹植，他想了想，对曹操说，可以让邯郸淳先来见见我吗？他究竟想为谁工作，让他自己选择嘛。

邯郸淳去见曹植的那天，天气特别热，烤得人如同蒸笼上的白面馒头。邯郸淳到的时候，并没有见到曹植，家臣请他入席，抱歉地说，我家主人正在沐浴敷粉，一会儿就来了。不一会儿，只见一个披散着头发，外衣挂在腰上的胡人踏着节拍，跳着胡舞，旋进室内。五段舞毕，胡人又从怀里掏出九个丸铃，一个接着一个往天上抛去，叮叮当当，一抛一接，九个丸铃如同被无形的细线牵引，像一道彩虹挂在空中。抛丸之后是剑舞，一套表演下来，邯郸淳鼓掌叫好，左右看看，却依然不见主人曹植。正奇怪，"胡人"缓步走向他，吟诵起俳优小说。邯郸淳正怀疑哪里来的文武双全的胡人，那人却在他面前站定，从容笑道，"先生，你看我怎么样？"

邯郸淳震惊当场，才知道，这家伙，就是曹植。于是曹植整肃仪容又与邯郸淳论天地造化，论古今英雄豪杰。邯郸淳看着曹植，如同看见天神下凡，恨不得从此就住在曹植身边，哪里还记得，自己还有一份给曹丕做秘书的入职通知？

这种事情不是第一次发生了，曹植不觉得有什么不妥。曹丕心思深沉，他憎恨那些被曹植的天才与热情所蛊惑，最终投奔曹植的僚属。但当曹丕没有在这场竞争里完全胜利，他就忍着。

曹植身边围绕着崇拜他的朋友们,没有人不喜欢他。他于是更加相信,自己是最该被重视的天才。天才的行为没有准则。法度与礼仪,都是约束庸人的,不该用在他身上。这是他自尊心的一部分,后来成为一种为人羡慕的"风度",但首先,它是对自我和周围一种失真的评估。

曹操有点担心,但这一年曹操六十岁,如同缀在山间缓缓下沉的落阳,而他二十三岁拥有无尽热情与天赋的儿子,正像拥有无限回忆无限向往的朝阳。曹操不舍得对他讲重话,只好写信对他说,我像你这么大的时候,做顿丘令。当时做的事情现在想起来,也没有什么可遗憾的。希望你也像我一样,不要做让未来的自己遗憾的事情。

曹植当然点头称是,却根本没明白父亲的意思。建安七子之一的陈琳常与曹丕曹植兄弟一道宴饮,但曹植不喜欢他,写信给杨修,在这封《与杨德祖书》中,他说,陈琳在辞赋上有些才能,但自我吹嘘跟司马相如一脉相承。这就是"画虎不成反为狗"。我之前嘲笑他,他却向别人讲我专门写文称赞他。语气中的讽刺嘲弄都快漫出来了。父亲为他选择的属官,大多是稳重成熟有教养的名士。比如司马孚、邢颙。这些人一而再再而三恳切地规劝曹植,说话要留口德,恃才傲物,不是正确的存身之道。曹植呢,心情好的时候就把劝诫当耳边风,心情不好,就摆脸子。邢颙,是父亲给儿子们选家吏时专门点名的楷模。曹植对邢颙那套刻板做事的习惯十分看不上,跟邢颙闹僵,跑去向刘桢发牢骚,刘桢专门写信劝说他,你对我好,却怠慢邢颙,这在别人看来是亲近不肖，疏远贤德，让我为难。曹植跟王粲关系好，王粲是一个看不得别人比他更受礼遇的家伙，曹操夜见杜袭，谈了大半夜，王粲就忍不住要打听，他们有什么要说那么久呀？这样一个心比天高的王粲，曹植还要写诗替他抱不平，说王粲是"君子在末位，不能歌德声"。总之，渐渐地，愿意教导匡正曹植的人都离他远去，剩下的，都是跟他一样聪明、骄傲却棱角分明，甚至刻薄的人。

不再有人拽着他的缰绳，曹植天马行空。

建安二十二年，私自出行，驾车违法擅闯门禁出城。

喝酒，总是喝醉。甚至在曹仁被关羽围困在樊城，曹操准备让曹植带兵去救援的那天夜里，喝得酩酊大醉，醉到不能听曹操部署军事。

曹操曾经教导曹植的另一个哥哥曹彰说，"居家为父子，受事为君臣，动以王法从事"，该自我约束的地方，该守的规矩要守。但他忘了教曹植这个。

当父亲决定不再宠爱他的时候，曹植的才华其实也不能为他挽回什么。

曹植对命运的苦难缺少警觉，他得到和失去，都是天命如此，他不曾在血火之间为自己挣出生路，也没有从被万人践踏的缝隙爬到顶峰，他没兴趣迎合人心的虚荣。但优裕而自由的青年时代，养得他天真正直，对于稍纵即逝的际遇缺少机敏，不懂变通。曹操在洛阳去世的时候，曹丕在邺城。洛阳一片混乱，青州军离散，曹彰却手握重兵而来，想扶曹植继位。曹植问曹彰，你难道不记得袁绍儿子兄弟相残的故事了吗？果断拒绝。但曹丕，手里有权的时候，他那"以眼还眼"，锱铢必较的本性必然释放隐忍已久的对于曹植一党的仇恨，还可以借机威慑一下想要反对他的围观众人。总之，一片充满恶意的乌云，丰满地笼罩住曹植的朋友们。曹丕刚做太子，就要找机会杀丁仪兄弟。曹植就在这个当口还要给丁仪写诗，"在贵多忘贱，为恩谁能博"——讽刺曹丕一朝得权就要公报私仇，全然不管这满满恶意的焦点其实是这些人对于他的爱戴，他根本是处境最危险的那个。

但曹植呐，他还以为哪怕成了"君臣"，本质也还是父亲兄长。所以，曹丕做了魏王，立刻把兄弟们赶去他们的封地，不许乱跑。他听话地从母亲身边，从邺城离开，回到临淄，去做他的临淄侯。但他没有想到，连祭奠刚去世的父亲，都会遭到曹丕的拒绝。他甚至已经低三下四地请求说，羊猪牛我都能自己搞到，杏就是我这里的特产，祭祀需要的用品都不需要麻烦朝廷批给我什么。只要允许我进行祭奠就好，父亲过世半年，我实在很想念他。但曹丕找了一个莫名其妙的"庶子不得祭宗庙"的理由拒绝了。

现在天下都知道了，曹丕对这个弟弟冷淡得很。于是那些善于揣测人心迎合上位的人便懂了：黄初二年，就有朝廷派在临淄的监国使者奏报说曹植醉酒，傲慢，出言不逊，甚至劫胁使者。这是目无朝廷的重罪。曹植立刻被押解去京都，在路上被贬爵安乡侯，六年之前他还是"万户侯"，现在成了一个吃喝都拮据的"百户侯"。转过年去，同样的事情又发生了一次，又被监国使者诬告,再次千里迢迢从河北晋州到洛阳请罪。这次,哪怕是一直抱着"随便你折腾"信条的曹植,也愤怒了,甚至赌咒发誓说自己是"以信人之心,无忌于左右",但没想到"身轻于鸿毛,而谤重于泰山"。小人可恶,但他哥哥也并没有对他坦诚相待。好不容易才见上一次面,他竭力自我辩解,曹丕却总是不置可否。他这个哥哥向来如此,嘴上说同情,心里未必不忌惮。

曹丕宽宥了曹植的罪行,给他加了封邑,却又让他再次转徙鄄城。带着"愿批心自说陈"但"君门以九重,道远河无津"的愤懑,曹植来到了洛水边。他做了一个梦,梦见一个美而有灵的女神,可以托付他的一腔热情,可以抚慰他的愤怒失意,与他在现实中碰见的每一个人都不一样。他现在身堕泥沼了,但他也配得上这份纯洁高尚的爱慕。这就是后来有名的《洛神赋》。后来的书生落魄了,总爱给自己写一个女鬼红袖添香,曹植那会儿却流行女神。哪怕再崎岖,有一个美丽高贵善解人意的女性时时陪伴,都是他应当应分的人生安慰。后来的李善为《文选》做注,认为这是曹植隐晦抒发对曹丕那个苦命老婆甄氏的爱情。这是后人的热情想象。正如他们把八竿子打不着的梁山伯与祝英台搭配成"化蝶"的故事一样,好像两个苦命的人被混搭,就能有想象中的幸福。但曹植,他这么高傲、委屈和孤独,也只能留给神女。凡俗里的这些,他都不爱搭理。

可惜曹植只能是发梦。女神驾着车从梦里远去,最理解他的父亲死了,最喜爱他的母亲不能为他说什么,因为他哥哥,已经认为他们从小一道读书习武的情分远没有防备他来得重要了。

后来，他还是承担着在这个家庭里他从小就承担的责任——贺瑞、哀诔，歌功颂德，都是他的活儿。虽然曹丕改朝换代当皇帝那会儿他大哭一场，但该做的工作，他也还是做了，他写了词采华茂的《大魏篇》描述因为曹丕称帝而出现的灵符祥瑞。曹丕在洛阳听到这个消息，也不忘讽刺一下，状似无意地问左右，听说我顺应天命做了皇帝，有人大哭了一场，是为什么？再之后，曹植一次一次被监国使者恶意中伤，为了得到进京当面说清楚的机会，他只能对曹丕写"迟奉圣颜，如渴如饥"——不管他本性多高傲，此时也不得不一次次以卑微的语气剖白自己。

他曾经有一把好牌——父亲的宠爱，天赋的才华，热情天真的个性，都是让人着迷的好东西。不过，他从没有对它们进行任何深谋远虑的规划，不耐烦，也不屑。他的自尊不允许他对那些费尽心机的占有和胜利感兴趣。但是现在，他年纪大了，他开始懂得，别人（比如他哥哥）也许同样不喜欢成为这样心思深沉表里不一的人，但人与人的关系是一张大网，生而为人，早已被粘在网中，不去奋力挣扎谋划，就只有被别人践踏。

曹植明白的时候已经有点晚了。他能做的只有好好写文章表达他恭顺的态度。顺便，再不死心地问一问，是否还能给我一个做一点实事的机会？曹丕是看着他开司马门一路狂奔出去的，有一万个不再信任他的理由。不信任他，防备他，可毕竟曹植也还是他的兄弟，年纪越大，曹丕就越记得小时候的事情。小时候，杨修曾经送他一把王髦剑，很多年后，他又一次看见这把剑，杨修却死了。杨修是被父亲曹操赐死的，他不能对杨修的死表示什么,只好把铸剑人招来,赏赐一些粮食。再后来,他感到自己快要死了。在黄初六年的冬天,征讨孙权无功而返之后忽然想要去看一看曹植。

于是一行人浩浩荡荡到了雍丘。这么多年针锋相对,哪怕促膝而谈,也不再能坦坦荡荡说彼平生。曹植小心翼翼地感谢曹丕愿意与他重修旧好,原谅他从前的错误。曹丕给他讲笑话他诚惶诚恐,陪他一起嗟叹少年过往他胆战心惊。曹丕最后只好说,我还记得父亲从前专门讲过,汉代的皇帝奢侈浪费,衣箱里积存的衣服从没穿过,最后都烂掉。父亲说他死后,要把自己的衣物都分掉。我带来一些,也许你用得上。于是留下衣服十三种,又带着鼓吹行仗,浩浩荡荡走了。

转过年去没几个月,曹丕就死了。写诔文这活儿惯例又落在曹植头上。整个曹家,曹植是第一诔文专业户,他也手熟,提笔就有华丽夸张的吹捧。讲曹丕"才秀藻朗,如玉之莹。"——张口就来,吹得有点恶心。他甚至在末尾写了百来字的"自陈",说自己袖子里藏着刀,也想一死了之。连后代很喜欢他的评论家刘勰都在《文心雕龙》里说,不知道他写这些不合体式的东西是什么意思。

他侄子曹睿在黄初七年五月继位为皇帝,第二年正月改元太和。但曹植,他这年三十六岁,却有点老糊涂了。他写了一篇赋,赋名"慰情"。开头就说,"黄初八年正月,雨。而北风飘寒,果园堕冰,枝干摧折。"也不知道是他老糊涂,还是他有意为之——曹丕这个皇帝,从头到尾就一个年号,黄初,但黄初七年曹丕就死了,黄初八年是一个不存在的年份。在曹丕做皇帝的这七年,曹植经历了他人生最跌宕起伏的摔打、挫败,甚至侮辱。但他终于在残忍中获悉人生本来的真相。现在,不管是否愉快,与他分享他热情天真的少年时代,带给他痛苦挫折的中年时代的曹丕死了,他大半生的跌宕也一并被裹挟而去。对于他哥哥,对于他自己,曹植都该以私人的名义写点什么。

但《慰情赋》失传,他究竟写了什么,我们都不知道了。

曹丕

在这样对人生的失望里，保持微笑

建安十五年的初冬，曹丕跟随父亲和他的僚属们登上了刚刚筑好的铜雀台。台建在城楼上，有十丈高。亭台楼阁挤挤挨挨，甚至飞檐相连一直缀到城中。漳水从台下流过，黄鹄在水上翻飞。邺城，甚至邺城周围在广阔灰白野田中偶尔闪现的零星绿色，全都一望无余，是一种肃杀，也是一种浩阔。

乐伎为此刻排练已久，在格外卖力的丝竹与舞蹈中，父亲命儿子们作诗赋赞美这高而宽广的楼台。曹丕自觉写得不错，刚准备献上自己的作品，弟弟曹植的《登台赋》已经在父亲手中了。父亲看了半天，按捺着惊叹，板着脸转头问曹植，"你这是抄别人的吗？"

"言出为论，下笔成章。父亲不信我，可以随便再定题目，我再写就是了！"

曹丕的这个十九岁的弟弟，穿得朴素，也不在乎形貌，却有一种遮不住的少年意气。他低头看了看自己的《登台赋》，撇了撇嘴，把它扔进了袖子里。他依然镇定地坐着，甚至能够不假思索、滔滔不绝地附和对曹植的才华的赞美，但在他的心里，另一个更清醒的曹丕坐在四面漏风的高台上，感到冷。那是一种对自己的深深失望。曹植肆无忌惮的才华如同一场地震，在曹丕想要成为的那种人和现在的自己之间裂出面目狰狞的鸿沟。他像被冷酷的命运抛在半山腰，不知道路在哪里。

"言出为论，下笔成章"，也是他的理想。他一直知道，"年寿有时而尽，荣乐止乎其身"这是为人而不能抗拒的规律，可是文章，可以不朽。他自觉天赋很好，他也已经为此付出许多。

这年曹丕二十四岁。二十四年前的中平四年，他出生的时候也是一个冬天。那是曹操拒绝朝廷东郡太守任命的第二年，在老家谯县的别墅里，每天打猎读书，闲得无聊。所以，当他出生的时候，曹操很兴奋。给他起名字叫曹丕。"丕"，是伟大的意思。《尚书》里有这样一句，"尔惟弘周公丕训"。说的是，你们要听从周公旦那些伟大的教诲啊。"丕"这个字虽然简单，却古老而有力。代表着父亲对这个孩子骄傲的祝愿：要做伟大的人。

曹操这么说了，也这么照着做了。曹操本来就爱读书，更爱教孩子读书，很久之后，曹丕回忆起来，都说父亲"雅好诗文，虽在军旅，手不释卷。"每天都要抽查孩子读书，还专门教育他说，人年少好学，容易学进去，长大了就容易忘记。在父亲的精心教导下，曹丕八岁能作文，已经读过古今经传诸子百家。

但天下不太平，大城市合纵，小城市连横，互相吞并争斗，黄巾军、山寇土匪互相攻击，百姓死后暴骨如莽。天下战乱，日子不好过，曹操也想叫儿子知道。哪怕只是个小毛孩儿，每次出征，曹操都要把他绑在马背上带上前线。曹丕六岁就会射箭，八岁就能骑射。十岁的时候，曹操遭遇了张绣先投降后反叛的大失败，从宛城仓促逃亡。曹丕的大哥曹昂把自己的马献给曹操而死在了这次反叛中，曹丕凭借自己的骑射功夫，幸运地逃了出来。

动荡的战争时代，学习与成长都像是偷来的。直到建安十年，曹操彻底打败袁绍，占领冀州，他们才过上安定一些的好日子。这时候，曹丕想，他可以多花一些时间在写作专著《典论》上，还可以与文友们切磋诗赋，整理一些自己往日的文集。

但现实总以残酷又无辜的姿态在他眼前晃悠。曹植在辞赋上的才华，他所能创造的杰出，恐怕就是曹丕最深切的"求不得"。每一种文体都有它的标准，前汉的辞赋大家司马相如曾经讲过"赋家之心，包括宇宙，总揽人物"，它需要巨细靡遗的细致，需要瑰丽夸张的想象。曹丕，作为中国第一个文论作者，也赞同司马相如的标准，他在《典论·论文》中给赋的标准下过定义，"诗赋欲丽"。这些，都是他弟弟曹植毫不费力就能够达到的。

曹植想要的，甚至不用开口，便有老天与宠爱他的父亲巴巴儿地送到他的眼前。而曹丕，他必须长久地与内心深处"想要"与"得到"之间的裂缝共存。但这样戴着"枷锁"前行的日子，他已经很熟悉。

他很喜欢荀彧的大儿子荀恽，但是人家更喜欢曹植；难得他跟建安七子中间的刘桢关系不错，连老婆给人很没有礼貌地瞪着眼睛瞧了也没有怪罪，但是父亲曹操觉得这样不成体统，于是把他的好朋友刘桢教训之后调转成了曹植的僚属；他想要得到大儒邢颙为辅佐，父亲却又把邢颙安排给了弟弟。

如果说他也有别人不能企及的任何天赋，那就是一种对于人生过于清醒的认知——人生是这样：你努力朝向山顶攀登，却总有意外发生，最后停留的也许是半山腰，也许是山谷。你以为自己无辜，却总有人憎恨你。

曹植身边有一对丁氏兄弟，最大的任务就是帮助曹植夺得储副的位置，顺便整死曹丕。但是世界上并没有无缘无故的恨，曹操曾经想要把曹丕的姐姐嫁给丁仪，问曹丕的意见。曹丕说，他有一只眼睛是瞎的，不大好吧？其实老曹家曾经一下子贡献了三个女儿给傀儡皇帝汉献帝，最不缺的就是这种把女儿往火坑里推的气魄，嫁个女儿给瞎了一只眼睛的男人实在不算个什么事。况且曹操都说了，丁仪有才华，就算两只眼睛都瞎了，也值得嫁。曹丕无意中，做了一次"恶人"，得罪了丁氏兄弟。

后来他稍微年长，依然改不掉这为姐妹出头的"毛病"。他曾经有一个非常亲近的发小，夏侯尚。他喜欢夏侯尚，以至于在做了皇帝之后还很不顾身份地给他写了一道允许他"作威作福，杀人活人"的谕旨。但是后来，夏侯尚还是跟他翻脸了——夏侯尚因为宠爱小妾冷落了正妻，不巧正妻是德阳乡主——曹真的妹子，而曹真兄妹从小因为死了爹就被曹操收养，是跟曹丕一道长大的情分。曹真的妹子也是曹丕的妹子，在里外不是人的情况下，曹丕还是选了为妹子撑腰，为妹子出气弄死了小妾，夏侯尚从此就没给过他好脸色看，一直到死。

无法给自己辩解。人人看他都是自作自受，他跳出来讲自己委屈，说出来都叫矫情。况且，在父亲那么多有才华的儿子里，想要保住继承人的位置，需要谨小慎微，让人抓不住把柄，他处境这么特殊，说了白白给人留口实。但情绪也需要出口。所以，在每一个秋风萧瑟、草木摇落的深夜，当夜露开始凝结的时候，他总是在庭院里一遍一遍地徘徊。这时候他写了诗，记录他每一次的失眠。有乐府，也有中国最早的七言诗《燕歌行》。在《杂诗》里，他写秋夜——"漫漫秋夜长，烈烈北风凉"，也写失眠的自己——"彷徨忽已久，白露沾我裳"，也写在人声渐歇的深夜里，陪伴他的周围世界——"俯视清水波，仰看明月光。天汉回西流，三五正纵横"。曹丕跟曹操一样，乐府诗写得很好。但是时代有它的喜好，"大赋"所需要的才华与技巧在曹丕所处的时代依然是衡量文学才能的"金线"，这是曹植和他的朋友王粲最擅长的。时代对文学的喜好让文学作品有高低之分，但并不妨碍每一种生命状态都值得被书写。明末清初的王夫之赞扬读曹丕的乐府诗，像是在"张乐之野，冷风善月，人世陵嚣之气淘汰俱尽"。繁华绮丽都在清冷的背景下，好像从幕布外面看过去的皮影戏，人世的缱绻一一上演，幕布外面的人无法走脱这样的安排，身在其中，却又是人间的观众。

在这样对人生的失望里，他依然能自我克制，更愿意用努力去补偿才华不能及的境界。半夜失眠之后，他还能整理好工作服和公文包，职业化地微笑，出门，继续开始一天的工作。下一年，建安十六年，曹植封了平原侯，得到了曹操五千户的封邑。"建安七子"之中的刘桢、应玚都成为曹植侯府的属官，德高望重的邢颙成为曹植的家臣，曹操甚至向天下征集有道德有才华的人作为曹植的属官。像是一个大家族，曹植已经分到了他的那部分家产，但是曹丕没有。没有封侯，没有封邑，只有主管替补官员选举的五官中郎将。做着父亲的助手——丞相副，帮助曹操处理公务。曹操打仗开始带着曹植，征讨四方。曹植跟着曹操一路北征，也一路写着被传颂的诗篇，《送应氏》《洛阳赋》《三良诗》等等。

曹丕被留在邺城。处理日常事务，应对突发状况：幽州、冀州有反叛，他就派兵去镇压。

他努力做一个踏实可靠的儿子，但父亲对他的努力一日一日毫无表示的时候，他难免内心焦虑。不敢表现给父亲，只有写文章，给好友们写信，以各种角度去阐述自己：在时代战乱频仍的冷酷与自己的不能成就之间，他对于命运表现出最清醒的失望。在他之前的许多时代里，成为神仙，长生不老都是人生最值得追求的目标。但他非常神经质地一遍遍指出，不是的。生长，衰老，时间的流逝，繁华的凋落都是不能避免的规律。建安五年的官渡之战，曹丕在行军途中种下一棵柳树，十五年后，当他再次经过这棵树的时候，那棵柳树已经修枝翠干，柔条婀娜。但曹丕，十五年过去，除了皱纹眼袋和白头发，似乎什么也没有得到，他"感物伤怀"，写了一篇《柳赋》。他甚至在《典论·内诫》里回忆起建安十年,曹操打败袁绍后,他们占领袁家的情景。他带着战胜者的耀武扬威起笔,落笔却变成了繁华已逝、物是人非的一点震动——"上定冀州屯邺,舍绍之第,余亲涉其庭,登其堂,游其阁,寝其房,栋宇未堕,陛除自若,忽然而他姓处之。"

心里对于人生失望透顶,日子过得倒也挺快活。曹操带着曹植征讨四方留着曹丕守城的时候,他没少"惹事"。看上了钟繇收藏的一块玉玦,专门托曹植找关系要来,看见皓齿丹唇、芳声清激的美女孙锁跳舞,也要向好友繁钦描述一番。至于组织文名在外的文友们去西园夜宴,更是最平常的事情。

这大概就是后来人称赞的城府,说他能够"矫情镇物""暗自砥砺"。总之心里想着什么,脸上一定看不出来。而曹植,依然做着父亲最宠爱的儿子,他甚至觉得,自己应该有一种特权,那是属于天才的目空一切。所以他饮酒而没有节制,甚至喝多了乘车开司马门,行驰道,犯了门禁,目空国法。他也不耐烦花工夫约束家人,以至于老婆穿错了衣服被父亲发现赐死,而自己却毫不知情(知道了大概也觉得不是什么了不得的事情)。

建安二十二年,在喜爱与信赖,在才华与可靠中间,曹操终于做出选择:曹丕成为魏王太子,曹操未来的继承人。曹丕那天终于绷不住,抱着曹操的臣属辛毗的脖子笑说,辛君辛君,你知道我有多高兴?

但他没有高兴得太久。当你得到一些的时候,就要失去一些,这是人生最朴素的道理。建安二十二年,发生了大瘟疫,疠气流行,家家有僵尸之痛,室室有号泣之哀。在这一年里,那些曾经陪伴过他的文友们，徐幹、陈琳、应场、刘桢，都死了。作为前途大好的魏王太子，曹丕终于可以不用掩藏他对于命运的悲观。他给王朗写信说，"生有七尺之形，死唯一棺之土"。那时候的人，对于死后的世界依然有浪漫乐观的幻想，认为那会是一个比此生更美好的世界。而曹丕，他好像扒着前汉那些坟墓里画满升仙壁画、在棺材上铺着引魂幡的人的耳朵上神经质地大喊，死了就死了啊！什么都没有了！什么都不会有了！

后来，他做了皇帝，在这件事情上变本加厉，曹丕登基为皇帝的第三年，黄初三年的冬天，他颁布了一道《终制》，对自己死后的陵墓做了一番安排。但在这时候，他非常不合时宜地抄袭了《吕览》——吕不韦对别人冷酷的观察却被曹丕用在了自己身上。于是你看见一个开国皇帝在帝国肇始的第三年，写下这样一句话："自古及今，未有不亡之国，亦无不掘之墓也。"

凌厉直白，触目惊心。以前的皇帝，总想着要活万岁，长生不死，传国玉玺上盖着"既寿永昌"，好像如此一来他们的国家就能百代千代无穷无尽地传承下去。而曹丕，带着一脸冷笑说了一句——醒醒，别做梦了。

他有多相信死亡与朽坏不可避免的到来，他就有多痴迷于文字的不朽。比较才华总是输的时候，他只有咬紧牙关写下去了。他写了一部论文集子《典论》，介绍自己，谈论文章的标准，也谈论为政理家的道理，还有当世流行的"都市传说"。写得好不好他不想知道，他自己觉得好就行了。借着皇帝的权力之便，他把它们广为传播，甚至用素帛抄了一份，作为国礼送给了东吴大帝孙权，又用纸抄了一份给东吴老臣张昭。他还组织一帮人编了一套叫《列异》的鬼故事，是最早的类书。

不过，最让他耿耿于怀的，依然是在建安二十二年邺城的大瘟疫里陆续凋零的那些天才特出的文友们。他一次又一次地写信给好友吴质回忆他们一起游园的美好过往。他们设弹棋，戏六博，挤挤攘攘坐着一辆车，在轮子哐当哐当的滚动中间无话不谈。在花园里，浮瓜沉李，从早到晚，直到清风夜起，悲笳微吟。现在，他们都死了，但他还是清晰地记得他们无可替代的个性与文笔。他说：

而伟长独怀文抱质，恬淡寡欲，有箕山之志，可谓彬彬君子矣。著《中论》二十余篇，成一家之言，辞义典雅，足传于后，此子为不朽矣。

德琏常斐然有述作之意，其才学足以著书，美志不遂，良可痛惜。间者历览诸子之文，对之抆泪，既痛逝者，行自念也。

孔璋章表殊健，微为繁富。

公幹有逸气，但未遒耳，其五言诗之善者，妙绝时人。

元瑜书记翩翩，致足乐也。

仲宣独自善于辞赋，惜其体弱，不足起其文，至于所善，古人无以远过也。

徐幹、应玚、陈琳、刘桢、阮瑀、王粲。这六个人，加上一个比他们更加年长的孔融，就是后来认为的"建安七子"。这一个时代里，对于世界的认识、对于人类情感以语言表达的边界，以他们为最杰出的榜样。

他虽然没有提名自己，但是作为他们的提名人，他狡猾却又无私地把自己摘出了这场"文人相轻"的比对，对他的才华横溢的朋友们做出了善意又公正的评价。

　　时常失眠，心口不一，征战操劳，曹丕并没有活得很久。黄初七年，差不多四十岁的时候他就死了。魏明帝曹睿虽然在父亲曹丕面前常常装聋作哑，却依然是最了解父亲的儿子。他继位之后的第四年，太和四年，曹睿命人将曹丕的《典论》刻石立在孔庙和太学门外，作为曹丕可以比肩古代最杰出学问家的证据。曹睿给父亲定了一个谥号，"文"。

　　曹丕心里清楚，在以后的许多世代，他都会被不留情面地与曹植放在一道比较。他也大概晓得，自己也许会被曹植光耀万丈如同太阳的光辉遮蔽。不过，最早的文论作者，最早的七言诗作者，最杰出的散文家，第一部类书的主编……他在自己能够做出努力的地方都留下了痕迹。作为"建安七子"共同的朋友，提到这个时代，也一定会提到他。某种程度上，这就是历史给予他的补偿。

附

《与吴质书》 两篇

与吴质书其一：

五月十八日，丕白：

季重无恙！途路虽局，官守有限，愿言之怀，良不可任。足下所治僻左，书问致简，益用增劳。每念昔日南皮之游，诚不可忘。既妙思六经，逍遥百氏，弹棋闲设，终以六博，高谈娱心，哀筝顺耳。驰骛北场，旅食南馆，浮甘瓜于清泉，沉朱李于寒水。皦日既没，继以朗月，同乘并载，以游后园，舆轮徐动，宾从无声，清风夜起，悲笳微吟，乐往哀来，凄然伤怀。余顾而言，兹乐难常，足下之徒，咸以为然。今果分别，各在一方。元瑜长逝，化为异物，每一念至，何时可言？方今蕤宾纪辰，景风扇物，天气和暖，众果具繁。时驾而游，北遵河曲，从者鸣笳以启路，文学托乘于后车，节同时异，物是人非，我劳如何！今遣骑到邺，故使枉道相过。行矣，自爱！丕白。

与吴质书其二：

二月三日丕白：

岁月易得，别来行复四年。三年不见，《东山》犹叹其远，况乃过之，思何可支？虽书疏往返，未足解其劳结。

昔年疾疫，亲故多离其灾，徐、陈、应、刘，一时俱逝，痛可言邪！

昔日游处，行则连舆，止则接席，何曾须臾相失！每至觞酌流行，丝竹并奏，酒酣耳热，仰而赋诗。当此之时，忽然不自知乐也。谓百年己分，可长共相保，何图数年之间，零落略尽，言之伤心。顷撰其遗文。都为一集。观其姓名，已为鬼录，追思昔游，犹在心目，而此诸子化为粪壤，可复道哉！

观古今文人，类不护细行，鲜能以名节自立。而伟长独怀文抱质，恬淡寡欲，有箕山之志，可谓彬彬君子者矣。著《中论》二十余篇，成一家之言，辞义典雅，足传于后，此子为不朽矣。

德琏常斐然有述作之意，其才学足以著书，美志不遂，良可痛惜。间者历览诸子之文，对之抆泪，既痛逝者，行自念也。

孔璋章表殊健，微为繁富。

公幹有逸气，但未遒耳，其五言诗之善者，妙绝时人。

元瑜书记翩翩，致足乐也。

仲宣独自善于辞赋，惜其体弱，不足起其文，至于所善，古人无以远过。

昔伯牙绝弦于钟期，仲尼覆醢于子路，痛知音之难遇，伤门人之莫逮。诸子但为未及古人，自一时之俊儁也，今之存者已不逮矣。后生可畏，来者难诬，然恐吾与足下不及见也。

年行已长大，所怀万端，时有所虑，至通夜不瞑。志意何时复类昔日，已成老翁，但未白头耳。

光武言"年三十余，在兵中十岁，所更非一"，吾德不及之，年与之齐矣。以犬羊之质，服虎豹之文，无众星之明，假日月之光，动见瞻观，何时易乎？恐永不复得为昔日游也。少壮真当努力，年一过往，何可攀援？古人思秉烛夜游，良有以也。

顷何以自娱？颇复有所述造不？东望於邑，裁书叙心。丕白。

当生命里最纯粹的
东西闪光的时候

那天夜里,天阴风寒,黄叶满地。世道不太平,家家都早早闩门熄火,睡下了。半夜的时候,曲阜孔家却被一阵哐哐哐的叩门声惊醒。家仆急急忙忙穿衣点灯四下奔走,却没有人敢决定,这门到底要不要开?家长孔褒不在家,只有最小的小主人孔融在,可他这会儿才十六岁。能做主吗?

孔融却衣冠严整地走出来,命令说,开门。

大门打开,外面狼狈而急迫地敲着门的儒生看见面前的少年,脸上掩不住的失望。

他问,你哥哥孔褒不在家吗?他大概猜到面前的少年就是孔融,便问,你就是六年前在洛阳拜访李膺的孔融吧?

他早就从好友孔褒那里听说过这个聪明又大胆的少年,说孔融四岁就知道把大个儿的梨子让给兄长吃,也听说过孔融十岁去见大名士李膺,李膺不见人,孔融却说自己是李膺故人之后。李膺问,我认识你?孔融回答,我的祖先孔子与你的祖先老子有不少交情。

孔融也在审视面前的中年人,他脸色疲倦又困窘,却也不能掩盖一种正气。孔融知道这人是最近正被通缉的张俭。张俭和大宦官侯览是同乡,他上书弹劾侯览,大骂侯览的家人在山阳郡的恶行,被恼羞成怒的侯览派人追杀,这就是东汉末年第二次"党锢之祸"的起因。孔融早就听说过张俭的名声,当时有文化的大家族、读书人,因为敬重张俭的行为,争相收留他。为此有十几户人家被灭族。

孔融对他说,我哥哥不在家,但我难道不能为您做主吗?

于是少年孔融自作主张收留了逃亡要犯张俭。

这是孔融一辈子最重要的转折。

孔融十三岁就死了父亲,与兄长相依为命。他聪明也有理想,可是他并不知道,在孤岛一般安定的家园之外,东汉的世家大族与宦官正斗得你死我活。不过,哪怕他知道,他也依然会收留张俭。不久事情就败露了,张俭被秘密逮捕,连带孔家两兄弟也吃了官司,押在牢里。庇护罪犯,就是死罪了。但张俭本是来找孔融的哥哥孔褒,孔褒不在家,孔融才收留他,兄弟两人,到底判谁死?

孔褒说,张俭是来找我的,事情因我而起,和我弟弟没关系。孔融说,人是我留的,祸是我闯的,跟我哥哥有什么关系?

孔融这一让，让出了大名。那是一种人人都渴慕，却又太过昂贵的道德追求：人生万难，最难是死；连死也不惧怕的时候，最有风度。当生命里那些最纯粹的东西闪光的时候，它超越了个人短暂的存在，脆弱、卑微易逝的肉体也因此而发出迷人的光芒。

名满天下的孔融在洛阳开始了他的仕途。但一个资历尚浅的公务员即使名声再大，也换不来尊严。他先是作为司徒杨赐的属官，去祝贺河南尹何进升迁大将军。何进却摆谱，让孔融在门口等着。孔融一怒之下拽回自己的名帖扬长而去，回到单位就交了辞职信。故事却没有结束，这位升了大将军的何进为了对付宦官集团十常侍，招来了暴戾残忍的凉州军阀董卓。

孔融怎么会待见董卓这种没文化又杀人如草芥的莽夫？两人互相看不顺眼，此时山东北海郡刚好闹黄巾军起义，董卓干脆把他下放到那儿，想借刀杀人。孔融也确实没有让董卓失望，他把那些在和平时代大量需要却在战争年代一无是处的事情全搬到了北海去：修学校，招募有学问的人，大搞文化活动，赡养孤寡老人。于是黄巾军打过来，风卷残云。

多么不合时宜，但又何尝不是一种纯粹？孔融傻人有傻福，他在北海赡养过一个孤寡老人，那人正是东海太史慈的老母，黄巾军打过来，孔融便请太史慈向当时的平原相刘备求救，刘备受宠若惊：没想到名满天下的孔融还知道我！立刻派了三千人马过去。孔融有惊无险，逃过一劫。

天下如同坐着过山车一样几年就经历一次翻天覆地的大变

局，但孔融，像是一块千年前留下来的臭石头，不知变通，依然故我。现在，天下来到了曹操的时代。与当时许多汉臣一样，曹操表现出的进取心，让孔融把曹操当作匡扶天下的能臣，对他掏心掏肺。但曹操，根本没打算认真听他说话。孔融因为少年时候的"让梨"早已盛名在外，曹操把他像活菩萨一样供起来，以显示他对读书人、对孔子家族的尊敬。在曹操治下，孔融先后担任的都是朝廷上那些无所事事的闲官：掌管宫室、宗庙土木工程的将作大匠，九卿之一负责掌管皇家钱财用度的少府，掌管议论的太中大夫。

可是孔融没领会曹操的意思，他以为他必须履行一个朝廷命官的监督职责，而监督最有权力的人则是刚正忠诚的人最大的义务。

曹操当时是"老子天下最大"，又不拘小节，送到孔融面前的把柄是一筐连着一筐：

为了防止粮食浪费影响军粮征集，当然，也为了社会教化，曹操颁布了一道禁酒令。按照现在的看法，这毋庸置疑是鲁迅先生所谓，"做事人"该做的正确举措。然而孔融却不能忍：倒不在于被剥夺了"对酒当歌"这样潇洒的乐子，而在于酒本身就是一种礼仪。祭祀要酒，邦交要酒，就是在乡党之中和老年人联络感情表达尊敬也是靠喝酒，连小辈如何敬酒都有讲究。一旦不能喝酒，只能喝白开水，比现在过年不能放鞭炮烟火严重多了。

孔老夫子在他《论语·乡党》里有段现在被广为引用的养生箴言：

食不厌精,脍不厌细。食饐而餲,鱼馁而肉败,不食。色恶,不食。臭恶,不食。失饪,不食。不时,不食。割不正,不食。不得其酱,不食。肉虽多,不使胜食气。唯酒无量,不及乱。

前面说了一堆这个不能吃那个不能吃,只有喝酒不需要限量,只要不醉即可。

可见喝酒不仅是把经过酿造工艺的粮食和水吃进肚子里那么简单的事情,它关乎信仰和伦理。

孔融自然又洋洋洒洒写了两篇文章:

酒之为德久矣。古先哲王,祭帝禋宗,和神定人,以济万国,非酒莫以也。故天垂酒星之翟,地列酒泉之郡,人著旨酒之德。尧不千钟,无以建太平;孔非百觚,无以堪上圣;樊哙解厄鸿门,非豕肩钟酒无以奋其怒;赵之厮养,东迎其王,非引卮酒无以激其气。高祖非醉斩白蛇,无以畅其灵;景帝非醉幸唐姬,无以开中兴。袁盎非醇醪之力,无以脱其命;定国非酣饮一斛,无以决其法。故郦生以高阳酒徒,著功于汉;屈原不餔糟歠醨,取困于楚。由是观之,酒何负于政哉!

他说:天上有酒星,地上有酒泉,唐尧和孔子的德行因为酒而彰显,景帝不是因为喝醉了酒临幸唐姬,生下长沙王刘发(东汉开国始祖刘秀的祖先),东汉两百年的中兴就没了;郦食其要不是高阳酒徒便不能为汉高祖立功,建立西汉。酒对国家的好处这么多,干吗要禁酒。

这段话传到曹操那里,曹操骂了他一顿,告诉他因为酒亡国的事情数不胜数。孔融又说,徐偃王因为坚持仁义不肯迎战周穆王，而丢失了国家，可你不能说仁义不好；燕王哙将国家让给子之，国家大乱，可没有人说谦让会亡国；夏商因为女人亡国，可没人说从此不要找女人结婚。干吗要把亡国的事情推到酒的身上？是你自己怕粮食不够吃吧！别找借口了。

曹操没理他。

孔融却感到自己受了轻视：你骂他罚他，说明你至少重视他的意见，可是你不理他，就是鄙视他，就是把他想要这个国家再次兴旺起来的努力束之高阁。但是他又不能够看着国家向不正确的道路上越走越远，所以，他像打了鸡血一样，挑刺的频率有增无减。

曹操打袁绍，打下来一个战利品：漂亮女人甄氏，原来自己想要，结果儿子先提了，老子总不能不讲风格，于是把甄氏让给了曹丕。

这件事情在曹操的幕府里影响比较恶劣：漂亮的女人一向是亡国祸水，夏商周三代，一个妹喜，一个妲己，一个褒姒，一朝一个，都葬送几百年的基业。而就是这个甄氏，把袁绍给害死了吧。

大家都敢怒而不敢言：曹操性情多变，现在和你称兄道弟，心里面说不定就想着怎么看你脑袋搬家。可是孔融敢！没过两天，就当大家以为此事已经过去了的时候，孔融的一份考古发现呈到了曹操的面前：

武王灭商，苏妲己并不像历史上说的那样被赐死，而是被赏赐给了周公。

历史八卦,是个人就感兴趣,何况曹操也算是个文化人,自然颇为欣喜。于是问道,耶?真有此事啊?从哪里考证出来的?

孔融的回话简单明了:

不过是从现在发生的事情倒推上去,想当然耳。

这件事情有一点人身攻击的意思,曹操不太高兴,但也没对孔融怎么样。却没想到接下来,他做什么孔融反对什么。

建安十年(公元205年),曹操征乌桓,孔融立刻上书:"大将军远征,萧条海外。昔肃慎不贡楛矢,丁零盗苏武牛羊,可并案也。"

说曹操这次远征,可以将当初肃慎(商周时北方的蛮夷)不向周武王敬献生长在北方的树木,苏武在匈奴辛苦放了好几十年却被丁零偷走的羊都连本带利地讨回来了。

人都怕苦怕累更怕死,谁都不喜欢打仗。可是大多数人讲话都比较委婉,满口德政、养民的去劝曹操。孔融的同事贾诩就这样:小事睁只眼闭只眼,大事迂回曲折地劝,看着老板要发飙,赶紧转身就跑。毕竟,乱世里,也只能独善己身,他们都是实用主义者。

只有孔融抱着理想原来的样子。他实在又直率,人家避重就轻,他专拣重要的事、难听的话讲,显示出了极差的人际关系技巧。本来,孔融行走江湖这么多年,不该如此不懂人情世故,可是,在他的时代,在汉末虚伪的"孝",与曹操虚伪的"忠诚"与"大度"中,他忍得太久。现在,他宁愿去死,也不想再忍了。

孔融的时代,实行察举孝廉的制度。孝悌能够换得官做,所以出现了造假"孝子"的狂潮：有声称为父母守孝二十年，表面上不结婚、不喝酒的，转眼却在墓道里生了五个孩子。有故意犯罪，把官让给弟弟做，博取世人的称赞之后以换得更大的官的……

孔融的老板曹操，讲有容乃大，讲周公吐哺天下归心，可现实中却派了密探去监听臣下家里的密谈；大臣和他意见不合弄不好就被拖出去打屁股，以至于有人为了不受侮辱上朝都带着毒药。

这样的状况下，一个聪明人要不然就该处江湖之远，隐于深山。要不然就在朝廷随波逐流，混口饭吃。可是孔融，他痛心疾首，于是他选择对抗一切，不管那是否是对的。他的逻辑是这样的：既然他的对抗能让这些不正常的人不舒服，那么这些行为一定具有普遍正确性。

作为九卿之一，孔融上朝的时候不遵朝仪，不带礼帽，甚至溜达溜达去了后宫……

孔融曾经对祢衡说，父亲对于孩子有什么恩德呢？他不过是为了满足自己的情欲；母亲对孩子有什么恩德呢？孩子在她的肚子里就像是东西放在缸里，取出来了也就算了……

终于，曹操对他开始感到头疼了——愤青可以容忍，因为他们有愤怒，但是没有社会影响力。可是老愤青就要严格管制了，因为这些人不但自己愤而且还能带领大家一起愤，这就叫社会不安定因素了。孔融既不懂得柔顺，又不想闭嘴，只能杀了。

建安十三年，曹操的秘书班子安给孔融的罪行拟定妥当。一共四条，哪一条也不是必死的重罪：

1. 少府孔融，昔在北海，见王室不静，而招合徒众，欲规不轨，云"我大圣之后，而见灭于宋，有天下者，何必卯金刀"。

2. 及与孙权使语，谤讪朝廷。

3. 又融为九列，不遵朝仪，秃巾微行，唐突宫掖。

4. 又前与白衣祢衡跌荡放言，云"父之于子，当有何亲？论其本意，实为情欲发耳。子之于母，亦复奚为？譬如寄物缶中，出则离矣"。既而与衡更相赞扬。衡谓融曰："仲尼不死。"融答曰："颜回复生。"

孔融看到这份罪状的时候心里一定没有太多波澜，对于一个生无可恋的人，死未必是一种惩罚，他甚至可能带有一种悲壮的殉道感——犹如后来本可以苟且逃生的谭嗣同选择血染菜市口。

孔融是这个时代最后一个儒者，尽管不合时宜，但是他还是笃行所奉行的儒家精神。他像是个剑客，单枪匹马地想要恢复一种早已远去的时代精神，却和与风车作战的堂吉诃德一样，成为这个时代一个孤独而怪异的骑士。

黑格尔在《逻辑学》的序言里曾经说过，假如一个民族觉得它的国家法学、它的情思、它的风习和道德已变为无用时，是一件很奇怪的事情……就像一座庙，其他各方面都装饰得富丽堂皇，却没有至圣的神那样。

有的人，一辈子也不会发现这样荒唐的虚无。但孔融，过于聪明，又过于理想，在这样充满挫败感的时代，真正能够给他带来存在感的，大概也只有死亡。

孔融之死，妻子皆被诛。他用自己的生命结束了儒家理想在这个时代实现的可能。

只是可怜了他的两个小儿子，和孔融年少之时何其相像的两个聪慧的孩子。得到父亲被治罪下狱的消息时，两人正在下棋，脸上毫无惊慌之色。没有人知道这两个当时一个七岁一个九岁的孩子的想法。知道的，只是这两个本可能和孔融一样在中国的历史上再闪耀几许光芒的孩子，用超越年龄的镇定留下的一句千古名言：

覆巢之下，焉有完卵。

陈琳

打工仔，必须要没脸没皮

陈琳是做檄文的专家，并且是建安时代最有职业精神的檄文专家——前两天还帮着袁绍骂曹操，过两天又帮着曹操骂袁绍。还都写得特别好，没脸没皮的。

官渡之战前，陈琳曾经为袁绍写过一篇骂曹操的檄文：《为袁绍檄豫州文》，写得极其激烈精彩。他从曹操的祖宗三代开始骂起，把人家父亲来路不明（曹操的祖父曹腾是宦官，父亲曹嵩是领养来的），花钱买官的事情全抖露了出来。给曹操定位为"赘阉遗丑"，这话说得相当难听。又说他残害忠良，挟天子以令诸侯。更有甚者，连曹操设立专门的盗墓官发丘中郎将、摸金校尉，去挖坟掘金子的事情也一起八卦了出来。把曹操写得就是个卑鄙下流的王八蛋！袁绍看着那篇文章心里暗喜：最好曹操看到这篇文章吐血三升，不战而亡算了。

看到这篇文章的曹操并没有立坠马下（像被诸葛亮骂死的王朗一样），反而一身冷汗，神清气爽。更重要的是，陈琳先生的檄文治愈了天下第一神医华佗先生都无可奈何的头风症。

曹操从此对陈琳害了相思病。

原以为是心中好之，口不能言，却不想袁绍死了之后俩儿子袁尚、袁谭不争气，玩窝里斗把自己给玩得两败俱伤，结果被曹操坐收渔翁之利。

陈琳也落到了曹操手里，绑在军前，命在旦夕。

因为那篇著名的檄文，曹操的幕府里一片喊杀声。曹操沉默了一会儿，命人将陈琳拉上来审问道，你骂我就算了，干吗这么过分把我祖宗三代也牵扯进来？

陈琳的职业精神开始发光。所谓职业精神，就是如阿庆嫂一样，相逢开口笑，过后不思量。人一走，茶就凉。袁绍是靠不住了，只能靠自己。彼时，他正一身冷汗，早已忘记了檄文中对曹操的一腔鄙视，低头哆嗦道，那是我箭在弦上，不得不发！拿人钱财替人消灾，我吃着袁绍的俸禄总不能光吃饭不干活啊！

陈琳的职业精神却让曹操大为高兴。因为这种人最好对付：要想收服一个人，喜欢钱的给他钱，喜欢女人的给他女人，而陈琳先生如同到处跳槽的职员一样，挥一挥衣袖不带走一片云彩。

陈琳先生的履历是异常丰富的。他的第一份工作是外戚何进的办公室主任。灵帝驾崩之后，东汉王朝的政治中心真空，大权被何进独揽。何进原想和袁绍一起把宦官都逮起来杀了，却又不敢，于是把西北军的大军阀董卓招到了洛阳。何进原想借刀杀人,没想到救兵董卓还没来,自己先被宦官张让给杀了。于是陈琳便又从何进那里投降了董卓。后来,陈琳看着董卓在洛阳烧杀抢掠没前途,便又往冀州投奔了袁绍。

虽然兜兜转转,可陈琳的几份工作做得倒都不错:当初陈琳是力主何进速诛宦官的,何进若是听了陈琳的最后也不会身首异处。他替袁绍给曹操写的檄文文气充沛用典繁复,很有可观之处。曹操是个很实在的人,既然工作做得不错,就继续给他活儿干。陈琳先生有一般文人所没有的好处:他实在,没有那么多清规戒律,写命题作文更是一流,完全符合文化商业化的标准。

曹操于是给了陈琳一个司空军师祭酒的位置,把他放到了他的参谋群中,和同为建安七子的阮瑀同管记室:没事的时候做书记官,有事的时候专写檄文。

逃过一劫的陈琳立刻投桃报李,笔耕不辍,显示出了他的多产:

曹操伐孙权,陈琳挥笔一蹴而就。这一下曹操的形象焕然一新,变成了一个审时度势、"顺风烈火"、战无不胜的天才战略家,连上天都保佑他"利尽四海,兵不钝锋"。而对比之下孙权就是个乳臭未干的小毛孩,傻乎乎的连菽和麦都分不清,无知又狂妄,不过凭着长江天险苟延残喘。只要曹操一来,后果定是"大兵一放,玉石俱碎,虽欲救之,亦无及已"。

这同样是一篇历来史家称赞的著名檄文,因为它把檄文的几个要素表现得淋漓尽致:一说我方强大、清明,对方暴虐苛刻,我强敌弱;二说我方尽占天时地利;三说我军必胜,敌军必败。陈琳写文章是很厉害的。好比现在的专栏作家，不需要有感而发，只要手熟了套模板，一样是好文章。他为曹操写的《为曹公做书与韩遂》居然是在马背上写成的：大军待发，总得寻个由头，就少一篇檄文！于是曹操便招来陈琳。笔墨送上，陈琳文不加点，一气呵成，质量还很不错。曹操甚至很满意地说：陈琳的檄文不能改动一个字。

只是在"文以载道，言为心声"的人眼里，陈琳就不是个讨好的角色。颜之推曾经讽刺他说，陈琳为袁绍做檄文就说曹操是豺狼，为曹操做檄文就说袁绍是毒蛇，全是御用文人那套，一支笔全无灵魂，做文人做成他这样，真是失败。

颜之推是后人，自然有臧否人物的制高点。然而陈琳正红的时候，曹魏阵营里也有很多人看不起他。比如曹植，只不过比起颜之推他要拐弯抹角得多。陈琳除了做檄文，平时还喜欢模仿司马相如做些辞赋，曹植抓住这点，在《与杨德祖书》中话里有话地说，陈琳没有司马相如的能耐，偏还喜欢自比，真是"画虎不成反类犬"。

不久，王粲来了。陈琳的行情便开始看跌。倒让人想到李白的那句，"以色事他人，能得几时好"。

女人的色和陈琳的才都像刚上市的新品，时髦、好用，却无法保值，时间久了总是要折旧的。而古董之所以值钱，在于它的故事，在于它历经沧桑却兀自安然。是凝在里面的那股精气，让人见了便不敢亵玩。

在建安七子中间，孔融是到老都冲得很的"愣头青"，说得惊心动魄,赢得了曹操的注目;刘桢见到老板的老婆也不跪,赢得了曹操的尊重。有些人就是"亘",然而能保持一辈子也是种风骨。而陈琳,他是个好职员,磨光了棱角和态度,太有职业精神,反而显得过于无趣。

《檄吴将校部曲文》里面有这么一句:"官渡之役,则张郃高奂举世立功。……既诛袁谭,则幽州大将焦触攻逐袁熙,举事来服。"不知道陈琳在写下袁绍阵营里这些曾经熟悉的名字之时是什么心情。我想他大概没什么心情,那些名字不过是笔画的累叠,不具有特别的意义。然而再看他的这首《饮马长城窟行》,却又觉得,那里面的女子影影绰绰却像是陈琳在隐晦地抒发着自己的无奈:

> 饮马长城窟,水寒伤马骨。
>
> 往谓长城吏,慎莫稽留太原卒!
>
> 官作自有程,举筑谐汝声!
>
> 男儿宁当格斗死,何能怫郁筑长城。
>
> 长城何连连,连连三千里。
>
> 边城多健少,内舍多寡妇。
>
> 作书与内舍,便嫁莫留住。
>
> 善待新姑嫜,时时念我故夫子!
>
> 报书往边地,君今出语一何鄙!
>
> 身在祸难中,何为稽留他家子?
>
> 生男慎莫举,生女哺用脯。
>
> 君独不见长城下,死人骸骨相撑拄。

结发行事君，慊慊心意关。

明知边地苦，贱妾何能久自全？

寒沙边地，戍边的丈夫写信给妻子，你就改嫁了吧，只要心里别忘了我就好。妻子回信说，你怎么能这么说话？语气不满，心里却是苦楚的：你不知道出嫁从夫，我这一辈子是跟定你了，怎么能说出改嫁这样的话来？丈夫劝她，古来戍边死人骸骨相撑拄，哪有能够免祸的？妻子心知是这个道理，却又不愿意承认，在理智和情感、幸福和道义间拉扯了很久，最后却不再纠缠在这件事情本身，只是在这最后一封家书上许了一个堪比"山无棱，天地合，乃敢与君绝"的誓言：

结发行事君，慊慊心意关。 明知边地苦，贱妾何能久自全？

初看是一对苦命夫妇的来往书信，再看倒像是陈琳心里的两种力量来来往往地拉锯，一个给他四易其主找借口，另一个又提醒着他名士该有的气节。最后一句读来却颇为模棱两可：

明知边地苦，贱妾何能久自全。

是我不能够独自承担，你赶快回来。还是，我终究不能独自承担，如果将来有背叛，也请理解我吧。

他自己都没法儿说服自己，于是坐在墙头，颇为迷茫，这一想，就想了一辈子。只是再想一辈子，依然没有答案：他到底是个文人，不能决胜千里之外，不能却匈奴、封瀚海。在军阀当道的时代，陈琳供职的公司动辄倒闭，又能到哪里去要求他的职业操守？他能左右的，也就只是，做好本职工作而已。

王粲

再耀眼的才华,也要有人度

王粲是个幸福的人。

他是官家子弟,祖上屡屡出宰相;他博闻强记,碰乱了别人的棋盘能瞬间复盘,扫一眼古碑便能默写碑文。家世好人又聪明,当世大佬如蔡邕都很喜欢他。甚至等他受够了人世磋磨,去世之后,曹丕和曹植,这两个彼此水火不容的家伙,却都以真挚的情感用自己的方式纪念着他。

曹丕当时还是太子,带着他太子府里的幕僚们来到王粲坟上,静默有倾,一片哀思的气氛。曹丕忽然对着群臣道,王粲生前喜欢听驴叫,那么我们就都学一声驴叫给他听吧!说完,自己便惟妙惟肖地学了一声。于是空谷回响着一声声的驴叫……

本该是滑稽和怪诞的举动却因为内在感情的庄重和真诚而显得绝美又动人。刘义庆后来编《世说新语》,把这一段编在了全书中最有美学意味的《伤逝》篇中，和那些知音逝、琴音绝的故事编在一起，却丝毫不减它的瑰丽之色。

王粲死的时候，曹植为他作诔一篇，先祖述王粲的家世，又说了王粲的人生经历，最令人动容的，是曹植对于这位好友的追忆和感怀：

曹植说，我的哀伤从北魏到淮南，在山河间回荡不去，让风也哀鸣，云也徘徊。鱼像是离开了熟悉的海浪，鸟也变得无所栖止。曾经的携手同游，曾经的琴瑟唱和，都已经物是人非。如果有魂灵，我愿意借一双翅膀，飞上天空去再看你一眼。我随着你的灵车，似乎还能够听见人们在呼唤你的名字，却见不到你回眸相应，缟素之间，连骏马都引颈哀鸣，交颈相泣……

曹植是写诔文的高产作家，到最后写出了"曹氏诔文"的套路。但是给王粲却洋洋洒洒写了涕泪横流的一大篇。后来人从他那么多的诔文里独独挑出这一篇《王仲宣诔》来，和阮籍的《孔子诔》、潘岳的《马汧督诔》、颜延之的《陶征士诔》并称作魏晋时期诔文的杰作。

人死了，便对他格外好。是中国人厚道的传统，也是生者心里的愧疚。毕竟，王粲这个带着天赋与荣耀降生的幸运儿，把他的幸运都用在了生命的开头，而后，是长长的黑夜，哪怕他再努力与它对抗，依然不能看见一点光亮。

东汉献帝初平四年，王粲十七岁。那时候董卓正劫持了汉献帝西迁长安，祖上累世做官屡有三公的王家也随之迁到了西京。

天下扰乱，但王粲似乎并没有立刻感受到时局对自己生活的影响。他的仕途开始得很顺利——年纪轻轻被朝廷征做黄门侍郎。要知道,在当时的朝廷,黄门侍郎和散骑侍郎是两个最重要的官,在皇帝左右,负责传达诏令。十七岁就被征辟为黄门侍郎是比中了状元更值得大肆庆贺的事情。然而时局变化得很快。董卓忽然死了,"毒士"贾诩为了自保,给董卓的军阀兄弟李傕、郭汜出了个馊主意:袭击长安。把已经混乱不堪的长安政局再一锅乱炖,王粲自然不想趟这浑水,官也不做了,做出了他一辈子最错误的决定:到荆州去投靠刘表。

这一路上,中原战乱之后白骨连野、稗草连天的景象第一次直击少年王粲的心灵。时代的残酷、少年的壮志雄心和诗人的细腻敏感催生了建安时代典型的慷慨悲凉。从此,中国的诗史上出现了一个新的名目——《七哀诗》:

西京乱无象,豺虎方遘患。

复弃中国去,委身适荆蛮。

亲戚对我悲,朋友相追攀。

出门无所见,白骨蔽平原。

路有饥妇人,抱子弃草间。

顾闻号泣声,挥涕独不还。

未知身死处,何能两相完?

驱马弃之去,不忍听此言。

南登霸陵岸,回首望长安。

悟彼下泉人,喟然伤心肝。

王粲之前的诗人,从来没有人写过战争里如此生动又残酷的细节——"路有饥妇人,抱子弃草间。顾闻号泣声,挥涕独不还。"有饥饿的妇人,把最心爱的儿子抛弃在杂草丛中,她还能听见他在草间哭泣,但还是抹着眼泪没有回头。哪怕是最爱儿子的母亲,也要冒着儿子被豺狼虎豹吃掉的风险,赌一赌——也许,运气好,他就被能养活他的人救走了呢?

在他之前,没有人写。在他之后,生于乱世的荒凉悲叹有了跨越时代的通感,亲情骨肉最深刻的无奈有了催人泪下的叙述,那些背井离乡、壮志难酬的隐晦嗟叹,有了妥帖的表达。

王粲的才华,哪怕是在群星璀璨的建安时代,也是独一份。曹丕在《与吴质书》里专门说他,"至于所善,古人无以远过",后人也讲王粲是"建安七子之冠"。他们都赞美他文学上的才华,绝口不提他千辛万苦想要达到的政治抱负。为贤者讳,他们不愿意揭开王粲的伤疤,摆出这样一个显而易见的事实,王粲千辛万苦到达的荆州,不是他的理想国。这个草率而盲目的决定,将会让他付出代价。

刘表在荆州干得不错,王粲对他满怀信心。当年刘表单枪匹马,拿着汉献帝一纸空头支票进了满地土匪的荆州,不但没被土匪恶霸给灭了,反而利用荆州土著和土匪的矛盾,借力打力,把荆州土著们治得服服帖帖。当时在他统治下的荆州因为研究两汉经学成了全国的文化中心,从北方各地投奔刘表的知识分子有好几千,刘表都以礼相待。王粲去了之后,刘表对他重视得不得了,组织了好几次学术讨论会,并预备把女儿嫁给他。

踌躇满志的天才、京城少年王粲到了当时颇为蛮荒的荆州,大概颇有优越感，有一点自以为是最正常不过。王粲的这点自以为是在张仲景看来是害了他的命。张神医有次见到王粲，看他掉眉毛，于是告诉他早发现早治疗，省得二十年后惨死。王粲大手一挥，理也不理人家。

除了少年天才都有的毛病目中无人，大概还有京城人士对地方风物的嗤之以鼻。恃才傲物是才子的专利，却也让这些不懂得隐忍、委屈的才子们付出代价。看看那个让高力士脱鞋、杨贵妃磨墨的李白吧，终于被赶出了长安。从来，这都被当作是潇洒的例子，只是从一个务实的角度来看，却也是"不靠谱"。文人无形，嘴上跑着火车，慷慨激昂，战天斗地，却是手无缚鸡之力，不分五谷杂粮。骄傲和自以为是不一定都是才子，但才子总是有点骄傲的。

但刘表忽然毁约，把原先预备嫁给王粲的女儿嫁给了他哥哥。王粲那当世第一、无人能敌的自尊心，受到了严重的打击。想来想去，只能是因为刘表嫌弃他长得丑。但他倒是没想过，一个"不靠谱"的才子，大概比丑男更可怕。王粲也不见得不懂，只是他觉得，一个有才华的人，蝇营狗苟那些人情世故是多庸俗的一件事情？却忘记了，生活本来就是件庸俗的事情，文人的那点清高往往近乎酸。一块璞玉，再美好也得有人度。

王粲没有做出任何重新赢回刘表青睐的努力。以后的日子，王粲继续过着他琴棋书画诗酒花的日子，于是刘表也就十年如一日地把王粲干晾着，给他点小事情做做，磨他的性子。浑然天成的只是璞，而玉需要雕琢。只是对于王粲来说，却是人生中最好的年华就此蹉跎而去，除了几篇学术论文，什么功业都没有建，只得到一个落跑新娘。其间的况味，不足为外人道耳。

时光的流逝终于让王粲感觉到了失落和郁闷，回首人生，他开始把那些短暂的浮华排沙拣金，变成诗人不得不抒发的感慨。现世的郁郁，让他看到心灵深处和自然深处的永恒，只是除了手中的笔，他一无所有。

王粲的郁郁终于在一个秋天找到了千古传唱的出口。

那天，天朗气清，正是成熟的时节。王粲登上荆州当阳东南的一座城楼，看见江水如斯东逝，水天一线间，是芦苇花白茫茫的一片。

这样对于王粲来说年复一年渐渐熟悉的情景，触发了他对生长于斯的中原那渐趋模糊的怀念，一种乡愁终于缓缓漫了上来。已不再是少年的王粲援笔濡墨，沉郁的情致像这十余年每一次的日出日落一样，顺理成章地流淌出来：

登兹楼以四望兮，聊暇日以销忧。览斯宇之所处兮，实显敞而寡仇。挟清漳之通浦兮，倚曲沮之长洲。背坟衍之广陆兮，临皋隰之沃流。北弥陶牧，西接昭邱。华实蔽野，黍稷盈畴。虽信美而非吾土兮，曾何足以少留！

遭纷浊而迁逝兮，漫逾纪以迄今。情眷眷而怀归兮，孰忧思之可任？凭轩槛以遥望兮，向北风而开襟。平原远而极目兮，蔽荆山之高岑。路逶迤而修迥兮，川既漾而济深。悲旧乡之壅隔兮，涕横坠而弗禁。昔尼父之在陈兮，有归欤之叹音。钟仪幽而楚奏兮，庄舄显而越吟。人情同于怀土兮，岂穷达而异心！

惟日月之逾迈兮,俟河清其未极。冀王道之一平兮,假高衢而骋力。惧匏瓜之徒悬兮,畏井渫之莫食。步栖迟以徙倚兮,白日忽其将匿。风萧瑟而并兴兮,天惨惨而无色。兽狂顾以求群兮,鸟相鸣而举翼,原野阒其无人兮,征夫行而未息。心凄怆以感发兮,意忉怛而惨恻。循阶除而下降兮,气交愤于胸臆。夜参半而不寐兮,怅盘桓以反侧。

登高远望,刘邦看见大风起兮云飞扬,少年王勃看到落霞与孤鹜齐飞,秋水共长天一色。他们的感怀是江上的风、天上的云,是上升的人生之路上的意气风发;范仲淹看到处江湖之远则忧其君,居庙堂之高则忧其民,虽然是被贬谪,却依然高扬着骄傲的政治斗志。只有王粲,面对着万里秋阳一带江水,如此亲切,又如此真切地感叹:如此美景却不是我的故土,不知故土是否沧海桑田,我怎能忍留!

归途如此遥远,北风入怀,可是乡音未改?孔子在陈,叹息着胡不归,乡间原先狂简的少年,在他羁旅的记忆中都变得斐然成章;钟仪被晋国幽禁,不改乡音,不辍故衣,每一日弹奏的都是不曾变过的楚音;庄舄在楚国执圭而立,显达富贵,却在月上中天之时对故乡忧思成疾。这些古往今来的游子,无论富贵贫贱,是否曾经和我怀着同一种忧思?

我在每一个日出日落间蹉跎,等待着经世济民的那一天,可是匏瓜已熟,却空自高悬;井已清,却无人来取水。踟蹰徘徊着,已是夕阳将息,江边的风已近萧瑟,天亦惨惨无色。鸟兽归群,原野却没有我的朋友,只有那些不停赶路的征夫,这些图景就这样留在我的脑海中，让我夜半之间辗转反侧，怅然徘徊！

王粲在说故乡，然而却又不是洛阳。故乡是一个心灵的概念，代表着人生的止泊处。是漂泊的灵魂能够得到安顿的地方，不是具象的一草一木，而是那一草一木带来的灵魂的熟悉和舒适感。年轻人爱漂泊，喜欢远游，因为勃发的生命力带来的对世界和生命的乐观，让他们尽可能地嘚瑟。而被琢磨了十年的王粲终于感到了生命的空虚，他需要一个安顿，他首先在这样一个秋天想到了家乡。

今日游人若有幸登临当阳城楼，依然会看见那座后人附会的仲宣楼，只是人面桃花，只有无声东逝的江水亘古不变地流淌。

没多久，王粲便永远离开了荆州。

在恰到好处的时候，王粲终于得到了一展宏图的机会。建安十三年（公元208年），刘表的继承人刘琮投降曹操，已经洗去少年浮华的王粲遇到了曹操。是君臣鱼水遇，从此累迁丞相掾，赐爵关内侯，后又迁军谋祭酒。建安十八年（公元213年），汉献帝封曹操为魏公，曹操开府，王粲官拜侍中。

是上天眷顾王粲，让他蹉跎十六年，饱尝了人情冷暖，让他留下流传千古的文章；也是上天眷顾王粲，让他开始得到他所追求的幸福。

刘表的琢磨对王粲是一种磨难，也是一种历练，让他稳重起来。少年得志不见得值得庆贺，太过锐利的锋芒肆意释放总有一天要伤了自己。长长的黑夜，也许也会成为一笔财富。

唯一让人放心不下的，大概还是刘表那个传奇的女儿，她本应成为王粲的妻子，最终却成了他嫂子。一段身不由己的爱情就如此湮没在史家不屑一顾的冗笔之中。

但命运总有它奇诡的逻辑。王粲身后，蔡邕送给他的所有典籍珍本阴差阳错都归于他的侄孙子，刘表女儿和他哥哥的孙子。而那个少年，将来我们会知道他的名字。

他叫王弼，是一颗英年早逝的流星，却照耀了中国哲学史一千年的星空。

阮瑀

从此当歌唯痛饮，不须经世为闲人

阮瑀的儿子比他有名。

他儿子叫阮籍，如果魏晋时代你只知道一个名字，那定然就是他：他乘着牛车漫无目的地瞎逛，走到路的尽头就大哭；他看见不喜欢的人就把白眼翻到天上去，他为了拒绝当权者安排的包办婚姻，大醉六十日。他代表了魏晋时代最奇崛的风格，最傲然的骨气。

可是他的父亲，却是一个谦冲随和的人。把他放在三国这样一个鼓角争鸣的峥嵘年代，他像个过了清淡的背景，很快就被浓墨重彩所掩盖。可是他这样淡泊，却还是让人忘不了。今天讲起建安七子，并没有什么数据能说明这七人上榜的道理，只凭曹丕的印象。他在一篇《与吴质书》里提到六个他喜欢的文人，建安七子，大部分由此而来。而曹丕在说到阮瑀的时候，说他"书记翩翩,致足乐也"。

翩翩然,栩栩然,是庄子在描述自由而轻灵的蝴蝶时才用的形容词。聪明而自由,没有强烈的欲望,便也不受束缚。阮瑀是蔡邕最出色的学生,却在建安初年,别人都摩拳擦掌要建功立业的时候,选择了隐居。可是名声在外,隐居的日子也不太平。

曹操的堂弟曹洪曾经请他出仕为他做书记官,软磨硬泡,阮瑀就是不肯。曹洪是曹操的五虎上将之一,最先跟着曹操打天下。他很有钱,地税局征收他家的税和曹操家一样,让曹操觉得自己被敲了竹杠;也很骄傲,骄傲到连曹丕问他借钱他都爱理不理。更重要的是,曹洪从心底倾慕文人。他最漂亮的女儿后来嫁给了荀粲。荀粲是最早的玄学家之一,他的父亲荀彧也是一个天下倾慕的儒家君子。只是阮瑀不管,他立志要把自己和纷乱的世事隔离开来。可是好日子并没有过多久,曹操屡屡征辟却没得到回应,一怒之下火烧阮瑀隐居的那座山,终于把他烧了出来。

在生存现实面前,坚定如阮瑀也不得不屈服。况且时势早已经变了。汝颍名士在荀彧带头下的归附,让天下人才尽归曹氏成了一种不可阻挡的趋势,曹操凭借着他的个人魅力和政治实力,几乎将当时整个中国北方的精英知识分子通通网罗起来,组成他用之不竭的智囊集团。为曹操工作,不算是个坏选择。

可看上去一派坦途,其实暗流汹涌。曹操的阵营里也有各党各派:有亲汉献帝的,也有从大大小小的军阀那里投降过来还没消化好的,甚至还有五斗米教的神叨叨天师,合纵连横间利益纠葛相当复杂。曹操对阮瑀这些人的态度,也让人捉摸不透。他一方面网罗人才,一方面又对人才们的结党与清议进行铁腕肃清。为他工作,名士们必须收敛他们针砭时弊的习惯,必须隐藏起他们高傲的脾性和自珍的棱角。

比起他战战兢兢的同事,阮瑀冷冷地旁观着。与陈琳一样,阮瑀也是个秘书,掌管记室。写檄文是他分内的事情。但他既不热衷于往上爬,也不跟主流唱反调。就连他帮曹操写的檄文,也是淡淡的,全然不如他的同事们那么图穷匕见。

那篇《为曹公作书与孙权》是阮瑀唯一传世的工作文件。

同样是专业写檄文的,阮瑀的风格和陈琳十分不同。陈琳如同李逵,讲究"大力出奇迹",不管哪个先三板斧子砸出来,连着祖宗八代挥倒一片。再步步紧逼,指着鼻子一句一句,不把你骂死也要让你羞愧而死。阮瑀却温文尔雅,对孙权,他动之以情,晓之以理。与其说是檄文,不如说是叙旧,款款深情,几乎让人忘了这是打仗开始前的"叫阵"。

阮瑀以曹操的语气娓娓道来:"离绝以来,于今三年,无一日而忘前好,亦犹姻媾之义,恩情已深,违异之恨,中间尚浅也。孤怀此心,君岂同哉?"只让人觉得如沐春风,不自觉地就亲近起来。他又善解人意地递上去一个台阶:把孙权对曹操的对抗归结为年少气盛,受坏人煽动。实在是一时站错了队,大可以既往不咎。接下来,他颇为委屈地解释了一番自己在江东的坏名声,更有趣的是,把当年的赤壁之败解释为受困于瘴气疾病的撤退,根本没孙刘联军什么功劳。

阮瑀用的是先礼后兵,之后他胜券在握地以历史典故提醒孙权,长江虽险,却不是难渡的天堑。曹丞相之前受困于瘴气而未战先退,但若是真的开战,定然能直破建康,你自个儿掂量着好自为之。

清代的刘熙载曾经总结过,"字如其人"。阮瑀在文章中表现的晓以仁义,点到即止,让你看出天下大同的信念依然扎根在他的思想深处,且要以德怀人,不管在怎样的境遇下,也要做君子。

《诗经》里说君子,不仅如切如磋,如琢如磨,还要瑟兮僩兮,赫兮咺兮。阮瑀在无人见的角落把一腔锐气磨成了千尺潭水,不起波澜,又深不见底。他为曹操做事,却又常常游离于曹操集团的核心之外;他勤勤恳恳地工作,却也在这种游离间若有若无地表示着自己的不满意。

所以,他成了一个特别的人,以至于后来很多左右了三国时代走向的人都愿意与他结交。阮瑀很早就死在建安十六年,并没有来得及见证曹丕与曹植的争斗,也没有经历司马懿对曹氏政权的颠覆。但是,司马懿与曹丕都特别喜欢他,曹丕在他去世之后,依然记得他为人的仁和与儒雅,甚至特别关照了阮瑀的遗孀与孤儿,还为他们写作诗篇,表达同情。而司马懿与阮瑀的那点交情,居然在以后的时代里保佑了阮瑀那个处处与司马家作对的儿子。

但这是下一代的故事了。

附

为曹公作书与孙权

离绝以来,于今三年,无一日而忘前好,亦犹姻娅之义,恩情已深,违异之恨,中间尚浅也。孤怀此心,君岂同哉?每览古今所由改趣,因缘侵辱,或起瑕衅,心念意危,用成大变。若韩信伤心于失楚,彭宠积望于无异,卢绾嫌畏于已隙,英布忧迫于情漏,此事之缘也。

孤与将军,恩如骨肉,割授江南,不属本州,岂若淮阴捐旧之恨,抑遏刘馥,相厚益隆,宁放朱浮显露之奏,无匿张胜贷故之变,匪有阴构贲赫之告,固非燕王淮南之衅也。而忍绝王命,明弃硕交,实为佞人所构会也。夫似是之言,莫不动听,因形设象,易为变观,示之以祸难,激之以耻辱,大丈夫雄心,能无愤发!昔苏秦说韩,羞以牛后,韩王按剑,作色而怒,虽兵折地割,犹不为悔,人之情也。

仁君年壮气盛,绪信所孽,既惧患至,兼怀忿恨,不能复远度孤心，近虑事势，遂赍见薄之决计，秉翻然之成议。加刘备相扇扬，事结衅连，推而行之，想畅本心，不愿于此也。孤之薄德，位高任重，幸蒙国朝将泰之运，荡平天下，怀集异类，喜得全功，长享其福。而姻亲坐离，厚援生隙，常恐海内多以相责，以为老夫苞藏祸心，阴有郑武取胡之诈，乃使仁君翻然自绝，以是忿忿，怀惭反侧，常思除弃小事，更申前好，二族俱荣，流祚后嗣，以明雅素。中诚之效，抱怀数年，未得散意。

昔赤壁之役，遭离疫气，烧船自还，以避恶地，非周瑜水军所能抑挫也。江陵之守，物尽谷殚，无所复据，徙民还师，又非瑜之所能败也。荆土本非己分，我尽与君，冀取其馀，非相侵肌肤，有所割损也。思计此变，无伤于孤，何必自遂于此，不复还之。高帝设爵以延田横，光武指河而誓朱鲔，君之负累，岂如二子？是以至情，愿闻德音。

往年在谯，新造舟船，取足自载，以至九江，贵欲观湖漅之形，定江滨之民耳。非有深入攻战之计，将恐议者大为己荣，自谓策得，长无西患。重以此故，未肯回情。然智者之虑，虑于未形；达者所规，规于未兆。是故子胥知姑苏之有麋鹿，辅果识智伯之为赵禽，穆生谢病，以免楚难，邹阳北游，不同吴祸。此四士者，岂圣人哉？徒通变思深，以微知著耳。

以君之明，观孤术数，量君所据，相计土地，岂势少力乏，不能远举，割江之表，宴安而已哉？甚未然也。若恃水战，临江塞要，欲令王师终不得渡，亦未必也。夫水战千里，情巧万端，越为三军，吴曾不御，汉潜夏阳，魏豹不意，江河虽广，其长难卫也。

凡事有宜，不得尽言，将修书好，而张形势，更无以威，胁重敌人。然有所恐，恐书无益。何则？往者军逼，而自引还，今日在远，而兴慰纳，辞逊意狭，谓其力尽，适以增骄，不足相动。但明效古，当自图之耳。昔淮南信左吴之策，汉隗嚣纳王元之言，彭宠受亲吏之计，三夫不寤，终为世笑。梁王不受诡胜，窦融斥逐张玄，二贤既觉，福亦随之。愿君少留意焉，若能内取子布，外击刘备，以效赤心，用复前好，则江表之任，长以相付，高位重爵，坦然可观。上令圣朝无东顾之劳，下令百姓保安全之祸，君享其荣，孤受其利，岂不决哉！若忽至诚，以处侥幸，婉彼二人，不忍加罪。所谓小人之仁，大仁之贼，大雅之人，不肯为此也。若怜子布，愿言俱存，亦能倾心去恨，顺君之情，更与从事，取其后善，但禽刘备，亦足为效。开设二者，审处一焉。

闻荆杨诸将，并得降者，皆言交州为君所执，豫章距命，不承执事，疫旱并行，人兵减损，各求进军，其言云云。孤闻此言，未以为悦。然道路既远，降者难信，幸人之灾，君子不为。且又百姓，国家之有，加怀区区，乐欲崇和，庶几明德，来见昭副。不劳而定，于孤益贵，是故按兵守次，遣书致意。

古者兵交，使在其中，愿仁君及孤，虚心回意，以应诗人补衮之叹，而慎《周易》牵复之义。

濯鳞清流飞翼天衢，良时在兹，勖之而已。

刘桢

当命运拐弯的时候

老话说红颜祸水,是一点也不错的。

比如说曹丕抢来的二手老婆甄氏。孔融为她考证出周公和苏妲己的风流往事,结果得罪了曹操。传说中曹植为了她做了欲说还休的《洛神赋》,就连刘桢这样正直耿介的人居然也栽在甄氏手上。

刘桢,姓刘,是汉代的国姓,自然祖上也有一门皇亲国戚。他的祖宗是汉章帝的子孙,只是到了刘桢的父亲一代,家族早已衰微。刘桢的父亲少年家贫,除去才华一无所有,但孤贫却耿介,不爱求人,干脆自己卖书,来补贴家用。后来,哪怕做到尚书郎这样的皇帝近臣,也不爱逢迎拍马,还吐槽说,世上太多人交往,都只因为一个"利"字,逢迎拍马,恶心。如此耳濡目染,刘桢也养成了一副认定死理不放松的耿直性子。

但曹丕很喜欢他。建安十六年，曹丕被曹操升了丞相副，又领了专门管候补官员的五官中郎将的职位，曹操那群文采斐然的秘书们由着曹丕挑选，他喜欢的都成了他的下属，其中也有刘桢。

曹丕是个高兴就要使劲儿嘚瑟的家伙，借此机会，常常和下属们喝酒唱歌开party（派对）。文人们喝酒，有美女相伴是最好。于是在一次大宴宾客之时，曹丕喝高了，炫耀地把老婆请出来秀一把。甄姬款款而来，宴会厅里跪倒了一片，人人趴在地上，眼观鼻，鼻观心，连甄姬的衣服边都不敢多看一眼。只有一个格格不入的刘桢，坐在那儿，两只眼睛直视别人家的漂亮老婆，全没有回避的意思。曹丕先有点懵，然后才想起来刘桢这样不对啊，于是气愤地瞪着刘桢。偏偏刘桢视而不见：一个俘虏女人，凭什么我一个大男人要去跪她？

刘桢和曹丕大眼瞪小眼，过了好半天，曹丕才无奈地笑笑，好吧，你不跪拉倒。曹丕常和刘桢混在一起，是了解他的：刘桢这个人，吃软不吃硬。

刘桢是宗室的后裔，虽然汉王朝早已经衰落了，刘皇叔都去卖草鞋了，但是骨子里的骄傲还在。刘桢是一个壁立千仞的人物，不会曲折婉转，你若是和他硬碰硬，就算是鸡蛋碰石头，他也要把你碰得一身蛋清，下不来台。

曹丕是吃过这个亏的：当年他借给刘桢一条腰带，想要回来，于是给刘桢写信说，好东西自然该在尊贵的人手里，所以我今儿得问你要回来。刘桢回信说，好东西在给贵人之前都要先让卑贱的人检查调适，比如漂亮的屋子都是卑微的匠人在建设，粮食进贡之前都得低贱的农人耕种。我本来是很愿意为你做检查宝贝的事情的，可是这条腰带我常戴着也没觉得有啥好的，说明他是配不上你这样的贵人的，我还是不给你了。

曹丕就吃刘桢这套，脸上一片阴云，心里却击节赞叹，即使老婆被人瞪着看也没放在心里。却没想到这事被他爹曹操知道了，曹操想了想，决定还是要"上纲上线"一回：刘桢这就是藐视权威！一看就是东汉那些士人尾巴翘到天上、谁也不放在眼里的清流作风。今日让他浑水摸鱼过去了，以后怎么吓唬人呢？孔融他们不是白杀了吗？于是曹操一拍桌子，原想把刘桢拖出去砍了（刘祯的行为也算是大不敬了），但转念一想又改了主意：判刘桢不敬罪，让他去采石场磨石头去。

曹操这招称得上损：有傲骨有气节的人，要杀他反而让他视死如归，搞不好留名千古，把他的傲骨一点点磨掉，才是对他的羞辱。后来这一招武则天全盘学去：原先，高宗想废了皇后立武则天，褚遂良死谏。武则天后来得势，褚遂良知道自己必死，雄赳赳气昂昂一身正气地等死，却不料武则天只是流放他。褚遂良心想流放还是他赚了，于是再次在流放地昂首挺胸等着武则天赐死，没想到武则天只是一个地方变着一个地方地让他往些鸟不生蛋的地方搬家。武则天越玩越开心，褚遂良却越搬越没声儿。原来憋着的那股气在一次次的折腾中全被消磨个干净，"一鼓作气，再而衰，三而竭"，终于上书投降。

在采石场的刘桢情况比褚遂良还差点：那采石场就是个集

中营,不能随便出去玩,一天到晚就是磨石头。刘桢的手可是拿笔的,现在天天拿锤子。刘桢哪里有曹操那样的七窍玲珑心,憋屈得要命。一腔郁闷全抒发到了给好朋友徐幹的诗里,名字就叫《赠徐幹》:

> 谁谓相去远,隔此西掖垣。
> 拘限清切禁,中情无由宣。
> 思子沉心曲,长叹不能言。
> 起坐失次第,一日三四迁。
> 步出北寺门,遥望西苑园。
> 细柳夹道生,方塘含清源。
> 轻叶随风转,飞鸟何翻翻。
> 乖人易感动,涕下与衿连。
> 仰视白日光,皦皦高且悬。
> 兼烛八纮内,物类无颇偏。
> 我独抱深感,不得与比焉。

他说:我跟你离得又不远,只不过一道墙,可我却是被隔离起来的。心里的郁闷啊,完全没法排遣,坐都坐不安稳,一天要变三四次地方。我看见外面自由的地方那么美:细柳夹道而生,风来吹皱一池春水,飞鸟在天上翱翔,可是我只能待在这里,连鸟都比我自由!我只能看看那一日日照常升起的太阳,想到过去那些快乐的时光,眼泪就掉下来了。

"涕下与衿连"这种事情发生在别人身上正常,曹丕、陆机他们都喜欢化用古诗"泪下沾裳衣"。可这是刘桢啊,是那个喜欢"亭亭山上松，瑟瑟谷中风"的刘桢，权势律法他都可以一笑置之，只是把他扔在采石场，文人的豪情被日复一日单调的工作磨损，高蹈的人生被日常的琐碎无聊切割，刘桢的心也老了。

没想到曹操倒还没忘了他，某一天装作碰巧，视察了采石场。

刘桢正在磨石头，眼角瞥见周围哗啦啦又跪了一片，心里骂了一声：怎么甄氏还能追到集中营来给我霉头触，再仔细一看原来是曹公来了。文人和养着他们的主人之间的关系有时候有点像男人和女人：一个女人，没人理她的时候她会自怨自艾，只是那个男人真正来了，她又偏偏高傲起来，一门心思想把他气走。

刘桢的倔脾气又上来了：我被你丢在这破地方磨石头，还没找你讨说法呢，你自己倒是来了。反正我再倒霉也没有比磨石头更惨的了，不跪！刘桢对曹操视若无睹，又低下头一门心思地磨起了石头。

曹操把刘桢的反应尽收眼底，心里好笑，脸上却装出很生气的样子走到他面前，沉着声音质问，你见到我来，跪都不跪啊？

刘桢装出这才发现他的样子，一本正经道，本来，你来我是肯定要跪的，可是我经常听你说做事情要认真，不要三心二意。我专心磨石头，就不敢开小差，还真不知道您老人家来了。

曹操一下子被噎着，只好干咳一声指了指石头，转移话题：这个石头怎么样啊。

刘桢心里哈哈一笑，想这个可以放出口恶气了，答道：这块石头，是从荆山最高远险峻的峰顶采来的，外面有五彩的纹样，里面是和氏璧一样的宝玉，磨它也不能让它更加晶莹，雕刻也不能让它更加漂亮，只因为它美好的外表、坚贞的气质浑然天成，改不了！

曹操自然发现了刘桢话里自比的意思。曹操也是个浪漫的人，刘桢这样一番话反倒是让他动容了。有时候是一物降一物，刘桢不晓得曹操惩罚他的策略，干脆就凭着一股子傲气愣到底。可是这种任你千变万化我自岿然不动的态度，反而很对曹操的胃口。最后，曹操放了刘桢。

刘桢出来之后，在曹丕与曹植为了储位竞争而关系越发紧张的时候，给曹植做了平原侯庶子。此时曹丕虽说做了太子，可是曹操却插手为曹植找帮手，蓄意在两个儿子之间找平衡。曹操陆续为曹植抢来了邢颙、邯郸淳等既有资格，又有才华的能人。刘桢刚被放出来就被作为砝码加给了曹植，足可以看出在曹操这里刘桢也是可以左右比赛结果的能人之一。可是刘桢这里却并不好过：

本来，他是五官中郎将文学掾，和曹丕共事一场，私交也不错，却在丕党和植党斗得你死我活的时候跑去做了平原侯庶子，怎样对曹丕交代呢？怎样面对他那些正帮着曹丕，恨不能整死曹植身边每个人的旧同事呢？

麻烦比他预想得更多，曹植府里也有复杂的争斗正瞄准他。曹植府的家丞邢颙是个资深老官，做过司空掾、丞相门下督，和曹操关系铁。邢颙被曹操派过去给曹植做家丞，未必没有点替父亲管教儿子的意思，因而对曹植大概也比较喜欢指手画脚。文学青年曹植早受够这老古董，自然偏爱刘桢，不待见邢颙。结果，邢颙对刘桢怀恨在心。刘桢眼看着自己就要成为窝里斗的牺牲品，想了很久，写信给曹植说，"为上招谤，其罪不小，以此反侧。"——他怕曹植被他爹骂，怕自己获罪，以致于睡不着觉。采石场的经历到底让他再也不是那个仗气恃才，谁都不放在眼里的刘桢，他后怕了。再进一次采石场，不知道能不能熬出来。刘桢慢慢开始学着妥协，在政治斗争渐趋白热化的建安十六年，做人做事都谨慎起来。

和所有恃才傲物的年轻人一样，刘桢性格里疏朗的棱角慢慢被际遇里的惊涛骇浪磨平，显现出一种内敛、深沉，甚至小心的气度来。后来他写诗，不小心就会流露出一点孤独，比如"凤凰集南岳，徘徊孤竹根"，他亦爱写些深秋寒冬的景色，看他这首写给曹丕的《赠五官中郎将之三》：

秋日多悲怀，感慨以长叹。

终夜不遑寐，叙意于濡翰。

明灯曜闺中，清风凄已寒。

白露涂前庭，应门重其关。

四节相推斥，岁月忽已殚。

壮士远出征，戎事将独难。

涕泣洒衣裳，能不怀所欢。

你实在不能从中看到那个耿直又高傲的刘桢，他像是"夜中不能寐，起坐弹鸣琴"的阮籍，一腔的忧愤却又不能表现出来。他渐渐可以理解一些原先被慷慨直率的性格所忽略的人生悲苦：

壮士出征，不知归时；清风寒露，独立中宵。他原先如江水一样率性奔腾的命运在这里拐了个弯，开始显示出人生之路迂回的本质。对着曾经可以毫无顾忌冒犯的曹丕，刘桢的诗句里透出一种深刻的悲哀，一种岁月忽已殚、往事难再回的感慨。

然而我私下里最喜欢的，觉得最能代表刘桢的还是《赠从弟》中的一首：

亭亭山上松，

瑟瑟谷中风。

风声一何盛，

松枝一何劲。

冰霜正惨凄，

终岁常端正。

岂不罹凝寒？

松柏本有性。

半辈子的跌宕起伏都经历了，可是轮到他对自己的为人处事作总结，轮到他以此来劝慰堂弟的时候，刘桢却还是毫不犹豫地选择了嶙峋高蹈的气节。青年时候的脾气容易被后来的遭遇磨损，却更改不了，那是一种最无意识又最深刻的记忆。好像周邦彦年少时并不在意的"纤手破新橙"，却在多年的漂泊之后突然涌现在眼前，直击灵魂。

刘桢也一样。他的心里总还是记着那份年少时养成的高傲：虽然寒冷，但松柏傲霜斗雪的本性是改不了的。是一种习惯，不自觉间就显露了出来。

这首诗，虽然没有什么修饰，甚至看着有些简陋，然而南朝著名的评论家，《诗品》的作者钟嵘给他评了一个上品。钟嵘是一个很苛刻的人，曹丕到他那里都只能拿中，曹操还拿了个"下品"。然而刘桢在他看来，却是上品。

大概，经历了风霜雨雪和人生坎坷之后的不屈，永远是人所钟爱的品质。

应场

如果人生是场没完没了的party

曹丕曾经给吴质写信，回忆他们的宴会。在那一篇《与吴质书》里，他以一排漂亮的骈句，铺陈已经过去的好时光：说他们出去玩的时候，各自的车子连在一起，在北场追杀飞禽走兽，提着猎物到南馆去吃饭聊天。"浮甘瓜于清泉，沉朱李于寒水"。大家的座席挤挤挨挨靠在一起，没有尊卑贵贱。酒酣耳热，熏熏然之际，常就着手边的事物随意开始命题作文比赛。厨子献上一只瓜，刘桢就和曹植捉对即兴，各做一首《瓜赋》。节气正值大暑，王粲、陈琳、刘桢、曹植每人一张绢，援笔濡墨，便有四篇《大暑赋》。看到有趣的玩意儿，比如珍稀的鹦鹉，也来搞一场作文比赛，《鹦鹉赋》一再出现在王粲、陈琳、阮瑀、应场的文集里。

喝高了也难免兴奋胡扯，于是就随便挑拣出儒家六经或者诸子百家中的几章来各抒己见,东拉西扯。辩论和作文比赛自有输赢,这些人里面有不少杰出的音乐行家,像是阮瑀、陈琳,都是古琴演奏家,他们输了大家正可以借机一饱耳福……

曹丕写这封信的时候,那些欢乐的夏夜都已经成了往事。徐幹、应场、刘桢、陈琳都死在建安二十二年的一场大瘟疫中,在这之前,王粲和阮瑀也已经谢世。曹丕在回忆这段友情的时候说了一段感人至深的话,他对吴质说,伯牙为子期绝弦,仲尼为子路覆醢,是痛知音之难遇,伤门人难再有。我的朋友们,虽然不比古人,但也是这个时代的翘楚了,这天下还会有杰出的人才,也许后生可畏,但我和你是见不到了。对我来说,大概是再也没有像昔日一样宴游的机会了。

不仅曹丕,曹植在这一点上也和这个他斗了半辈子的哥哥有同样的感慨。他的一首《公宴诗》里也描述过相同的场景:

公子敬爱客,终宴不知疲。

清夜游西园,飞盖相追随。

明月澄清影,列宿正参差。

秋兰被长阪,朱华冒绿池。

潜鱼跃清波,好鸟鸣高枝。

神飚接丹毂,轻辇随风移。

飘飘放志意,千秋长若斯。

他们不约而同地以温柔的笔触描述那些短暂的宴会,甚至明知不可能,却依然真诚地期望能永远如此。在这样的场景里面,有纯粹的兄弟情、朋友情。那些尔虞我诈的政治斗争被大家自觉隔绝在宴会之外。有的，只是才华的碰撞，人生审美的享受。汉末的士人聚会过于政治化，太过沉重。邺下文人们的聚集是轻松、惬意的，他们的宴饮把汉末的"清议"渐渐变为"清谈"。更放松、更活跃、更不受政治束缚，从职业抱负变成人生乐趣。

这样一种生活态度开启了后来中国特有的沙龙文化——"公宴"：金谷园的雅集，兰亭的聚会……一群性味相投的朋友们聚在一起喝茶喝酒，俯仰天地，口谈玄言，手挥五弦。中国的知识阶层，真正用心地去享受生活无疑是从这个时代开始的。

只是，他们没有办法永远躲在西园里喝酒聊天，在他们的花园之外，是白骨连天、易子相食，是连年战争、饥荒造就的荒凉。他们因为这种荒凉而倍加珍惜生命，躲进诗与酒之中，但诗和酒无法永远庇护他们。

所以，有一天，应玚在一片欢乐的氛围里有些格格不入，写了一首很另类的《公宴诗》：

> 巍巍主人德，佳会被四方。
> 开馆延群士，置酒于斯堂。
> 辩论释郁结，援笔兴文章。
> 穆穆众君子，好合同欢康。
> 促坐褰重帷，传满腾羽觞。

应玚终于承认，当他们辩论、喝酒、写文章的时候，是在释放抑郁与哀伤。为什么哀伤呢？他们都少有才名，都出身高贵，都抱有匡正天下的崇高理想。但是最后，并没有人听他们的，他们甚至不能过多地谈论政治得失。曹操可以放任他们长期集会，因为他们有一个安全的身份——"文人"。他们一旦再想往前踏一步,那么宴游将变成结党,应场、徐幹他们会成为又一个孔融、崔琰。

只好喝酒。

应场出生在一个有名望的大家族,他的祖父是曾经做过司隶校尉的应奉,伯父是写过《风俗通》的应劭。他自己和刘桢一起做过曹操的秘书,后来到曹植那里做过平原侯庶子,曹丕做了管候选官员的五官中郎将之后,他又去曹丕手下做了将军府文学。看建安七子的集子,应场的文章是最少的。有名的只有《公宴诗》和《弈势》。在邺下文人集团中间,论政治影响力和文才,吴质、杨修、丁廙都比他要丰满。但曹丕似乎认为应场有深沉的思想与著述的志向,是个睿智的人。曹丕于是在这篇《与吴质书》中说,"德琏常斐然有述作之意,其才学足以著书,美志不遂,良可痛惜"。

应场对于公宴的认识无疑是他们这一帮人中间最深刻的,所以他也最是半醉半醒。他那首最有名的《侍五官中郎将建章台集诗》说的正是这样的心情:

朝雁鸣云中,音响一何哀。问子游何乡,戢翼正徘徊。言我塞门来,将就衡阳栖。往春翔北土,今冬客南淮。远行蒙霜雪,毛羽日摧颓。常恐伤肌骨,身陨沉黄泥。简珠堕沙石,何能中自谐。欲因云雨会,濯羽陵高梯。良遇不可值,伸眉路何阶。公子敬爱客,乐饮不知疲。和颜既以畅,乃肯顾细微。赠诗见存慰,小子非所宜。为且极讙情,不醉其无归。凡百敬尔位,以副饥渴怀。

清代诗论家张玉谷作论古诗绝句四十首，其中第十八首说的就是应玚的这首诗，他说，"《公宴》诗篇开应酬，收罗何事广萧楼。德琏别有超群笔，一雁云中独唳秋"。

从张玉谷的诗里不难看出，他对公宴诗的评价并不高：这派诗是后代应酬诗作的滥觞，大多文采有限。只是应玚的这首诗不仅代表了他自己诗作的最高水平，就是放在整个建安文学中也是可以让人眼前一亮的佳作。因为他在一片和乐欢饮的气氛中，安排了一只徘徊失群的大雁。它四处流离，既蒙霜雪，又摧折了羽翼，却依然不放弃寻找良遇的机会。应玚对于公宴的描写意不在描述一场宴会，他的目光始终停留在主持公宴的那位公子身上。在他的身上，他看到了一个好老板的样子——应玚以这样一种隐晦的方式表达了自己的政治希冀。但无论"敬爱客"的公子是否读懂，它并没有为建安文人带来走向政治中心的机会。

应玚的时代，两汉的礼教禁锢破碎了。文人们不再理会两汉的教条规矩，也不像孔融一样扑上去对着规矩一顿拳打脚踢，做出些惊世骇俗的举动。但也是因为对旧有规则的不买账，他们时代的政治缺少规则，曹操以法家的严刑峻法加名家的诡谲统治卜属，既严苛又让人摸不着头脑。这些文人们骨子里其实是信赖规则的，他们不喜欢遵守规则，却又依靠它获得安全感。这些才子们少了那些"坏小子"对规则的不屑与破坏，因而在时代的巨变里，永远不可能在风口浪尖逐浪弄潮。很遗憾，在乱世不奸诈，成不了英雄。

因为曹操的参与和注视,建安文人们注定不能像汉末的党人一样指点江山、臧否朝政,但他们可以激扬文字、纵情任心。当他们的政治抱负因为种种原因必须雪藏的时候,他们把大多数的精力来丰富作为个人的生活,担不起再多的腥风血雨,他们从士人渐渐变成文人。

但好歹,他们开创了一种风雅的生活方式,聚会、喝酒、辩论、作文。知己与对手,都在这样的宴会里看到对方身上智慧的闪光。但盛宴不常、欢会短暂,人不可能总是活在快乐的高潮,偶尔达到,就该珍藏一生。

真可惜啊,人生不能是一场没完没了的party(派对)。

徐幹

人之所以寻找爱人

徐幹大概是建安七子里最没名气的那个。但他内心柔软，可以依赖，所以像刘桢这样对谁都强悍的人却愿意对他展示心中的软弱，因为刘桢知道，徐幹可以给他慰藉。刘桢在采石场的那首《赠徐幹》，徐幹是这样回复的：

与子别无几，所经未一旬。
我思一何笃，其愁如三春。
虽路在咫尺，难涉如九关。
陶陶朱夏德，草木昌且繁。

刘桢是不好安慰的。他获罪本来是咎由自取，但徐幹又不能明确告诉他，他的命运全在曹操心情的好坏。于是徐幹只能说，我也很想念你，虽然我们离别还不到一旬，但是深厚的思念带来的惆怅就如同落花的暮春。我们之间的距离虽然近在咫尺却难以逾越。但是，夏天还是会来，还会有昌繁的草木再生长起来。

人遭难的时候最想得到的是安慰和勇气，理智的分析有时候不比深富感情的憧憬来得有效。徐幹给了刘桢一个憧憬，不管现在怎么样，未来的事情只要够有想象力就可以许诺。

徐幹和刘桢，刚柔相济。钟嵘后来评价这两封书信，很没有口德地说徐幹的诗和刘桢相比，是以草茎去扣洪钟。意思是它文采一般，大不如刘桢诗中如松如风的朗朗文气。然而，钟嵘大概忘了，草茎也有另一种境界：蒲草韧如丝。不雄奇，不壮烈，但坚韧。

这一年徐幹四十二岁了，和刘桢一样做着曹丕的部下：中郎将文学掾。在曹操那里当了七年的司空军谋祭酒掾属，兜兜转转不是秘书就是参谋。徐幹的时代，是建安七子的第二个时代：孔融因救了张俭已扬名天下的次年他才出生，汉末的那些高蹈他浸染得不多。徐幹开始工作，就是曹操的时代。他看到的基本上是曹操霸府里的那些事儿。快十年的官当下来，虽然官也不小，可徐幹心里的一个愿望越发明显。曹丕看明白了，在《与吴质书》里说他：怀文抱质，恬淡寡欲，有箕山之志。

他想归隐，深谷逶迤，采菊东篱，想忘情于山水，又不能不保有一份看着光鲜的工作，为自己的脸面，也为了家族。无法自欺欺人的时候，做官就味如嚼蜡、无奈透顶。后来，徐幹又被派到山西上艾这个地方去做县长。曹操大概想让他在基层锻炼锻炼再往上走走，没想到徐幹根本没有升官的愿望，这一次干脆托病不去了。人到中年的徐幹以一个旁观者的身份看到曹操杀边让、杀孔融、杀杨修、杀娄圭……都是当世俊杰，原先的一腔热血被这心惊肉跳的一盆盆冷水浇下来，早该凉了。

但是徐幹的柔韧让他注定不会像孔融一样，以一种策马扬鞭的姿势去找死，当失落的政治热情转向文学，一定有好的作品。

他写了六首《室思》，以一个思妇的角度抒发心中的不可说。从屈原《离骚》里大段大段出现的香草美人开始，中国的诗人们便常以美妇人或者怨女自比，抒发不得明主垂怜或是生逢乱世的政治怨气，徐幹也不例外。然而就是以单纯的情诗来看，这六首诗也是极出色的。

其中有四句："不聊忧餐食，慊慊常饥空。端坐而无为，仿佛君容光。"徐幹太懂女人了，这四句让人想到东汉桓帝时候女诗人徐淑的故事。她的丈夫秦嘉在外地出差，怕她一个人寂寞，替她收集了好些漂亮的头饰、精致的胭脂，还把自己常弹的琴送回去给她，想让她高兴些。然而徐淑回信说，我带着头饰照着镜子就想到你站在我身边的样子，弹琴吟诗的时候就触景生情、思心成结。明镜所映鉴的妆容终究要你来欣赏，弹出的曲子要你来聆听。你不在，我连装扮自己的心情都没有啊。

古希腊的剧作家阿里斯托芬说，人之所以寻找爱人是因为他们本就是一个圆球，因为太过完美而被神劈做了两半，只好在活着的时候拼命寻找另一半再把圆球拼合起来。这是爱情，也是君臣鱼水相遇。女人等那个爱她身体爱她灵魂的男人等得苦，臣子等那个爱他理想爱他才华的君王等得更苦。因而，才有郁郁不得志的文人以思妇自居。

徐幹的同事们，陈琳、贾诩、王粲都是兜兜转转跟了好几个老板，找了好几份工作的人，一次次在军阀间被转手，颠沛狼狈，被狠狠践踏自尊。如果说，在建安七子的其他人身上体现得更多的是勇往直前，激扬文字，是对世道的议论。在徐幹身上，是一种低回的沉思和内省，那些诗歌里言不能尽的思辨，他放进了哲学论文《中论》中。

在《中论》里，建安文人喷薄的诗歌文采开始向更加理性深沉的哲学方向发展，然而主题却是不变的：为什么有了权势、地位和功业，他们依然如此痛苦？他们都是信儒家的，他们认为做一个儒生就要有自己安身立命的尊严，要在明君圣主的领导下肃清海内，干一番事业。可是儒家传统的理念在他们的时代只能是王道理想和霸道现实的一次次撕扯，留给他们的选择不多。或者首鼠两端，或者像荀彧一样，不想违背对汉室的责任，亦不能违背对曹操的忠诚，最后只能一杯鸩酒，把自己扯碎了。

徐幹或许知道答案，可是他却不能改变什么，于是只能守定君子的理想：无尺土之封而万民尊之，无刑罚之威而万民畏之，无羽龠之乐而万民乐之，无爵禄之赏而万民怀之。以此来给自己渐趋避世的行为找到一个理论的出口。

建安七子这些有才华的年轻人为理想奔波，被生活戏弄，兼济天下的梦想让建安七子撞够了南墙，洒够了热血。他们抱着经世救国的理想出仕，以为只要有道德有理想就能得到最高级的尊重。

可最后，有些不得善终，有些成了微不足道的公务员。他们曾经匡扶天下的理想最后都变成了宴会的节目单和流行歌曲的歌词。越在意的越轻贱，他们却依然执迷不悟。徐幹看懂了，看懂了，也到了告别的时候。如果建安七子的故事是一支琴曲，那么徐幹就是低沉徐缓的尾声。

　　他们的下一代，终于有更聪明的人开始收拾他们人生的碎片，修正儒家传统规则在实践上的荒谬。他们有的立志学术，有的参与政局，于是正始年间，出现了三位哲学名士，出现了真正意义上的玄学运动。这和社会主义者们的共产，嬉皮士们的暴走，在本质上是一样的：拯救理想——人和动物毕竟还是不一样，活着总是痛苦，痛苦就要折腾，为了可以奔向更好的未来。

何晏

处境尴尬的才华和美貌

何晏的母亲是个美女。虽然死了老公又带着一个大儿子，可是选官"唯才是举"，娶老婆"唯色是娶"的曹操依然把她娶了回来，宠爱有加。儿子一般像娘，不奇怪的，何晏是个帅哥。面白如粉，甚至走在水边也会望向自己在水中的倒影，欣赏一番。

本来，长得好又白在魏晋是件很吃香的事情，可是何晏在历史上的名声极差：年轻的时候参与文学青年非法集会散布反政府言论，被他侄子辈的魏明帝给禁锢了不给做官。好不容易把魏明帝熬死了，曹爽上台，何晏被重新起用，却又在组织部长的位置上搞任人唯亲、拉帮结派、打击报复。曹爽倒台后，何晏又两面三刀，觍着脸拍司马懿马屁。高平陵政变，司马懿夺权，曹爽伏诛，司马懿让何晏治曹爽同党的罪。何晏极尽坚壁清野之能事，揪出来一堆人，但司马懿总说还少一个。何晏羞愧又胆怯，战战兢兢问道，难道说是我吗？司马懿这才点头。后人读到这段，仿佛何晏的猥琐也粘在书页上，恨不能皱着鼻子甩开书，揩着手指，大喊，恶心死了。

历史学家威尔·杜兰特讲，历史，大多是猜测，剩下的，是偏见。历史学家的价值判断如同一把最尖利的剪刀，在一个人错综复杂的遭遇里裁剪出他笔下最符合他好恶的形状。

假设，我们换一种"裁法"，也还有另一个何晏：有名的哲学家，一个真诚的朋友，以及被推上了风口浪尖的政治改革者。

何晏曾经注释过《论语》。古往今来，论语的注本肯定比穿越小说多，扔到长江里就算不断流，江水大概也得上涨好几米。只是到如今，在辑录了各家注疏的刘宝楠《论语正义》里，言必称何晏《论语集解》如何如何讲。

本来，我们还应该能够看见何晏注释的《老子》，他对自己的这部书很有期待，毕竟文章千古事嘛。可是，他年轻而又才华横溢的朋友王弼一次无心的拜访终结了这种可能。王弼与何晏的初识是很典型的魏晋式的，那时候王弼是名不见经传的十几岁少年，何晏是人到中年的皇亲国戚兼权倾朝野的组织部长。可是何晏家的大门却是天天为有才华的人开着。

当时何晏正在为一场辩论做裁判，王弼恰巧进来。没有寒暄，何晏劈头就问，我看这个道理已经讨论得清清楚楚，不能再深入下去了，你说呢？王弼没有回答他，只是坐下来，顺着刚才的论点又阐发一层。正当满座就要喝彩的时候，王弼又开始驳斥自己刚才的论点。这样双手互搏了好几回，满座倾倒。

何晏十分激动，从此王弼成了他一个常常来往的好朋友。

本来可成一段忘年之交的佳话，可偏偏王弼要跟何晏抢生意：王弼也注释《老子》。而当天才横空出世的时候，才子就变得如路上灰尘一样啥也不是。当何晏看见这部书的时候，心里一凉，头一次尝到了绝望的滋味。王弼的注释用一个"无"的理论把老子和儒家给贯通了起来，完成了本体论和可感世界的联系。用黑格尔的话来说，这是一条"下降之路"。中国的哲学从来少本体论的探讨，尽管王弼的这套理论也许只够得上前柏拉图时代的水平，但是在中国却是唯一而划时代的。而何晏悲哀地发现自己辛苦了半辈子的注解其实只是管中窥豹、盲人摸象。

当朝大佬、吏部尚书何晏要想把王弼的文章据为己有甚至整死他还不是小菜一碟！反正古代也没有著作权！更何况，文坛如战场，诽谤中伤，暗地里整死个把对手的事情，文化人玩起来还是挺得心应手的。只是，这个实心眼的何晏居然把自己的书一把火给烧了。他只愿意把最好的东西署上自己的名字，如果注定是个次等的作品，他宁愿从没有人见过它。

尊重是何晏的信仰，亦是整个魏晋士人群体的信仰。自尊亦尊重别人，无论和他进行学术辩论的是名不见经传的王弼还是早已扬名天下的夏侯玄，对于何晏来说，他们都是平等的，无论对方的论点怎样挑衅了他，学术辩论，只能以理服人，别的手段，连想也不该想。

何晏接待过有名的算命先生，管辂。那时候何晏已经几近败亡，听说管辂善解梦，就问他，我梦见好几十只苍蝇停在鼻子上，怎么挥都挥不走是怎么回事？管辂不屑地大喇喇道，鼻子是天中之山，现在苍蝇停在山上，说明位高的人要被颠覆，处事轻薄的人要完蛋，你得小心做人啊。这话等于是咒何晏死，当时也在场的邓飏一听就发飙了，说，你胡扯蛋！何晏却制止了邓飏，客客气气地请他明年再来算一次。他并未心存芥蒂，之后果然还和管辂探讨过好几回哲学问题。

何晏待人尊重几乎开启了魏晋的一代风格。于是你看见十几岁的王戎参与同父亲一辈的阮籍、嵇康的辩论，看见殷仲堪将擅长清谈的要饭和尚康僧渊奉为座上宾。这个最注重门第的时代，却又是最缺乏世俗门槛的时代，理性成为评断一切的标尺，有理不惧年少，不惧身贫。

而何晏的这种尊重，来源于他的骄傲——如果我不能够在道理上战胜你，我还可以笑着对你说我输了。对于后来人，这也许叫做虚怀若谷，但对于何晏来说，这是一种孤独，因为孤独的高傲。

何晏的孤独也许是高处不胜寒，但更多的，是来源于年少的敏感和因为太多自卑而造成的极度自尊，他总是想做最好的，无论是学术还是做人。

小时候，作为曹操"假子"的何晏混在曹植曹丕一帮正牌公子间，频频参与曹操举办的公款吃喝。对于曹丕他们来说，老爹赚钱儿子花，是天经地义，可是在何晏这里，却是嗟来之食一般，是靠着他娘的美貌享受富贵，很有点名不正言不顺。少年过早成熟的自尊让他如坐针毡，拒绝了曹操把他认作真儿子的提议，却更加要表现出自己的出色，为自己赢回一点尊严来，证明他有才华、有抱负、有机会，获得地位根本不需要靠老娘。

可是何晏的想法完全错了。出色有时候只是地位的附属品，对于身处上位的人来说是锦上添花，对于命比纸薄的人来说就是杀身之祸。所以老子说要善柔，要装，要"知其白，守其黑"，有七成要装出只有一成的样子。年轻、漂亮又自尊心过剩的何晏不是不懂，只是不能忍。

没什么悬念的，强出头的结果常常是强极则辱。就像是张爱玲在《倾城之恋》里写的，被休回娘家的白流苏每每在舞会上打扮得最光彩夺目，因此遭姐妹们嫉恨，何晏的出色也遭遇了曹丕们的联手抵制。

曹丕是个有点公子哥儿脾气的主，偏偏何晏又总是处处与其争风，于是曹丕常常白眼一翻，轻蔑地点点下巴，叫何晏"拖油瓶"，当了皇帝之后更是不想理睬他。好在，曹丕时代，所有曹氏兄弟都不得待见，何晏受的那点委屈也就不那么明显。

但到了曹丕的儿子曹叡手里，何晏更受到与辈分不相称的狎辱：曹叡听说何晏长得白，有人说是天生的，也有人说是他天天扑粉，人造的。于是曹叡就大热天的请何晏喝胡辣汤吃馒头，吃得何晏汗流浃背。何晏擦汗的时候曹叡使劲盯着他的脸，一眨不眨。可是，何晏从容地擦汗，脸色慢慢透出皎皎如月的胭脂色来。

虽然年纪差得不大，但是曹叡明目张胆调戏的可是他叔叔。明珠玉石在庙堂之上是国之宝器，但在风月场里也只是"血色罗裙翻酒污"的道具。因而孔子说"名不正则言不顺",处境尴尬的才华和美貌有时候比平庸更容易惹来侮辱。

虽然偶尔调戏一下长辈,但是总的来说,曹叡心肠不坏:他给了何晏一个驸马都尉的闲缺(何晏娶曹林的妹妹金乡公主为妻),主要工作只是做诗词歌赋赞扬太平盛世。何晏虽然不能够在这个位置上发挥才华,但本职工作做得还不错。他在这时期写的《景福殿赋》流传至今。

可究竟是不甘心。二十出头,血气方刚,对于有才华的人来说,全世界都可以踩在脚底下。何况两代君王的作为耳濡目染,魏明帝时代国家又动辄地震、日食,不太平,何晏无法抑制他经世救民出人头地的愿望。再加上曹叡基本沿用他爹的那套人马,对于何晏这样的年轻人来说,执政者的保守老化无疑是政治改革最大的由头。

可是他手上没权啊。一个靠裙带关系得来的关内侯根本不管用,于是他自然而然地跟锐意改革的小青年们一拍即合,日日集会,天天吐槽朝廷上那帮挥舞着礼法大棒的当权派们。年轻人总是习惯对他们的上一代嗤之以鼻,不管上一代曾经多么新潮过,在这一代人的眼里,他们都是老顽固。这帮青年有夏侯玄、荀粲、邓飏,都是义化人,都是吸收了崇尚自然、行止自由的新思潮的年轻人。他们从时政说到人才,讨论选拔人才的标准,话里话外不点名地指摘当朝大佬们缺乏"资质"。

太阳底下没有新鲜事,汉末清流让政府头疼的"民间政治团体"又复苏了。文化人太自由的时代就这样,想法多又有蛊惑性,议论的主题总不离当下的政府不够好。无奈，不镇压就得到处灭火，曹叡颇有法家的铁腕，以"浮华交会"的名义，把这帮人通通赶出朝廷去，闲差也没得做了。

好不容易燃起的政治热情被曹叡灭烟头一样掐个干净，何晏不是不郁闷。人都是政治的动物，况且东汉末年的影响和少年时代的耳濡目染让他有一种错觉：治国平天下是他的分内事，曹丕、曹叡能做的，他能做得更好，无奈命运多舛，怀才不遇。他需要一种发泄的办法，刚巧曹家收藏了好些神仙方术，于是无所事事的他埋头研究出一贴让自在灵魂脱离肉体桎梏的药方——这就是后来文艺青年们最爱的古代摇头丸——五石散。

何晏的运气不差，只熬了六年，曹叡也死了。司马懿把遗诏的四个辅政大臣做了一个"精英淘汰"的安排，把有能力的曹宇、曹肇都给赶了出去，只留下一个最好对付的曹爽，然后看这个傻乎乎的改革派嘚瑟，等着抓他纰漏。

作为浮华案里同甘共苦的老哥们儿，曹爽也果然够义气，让何晏去掌管实权职位：组织部长，吏部尚书。

却是他最不该在的位置。

何晏这个人，爱出头又太较真，完全不适合混官场。组织部长这个位置偏偏是官场里的润滑油，见人说人话见鬼说鬼话，见谁都是亲兄弟，一转头谁都不认得。但是人往往缺乏自知之明，人生就一次，合适与否，不试过怎么知道？何晏大概抱着这样侥幸的心态，想在这个位置上开始一场酝酿了很久的"正始改制"。

改革一向是最容易招惹是非的事情，打破现时的平衡，总有人的利益受损，有的明着跟你跳脚，有的暗着玩阴谋，连商鞅那样的铁腕都被车裂。因而古往今来，锐意改革者，无论成功与否，都没有好下场。

何晏太想解决汉末以来有能力的人却在野不在朝的问题，却不知道这个问题本就解决不了。在朝的人不一定最有能力，却是在合适的时机出现的合适人选。民间臧否政治的原因不在于选官系统出错，而在于不能达到最优。但是，政治是平衡的产物，和稀泥或者有才者不在其位是必然。可是何晏不行，他的高傲决定了他对于最优的痴迷。正始改制，收缩州郡中正的选拔权力，扩大吏部的选举权，目的是在地方上避开司马懿的影响控制更多的人才。他们改革了行政机构，把州、郡、县三级行政机构简化为州、县两级。一来是裁掉冗员，二来也是扩大中央对地方的影响力。

但是这个改革在魏国内部矛盾重重。本来岌岌可危的派系平衡在曹爽陆续安插己方人手的动作中陆续被破坏，本来应该压阵的老臣司马懿离休回家，摆出一副不管不顾、等着看好戏的样子。于是恶评浊浪滔天，首当其冲的，是新任吏部尚书何晏。

这个位置在此时是老派尚礼法的名士和新兴的尚自然的名士斗争的最前沿：曹爽把原来的组织部长卢毓调升，硬生生地插进了何晏，但何晏无法服众。

有名气是不错的，但是口谈玄言的新锐们上台之后却并没有新锐的政策：对于何晏来说，个人生活可以嗑摇头丸，家门大开，对贵公子与叫花子都一视同仁。但是治理这个社会，何晏显然缺乏想象力。他想到的还是儒家的那一套统治礼法，儒家在这里真正成了何晏的大棒。个人生活和施政措施的矛盾让他看起来就是一个信口雌黄、言行不一的人。何晏也没有办法：他是一个学问家，儒家、道家都精通，但是他的学问没有形而上的原则，具体表现在他不知道怎样把他信仰的道的观念，体现在日常的伦理名教中，用黑格尔的话来说，他没有找到一条宇宙原则指导可见世界的下降之路。他想要一个好的社会，他能想到的好的社会规则似乎只有臣忠帝仁，但这个原则推而广之必然是家庭生活的父慈子孝，和个人生活的正心、诚意、修身、节欲。但是他又不想在个人生活中违心，他从心底鄙视汉末那种制造仁孝假货的行为，他的个人生活是自然、随心，甚至有些放荡不拘小节的。这让他看上去更像个虚伪的人。

这个何晏解决不了的痛苦问题，是从建安名士起大家都没弄清楚的难题，所以从最后一个汉末清流孔融消失之后，建安名士把仁义理想变成了文学：当实践理想的愿望屈服于生存本性的时候，它只能以一种痛苦的形式留在木椟竹简上；所以曹丕、曹叡都高举仁义大旗，却把严刑峻法那套玩得滴溜转。可是，自己都不相信的信仰，怎么能叫别人相信？当然，你可以认为"好老庄，尚自然"是高级知识分子的专利，下层百姓还是要以"仁义"来统治，但这是说不出口的理由。旧的不合人性的礼法要垮台了，但是新的却还不能自圆其说。解决这个问题，要等天才王弼。

何晏并不比卢毓多出什么高明的招数，于是他的那点名声更像是虚名。人都同情弱者，难免不为下野的卢毓喊几句冤。更何况卢毓本身是一个很有名望的儒臣，做人恭让而有礼仪，后来司马昭想让他做相当于文明模范的司空，但卢毓坚持让给比自己更有孝名的王祥。这样一个有着良好社会声望的人无故下台，不能让人眼前一亮的新官自然成了众矢之的。

难怪当时的黄门侍郎傅嘏要发点牢骚：何晏这个人，外静内躁，铦巧好利，不念务本，迷惑了曹爽和曹羲这帮人，结果就是让仁人远朝廷，朝政荒废。更有意思的是，傅嘏给当红的夏侯玄、何晏、邓飏各下了一句断语，分别是志大才疏、好辩无诚、好利善妒。总结起来是，没有一个好东西。有人说，这是后来曹爽帮被砍了之后傅嘏"事后诸葛亮"的言论，不过话糙理不糙。傅嘏代表了以礼义为行为准则的事功派们的心理：这些小伙子们有名无实，嘴上说说可以，实际做起来都不行。所以名声这时候就是个等同于浮华，容易惹祸的坏东西。难怪李丰年少成名，他老爹李义却对此不屑一顾，诸葛恪年少有盛名，他老爹诸葛瑾为此忧心忡忡。

何晏不得傅嘏的待见，是司马党和曹爽帮争斗的一个小插曲，体现出他们为人处世、治国理政的基本思路的不同，后来嵇康、山涛、羊祜、张华与贾充、何曾一直延续到西晋末年的争斗，说到底都是这个原因。

史书上说傅嘏因为这几句话遭了何晏的忌恨，被免了官，卢毓几经周折也被免了官。舆论这下恨死了何晏。

和那些就算装也要装亲热的滑头不一样，何晏没有任何与他们修好的意思。他依然要按着自己的意思选官，但是敏锐的何晏已经感觉到了他们这个统治集团的脆弱。

曹爽和曹操一样，也是个喜欢公款吃喝的人，曾经召集何晏他们就着铜雀台留下的歌姬吃喝玩乐，可惜曹操的吃喝玩乐曹爽学了个七七八八，但曹操的雄才大略他却没有继承半点。司马懿只管躲在家里跷着脚看他把魏国搞得乌烟瘴气。

曹爽的得力干将，做皇帝秘书的邓飏是个大贪官，有个叫臧艾的人把他老爹的侍妾送给他，邓飏就立刻给了他个高官。时人给他编了个外号，叫做"以官易妇邓玄茂"。邓飏收人钱财给人官位，搞得朝堂上都是一班草包，舆论自然要把矛头指向组织部长何晏。腐败不稀奇，但是政权还没坐稳，改革还没搞定就开始腐败，曹爽帮自然被人骂。再加上曹爽急于想建功立业，压过战功累累的老臣司马懿，在不合适的时机督促着夏侯玄在骆谷和蜀国打仗，山高路远，后勤跟不上，士兵疲惫不堪，最后狼狈地退回来，莫名其妙地劳民伤财一番。连和曹爽他爹有老交情的蒋济都公开骂他是个败家子。

一方面，何晏必须依靠曹爽来实现他的政治抱负，一方面，何晏也感觉到曹爽的完蛋是迟早的事情，进退两难之际，他写了两首《拟古》诗：

鸿鹄比翼游，群飞戏太清。常恐夭网罗，忧祸一旦并。岂若集五湖，顺流唼浮萍。逍遥放志意，何为怵惕惊？

转蓬去其根，流飘从风移。芒芒四海涂，悠悠焉可弥？愿为浮萍草，托身寄清池。且以乐今日，其后非所知。

"常恐夭网罗，忧祸一旦并""且以乐今日，其后非所知"，言语之间无一不透露出来对于未来的担忧，但是他没办法，半途而废不是他的风格，他只能硬着头皮走下去。

正始十年，趁着曹爽带着小皇帝曹芳去拜祭魏明帝的高平陵，司马懿关闭洛阳城门，宣布曹爽意图不臣的罪名，带着儿子司马师与司马昭占领了洛阳的武器库和重要政治机关。失尽人心的曹爽在洛阳城内没有得到任何支持，只有大司农桓范矫诏出门投奔他，建议他逃到邺城去再和司马懿斗。他们的手上有皇帝，有大印，还有一些封疆大吏比如镇东将军夏侯玄还是他们一伙的。但是曹爽此时显出一副怂包的样子来，他说，大不了我回去投降，还可以做个富贵翁啊。

当他回来之后，自然是五花大绑被押上断头台，和他一起被诛了三族的还有邓飏、李胜、何晏和桓范。

高平陵政变的时候，何晏正在洛阳城。不知道他到底做何表态，不过，这之后，史书笔锋一转，便出现了开头的那个故事。然而，看看何晏在高平陵政变前的那两首诗，你实在想不出一个早知自己不会被放过的人会如此幼稚地在政敌面前寻求免罪。何况，何晏这个如此高傲的人，拒绝了曹操的收养，又哪里会祈求司马懿饶他一命？

夏侯玄

我允许你编造一个处死我的理由

　　夏侯玄，他十几岁的时候曾经背靠着大树写字，忽然下暴雨，电闪雷劈，他却岿然不动。大树被劈断，袖子也燃着了，友人吓得要命，他依然能够面不改色地挥毫泼墨。

　　当时人说他长得好，用了一个比喻——如同明月入怀。他知道，人人都喜欢他。于是，更变本加厉。除了不怕死，还特立独行。不喜欢的人，别人多么抹不开的面子，到他这里，就是空气。他和陈矫的儿子陈本是好友，有一天两人正喝酒喝得高兴，陈本的弟弟陈骞恰巧回家，一看偶像在座，一开心撒开了丫子跑过来想勾搭一下。陈骞也是个名人，当年他爹陈矫被一个叫刘晔的陷害，陈骞安慰他老爹说魏明帝还算是个明君，大不了不做大官嘛，别紧张。陈骞脑子好使但喜欢和贾充、石苞他们混在一起，这些人都是夏侯玄的政敌。所以夏侯玄虽然听说过陈骞的名声，却没有和他相交的意思。陈骞巴巴儿跑过来，在那儿自报家门，夏侯玄却只是淡淡地说，"我们两人的德望和官阶都不一样，可以一起做的事情一起做就算了，不可以一起做的事情，一起做就奇怪了。"听着有点摸不着头脑，但陈骞却明白了：夏侯玄的意思是，你不依照正式的礼仪来拜见，居然跑过来就想勾肩搭背，我们两个很熟吗？陈骞的一张热脸结结实实地贴上了夏侯玄的冷屁股。不过陈骞也有一张厚脸皮，脸不红心不跳，自己走了出去。

少年得意的夏侯玄十六岁就在散骑侍郎和黄门侍郎两个炙手可热的位子上轮了一圈，这可都是千人抢万人争的好饭碗。当时做官讲究一个清浊，大家都争着做"清官"。所谓清，简单说就是工作体面，薪酬丰厚，活儿轻，接近皇帝和中枢。"黄散"就是标准的清得不能再清的官：黄门侍郎、散骑侍郎和侍中、给事中，一起做皇帝的秘书，职责就是回答皇帝的各种问题，拾遗补阙。尚书呈上来的各种意见这些秘书都要评价一番，说给皇帝听。有的时候就能够左右像是选官这类事情，而很多时候，皇储的确立也是这帮人在皇帝面前嘀嘀咕咕就拍板了。

这种官不买个人奋斗的账，想做"寒门贵子"梦的趁早清醒。这都是给世代在朝，先辈都是省长以上的高干子弟预备的。夏侯玄是个含着金钥匙出生的钻石土老五，标准的皇亲国戚。曹操他爷爷不是个宦官吗？所以他爹曹嵩是过继的，而过继之前，姓夏侯。所以，曹操实际上是夏侯操。就算不管这则八卦，夏侯家也足够显赫："独眼将军"夏侯惇，八虎骑之一的夏侯渊，到了他们儿子这一辈又有从将军做到尚书的夏侯懋，先后在上庸和江陵智取刘备孙权的夏侯尚。当夏侯尚的大儿子夏侯玄出生的时候，继承的是家族的显赫，以及作为显赫家族后人自带的清狂。

那时候，正是五陵少年轻裘马，要什么有什么，没有腥风血雨，没有党同伐异。少年夏侯玄站在他父祖的肩膀上，笃定地以为，他会是夏侯氏历史上最亮的一颗星。所以，他的特立独行越发毫无顾忌起来：他连魏明帝毛皇后的弟弟毛曾也爱理不理。和人家坐在一起，仿佛面前放了一颗老鼠屎，一副不堪忍受的样子。当时流行的关于此事的八卦大概也得到了他的首肯，人们说，夏侯玄和毛曾坐在一起，是"蒹葭倚玉树"，牛粪垛在鲜花旁。

于是，皇帝终于决定要给他点颜色看看，将他下放了当羽林监。羽林监本来是汉代掌管皇家近卫军的官，但羽林在魏明帝曹叡那里不过是个官名摆着而已。拉风少年夏侯玄变成了闲杂人等，没事干的时候结交了一帮同样骄傲的哥们儿骂政府。都是少年得意变作少年失意，牢骚自然都对准了不公的选官系统。这一骂，骂出了曹叡的"考课法"：你们不都说能者不在位吗？好，来，大家一起来考试，谁考得好谁当官。也骂出了曹叡的火气，把他们通通赶出了朝廷。夏侯玄以惊世骇俗为卖点的出名策略遭受了毁灭性的打击。名是出了，可是出得有点窝囊，除了说风凉话，什么都干不了，这名，怎么有点"虚名"的意思？

我们都不知道浮华案之后的那几年何晏和夏侯玄各自做了什么，然而从曹爽执政之后夏侯玄的表现来看，在被排挤出朝廷的寂寥里，他慢慢长大了。与从前的王粲一样，他的才华经过了这一番修剪，变得不再张牙舞爪，反而脚踏实地很多。名，依然是要出的，但是留名要留万世名。所以，不妨以正始改制中夏侯玄的建议来猜测一下，这些日子当中的夏侯玄大概趁着听人发牢骚的功夫做了不少社会调查。他知道，自己还年轻，又有名声，再度被起用只是时间问题。

只是，以搏出位为出名的手段已经是少年故事，夏侯玄开始思考一种更为深刻的人生方向。

大概是人类的通病，人对于自己轻而易举便能做好的事情便漫不经心。比如曹丕颇以自己六岁就能射箭骑马为荣，而他街头恶少打群架起家的老爹曹操就更喜欢文章写得好的曹植；而当曹丕满心虔诚地说文章是千古事的时候，曹植以为那不过是雕虫小技。军事世家的夏侯玄显然对建功沙场兴致缺缺，在这个问题上，他和叔叔夏侯懋达成了一致：武是开疆，文是治国。而把国家治理好，是可以来远人，怀诸侯，不战而胜的事情。

所以，曹爽当政之后的这一次正始改制中，夏侯玄成为实际上的领袖。作为掌管禁卫军和武官选举的中护军，而立之年的夏侯玄以一种独立而清淡的姿态立于朝堂之上，他不像何晏一样热衷于聚会，却以如梧桐一样温和屹立的姿态得到了同僚的认同，他不仅是曹爽集团的实际核心，也是曹爽集团和司马懿集团交流的中介。

司马懿不爱和曹爽他们多啰嗦，但是司马懿作为曹操时代的旧臣和夏侯家族颇有世交。夏侯玄与司马家的两个儿子，是"通家年少"——随便就能跑到对方家里蹭饭吃的交情。曹爽那帮人，司马懿也就愿意和夏侯玄说说话。他偶尔和夏侯玄探讨一下他们的改革，虽然夏侯玄向他请教的时候，司马懿总是准备好充足的冷水往上泼。

作为政治家的夏侯玄此时贯彻的是一种复古的政治理想：精简机构，缩减地方中正，特别是大中正的选官特权，改变铺张的着装礼仪。这种政治理想针对的，是曹魏后期越发严重的冗官、冗职。秦汉时期的政治体制，国府直接号令郡国，没有中间环节，中央集权自然强大。到了东汉时期因为打仗的需要，就有了都督区——某某将军都督某某地方军事。按照军事要地来划分的地方和行政区不完全重合，都督战时又有领民的特权，自然多出来一个行政单位。结果，在夏侯玄的时代，不仅有都督，有郡县，还在这当中多出来一个州。行政单位叠床架屋，可管辖的户口却少了。东汉有州十三，郡国一百〇五，曹魏的户口因为三国时期连绵的战争和瘟疫，只有东汉时期的几分之一，可是州郡的数目却远超东汉。

公务员多，纳税人少，国家财政和纳税人的负担自然就重了。曹操搞屯田，一方面是军事需要，一方面也是以此为名压榨农民：官府提供劳动工具，农民要交所得粮食的六成。不是打仗时候被逼得没办法，谁愿意啊？

正始改制，正是看出了这个弊端。虽说中国的农民脾气好，不容易惹事，但要是惹急了也会起义。所以夏侯玄就提议：合并郡县一级的行政单位。他还做过一个计算，合并之后，可以少发一万份工资。可好不容易吃上大锅饭的公务员好端端被撤了职，不会发牢骚，闹意见吗？这些人搞不好就是某省长某部长的侄子的朋友的外甥，牵一发而动全身，闹哄哄的比农民难搞定多了。

司马懿老先生对夏侯玄的回应就是：好是好，难实现。谁不知道精简机构好？可裁撤的那些利益集团怎么摆平？在政治斗争激烈的当时，更加注定了是曹爽集团的一招臭棋。虽然，这一套改革措施在少数地方试行的时候立刻就有了不错的效果。

而何晏那头，地方中正和吏部的斗争，闹了个乌烟瘴气。

更让夏侯玄拍桌的是，他的改革还没有主持完，主持人的职位就被撸了——曹爽让他去做征西将军，都督雍、凉军事。为了让司马懿服软，曹爽想和蜀国打一仗，在老资格司马懿面前炫耀一下军功。结果这一场曹爽拍脑袋决定的"骆谷战役"打得窝囊透顶，几乎是不战而败。夏侯玄本来就不想打，结果曹爽一意坚持，于是绕开了秦川道改由汉水、沔水进攻蜀国。也是天不佑夏侯玄，后勤运粮队在经过羌氏部落的时候发生了打砸抢烧事件，运送的粮食、骡马大多数都打了水漂。没有吃的，仗自然是打不起来了。这时候司马懿修书一封，说明执意要打这一仗会造成天怒人怨的严重后果，本来就不情不愿的夏侯玄正巧借着这个机会劝说曹爽退兵。但这一仗的好处在于，夏侯玄因此逃开了政治中心的漩涡，没有被卷进嘉平元年的高平陵政变中。

但是，政变一完成，司马氏就再也没有办法容忍爽党的夏侯玄处在封疆大吏的位置上。夏侯玄被调回京城，做了九卿之一，实际上只管公款吃喝的大鸿胪，后来又转做皇家科学院的院长——太常。

一般人，按照曹爽的逻辑，手上没有权了，做个富贵安乐公，在政治失利时远避祸端，混吃等死也不错。可是夏侯玄骨子里却极硬朗，极有军人气质。这在中国的政坛，尤其是魏晋政坛实在是一个异数。在天下频繁改朝换代，供职的政府屡屡倒台的时候，一辈子多找几份工作，早已经不被看作损人品的事情。在曹魏时代做到了大司农的王祥在高平陵政变上哭了几滴眼泪，算是拜别曹魏，在西晋照样做三公；曹丕的太子党中坚，蒋济，对司马懿的政变也是睁只眼闭只眼。忠贞实在不是一个时髦的品质，在命运的反复无常之下，一条道走到黑的人不仅被骂"戆头"，也不讨老板喜欢。

只是夏侯玄不愿意，他以为正始改制的失败具有太多偶然的成分，所以，高平陵政变之后他拒绝了叔叔一道逃去蜀国吃香喝辣的建议，回到了洛阳。死生有命，如果这次死不掉，他要再试一次，一定把这一局扳回来。

机会很快来了。

事情要从曹叡收养继承皇位的小皇帝曹芳开始说起。

历史上少帝继位，几乎都有一个母亲或者祖母坐在王位后面垂着帘子指指点点，顺便带火娘家的一帮外戚。此时的太后姓郭，自己没有什么实力，也就乐得和司马懿他们合作，于是太后家的外戚姓"司马"。想要夺回权力的小皇帝一般要靠着自己的丈母娘家来抗衡母家的外戚。比如说汉武帝死命对匈奴作战，就是要栽培卫青、霍去病来削弱窦家和王家在朝的实力。曹芳是个聪明的小皇帝，在丈母娘家里精心挑中了不甘心被司马懿架空的聪明人岳父张缉，要用他做"打手"去撬动司马家。

曹芳利用张缉先四处试探了一下可以依靠的大牌，张缉自然首先就想到了被丢在皇家科学院带着一帮教授给死人想谥号的夏侯玄。在这之前，夏侯玄的好朋友，虽然在帮司马师做事但是心里却向着皇帝的李丰，已经与张缉有了默契，同意帮他去劝一劝夏侯玄。李丰来到夏侯玄府上，如此这般劝了一番，夏侯玄没有正面表态，只是隐晦表示，我知道了。

史书上到这里就断了线，似乎夏侯玄已经不在这个复兴皇权的计谋的中心，但是在李丰、张缉与夏侯玄密谈之后不久，中领军许允却接到了一份诡异的诏书。

那天半夜，许允已经睡下了，却被一阵急吼吼的敲门声吵醒。以为出了大事的许允从内室奔出来，却是一个自称皇帝特使的人传了一纸简单的诏书：许允为太尉，和代司马师为大将军的夏侯玄一起，共辅朝政。

许允一下子被吓醒了：这显然是一次政变的前奏，而诏书上谁的名字都没有，只提了一个夏侯玄。这恐怕是小皇帝的夺权计划已经得到了夏侯玄的认可。也许，来找他就是夏侯玄为曹芳点拨的一着棋。

汉代的皇家自卫队是羽林军，到了东汉灵帝有西院八校尉，阮籍做的步兵校尉就是其中之一。只是到了曹魏，那些都成了摆设，真正干活的是中军和外军。中军和皇帝在一起，战时征战，和平时候就是看家护院。负责中军的有中领军和中护军，中领军许允此时算是皇家自卫队的副队长。夏侯玄曾经做过的中护军就是皇家自卫队的队长,还掌管自卫队的各个部门官员的甄选。夏侯家在军队里混了三代,要想控制军队,找夏侯玄出主意,天经地义。要想搞政变,找许允,也真是找对人啦。

许允很犹豫。毕竟现在的小日子,有酒有菜过得还不错,一旦参加政变,要不飞黄腾达要不身首分离。这纸诏书,他要不就接了欣欣然地去向曹芳报到,要不就交给司马师,还能讨个功劳。

只是这个许允也是个有文化的人,立身清高。他的好朋友桓范已经在高平陵政变里被诛了三族,他再告密,学生们的偶像夏侯玄恐怕也得脑袋不保,他也不愿意做这种事情。况且,万一他们的政变成了,他这一告密岂不是自己往火坑里跳?许允思来想去,没有一点决断,最后干脆慌慌忙忙把那纸诏书给烧了。许允的老婆阮氏看见火光,一声长叹,心想,他呀,将来会因为这一烧烧出死罪来。阮氏是个有名的丑女,但是特别聪明。当年结婚,许允被老婆的丑陋吓得不敢进洞房,还是经过桓范的协调才勉强进去行了周公之礼。

许允这边点了个"哑炮",不甘心的李丰又想到一招——暗杀。嘉平六年,有一次司马师要单独进宫,不带军队。李丰想要在宫内把他捉住杀掉,便将这个计谋告诉了张缉和皇帝身边的黄门监苏铄等人。苏铄嘴上说着好好好,转头就向司马师告发了。

李丰把这计划告诉夏侯玄的时候,夏侯公有点迟疑,问了一句,还有更详细周全的计谋吗?李丰还没来得及告诉夏侯玄详细规划,就忽然被司马师招去说有要事。李丰有点紧张,但转念想了想，自己的计谋万无一失，司马师就算听见风吹草动，自己来个抵死不认他也没有证据，于是整整衣服，还是去了。这一去便没有回来，被司马师解决了个干净利落。

本来，朝廷大臣犯罪要交给廷尉审理，可是廷尉钟毓却怎么也不肯接受李丰的尸体。显然是司马师之前打好了招呼，这件事情不要进入国家程序，不立案也就不用查案不用呈堂证供和当庭辩论，减少了政治震动又铲除了危险因子。李丰一死，司马师再也忍不住，立刻派人去抓夏侯玄，抓张缉。但这回，司马师丢给了钟毓一个烫手山芋：没有证据，只是别人的告密，抓了人来，你让我怎么判罪啊？

被捉进廷尉府的夏侯玄好整以暇地看着比他还着急的审判长钟毓，不禁就想笑。钟毓看见他笑，更是急得都快哭了。司马师那边的死命令是一定找个理由把夏侯玄杀了，可是国家的法律在这里，夏侯玄不肯招供，怎么杀他啊？于是一直仰慕夏侯玄的钟毓几乎是哀求一样对夏侯玄说："我其实是很敬佩你的，但是上面要杀你，我也没有办法。你能不能就招了呢？算是帮我一个忙吧！"

夏侯玄又笑。真是一场闹剧，他是，钟毓是，司马师是，连高平陵政变之后不久就死去的司马懿也是。他们心惊胆战地拼胆气智谋，为了家国理想吗，还是为了这过家家一样的改朝换代？不过是给后人留下一个谈资而已。笑了好一会儿，夏侯玄才云淡风轻道："那么你来编吧，编得差不多我签字就是了。"

钟毓愣了一愣——做廷尉，审犯人是常事，但他还真没有审过这样的犯人。人心都有一杆秤，自然向往那些从容高贵的人。行为与言语常有身不由己，可是再紧密的利益联盟，再精明的利害选择，也无法反驳人内心做出的道德判断。况且钟毓是大书法家钟繇的儿子，家学渊源、鉴赏能力并不差。夏侯玄真的是他的偶像，可是此时为了自己活命不得不杀。钟毓一边编造着夏侯玄的罪状，一边忍不住就真的哭了。那句诗，说的何尝不是他们？二十年前，坐在一起开沙龙的时候，谁又想过会落到如今，一个是法官一个是囚徒呢？

真是，相煎何太急。

夏侯玄家传的军人气质每每在他面对困厄的时候便显示出来。是年轻时候在雷雨天的泼墨丹青，也是在廷尉府里的镇定自若。夏侯公最后完美的谢幕是在刑场上。他不像嵇康那么文艺腔地要弹琴，只是从容地走过去，脸色安静得像是星空下的海。仿佛他走过的只是一段普通的路程，一段通向生命最终的必经之路。

不久，诸葛诞在扬州城起兵反对司马师，他的那些士兵们恐怕都听说过夏侯玄的故事。几百人被俘后，司马师一个个问过去，却没有一个肯投降。于是后面一个看着前面一个人头落地，再重复说一遍，"不降"，遂引颈就戮。

这恐怕是属于军人的密语。就算人生是一场闹剧，也绝不允许自己演成一个丑角。

王弼

书生的报复

王弼小时候在家没事干，就读书。本来准备好好学习天天向上当个大官，没想到读书读成了个书呆子。小天才腹有诗书，唯我独尊，冲得不得了。他少年时代有几个好朋友：钟会、荀融和王黎。除了钟会之外，王弼跟另外两个都闹翻了。

当时，丁谧和何晏争夺权力，结果把本来内定了王弼的黄门侍郎的位置给了王黎，让王弼去做了活儿重、品级又低的尚书郎。王弼知道了之后气得要死，一辈子不理王黎。而他和荀融闹翻的原因更离奇，只是 场关于"圣人有情还是无情"的辩论。可见，王弼这家伙，只要惹他不爽，不管什么人都能撕破脸皮，完全不会韬光养晦。难怪当时很多人都不喜欢他，认为他好高骛远，自己尚书台的活干不好，还嫉妒别人。

但是，正始年间正是哲学沙龙盛行的好时候，像他这样情商为零的人也有人喜欢。

王弼的第一次亮相是在裴徽的沙龙上,当时探讨的问题是圣人知不知道"无"这个东西。这话题本来没多大价值,只是崇尚老庄的玄学家们为了与仁厚家攀亲带故而已。从西汉起延续了三百多年的"独尊儒术"让孔子的圣人地位不可撼动。玄学家们崇敬的老子、庄子,虽然也很有名,但是只能算君子,地位不如孔子。玄学家们要搞"自由无为"至上,首先得把孔子收编成和他们这个系统兼容的人。于是裴徽就问了,你们玄学家不是说"无"是宇宙的本原吗?为什么孔圣人从来不说无啊无的,但是老子他们这些人却喜欢把它挂在嘴边呢?

王弼说,因为圣人知道这回事情,把它理解得透彻,所以无对于他们就是家常便饭,根本不用专门拿出来说。老子他们半瓶子水晃荡,一知半解的,所以就老是无啊无的。

王弼一句话,儒家就和道家成了一体两面。追求虚无人生境界的玄学家和追求实效的事功一派实际上就成了"同志们"。这也是王弼辛辛苦苦地注了《老子》又注《周易》的原因。这两部经典就是个筐,什么都能往里装,王弼装的最新鲜,所以就成了魏晋第一。

王弼的身世足够复杂,也足够显赫。王弼的爷爷是王凯,基本就是个路人甲。他一辈子最成功的事迹就是娶了一个天上掉下来的老婆:刘表本该嫁给王粲的女儿。所以,王弼的太祖父就是前三国时代的荆州牧刘表,荆州学派的代表人物。这帮人喜欢搞古文经的研究,他们不像当时流行的今文经派一样热衷于给字作注释，相反，他们治学的重点在于疏通儒家经典当中蕴含的义理。荆州学派这种治学的风格也成为一种传统深植于王家的血液中。王弼的父亲是王业，也是个路人甲，却没想到横空飞来一个厉害的死爸爸：王粲死了之后，他的两个儿子参加了反对曹操的"魏讽案"，曹丕为了拍他老爸马屁，雷厉风行地杀了王粲两个儿子，让王粲绝了后。后来，曹丕成了皇帝，觉得有点不好意思，就把王业过继给了王粲。于是王弼有了个新爷爷。这个爷爷的好处是，给他留下了一大堆的珍本，其中有好多是蔡邕在南方搞到的善本——别人看不到的书，王弼家里满坑满谷。他能看得起谁呀？

少年成名让王弼本来就满满的骄傲变成"老子天下第一"的自负，他相信自己在哲学上孤独求败，自然也就对别人的质疑不耐烦得很。他的好朋友荀融是荀彧的侄孙子，颍川荀氏的世族贵公子。荀融的身世才华没一样比王弼差，自然也有点目中无人。当时公开辩论是种习惯。所以当王弼注的《周易》"大衍义"一条出版，荀融就写了篇对其中的"圣人有情论"进行质疑的论文作为贺文。本来是学术上的切磋，没想到，王弼一看很生气，认为荀融是砸场子，撸起袖子就给荀融写了封公开信，说道："夫明足以寻极幽微，而不能去自然之性。颜子之量，孔父之所预在，然遇之不能无乐，丧之不能无哀。又常狭斯人，以为未能以情从理者也，而今乃知自然之不可革。足下之量，虽已定乎胸怀之内，然而隔逾旬朔，何其相思之多乎？故知尼父之于颜子，可以无大过矣。"

大意是，洞察事情的根本不能让人丢掉自然给的天性。以孔子这样的圣人，见到颜回不能控制自己的欣喜之情，颜回死了仰天长叹悲痛不已。有些狭隘的人，认为这是因为情感不能被理智所管束。现在应该知道，这是因为人的天性不能更改。像你这样的牛人，虽然已经修炼得特别有理性，但是和心上人相隔十天半个月，也不能抑制自己的相思之苦。可见，孔子对颜回的丰富感情，总算不是个大过失。

王弼的这封公开信不仅讽刺了荀融，还把人家的私事当做八卦给公开了。荀融当然被气得七窍生烟，拂袖绝交。

上天造人，能量守恒。他在哲学上开了一扇大门，必然在其他地方只留下一扇小小的窗，王弼的政治才能就是那扇窗。王弼就任尚书郎之后，曾有一次面见曹爽陈述自己执政思路的机会，可他却拉着曹爽谈了一堆哲学问题。不要说曹爽智商比较普通，就是曹爽的思维能力达到王弼的水平，王弼也不可能得到重用。政治哲学是被政治家供起来的形而上，而真正统治国家，执政者要问的是术——别告诉他为什么，只要说怎么做就好。可在王弼这里，这简直就是对他卓越才华和思维能力的侮辱。

果然，不久，尚书郎王弼也没干出个所以然来，回家了。在一个官本位的国家，王弼这样的后半生基本就是没戏了：没权、没钱、没社会地位。所以这么一个大天才，在《三国志》里居然只在裴松之的注脚里收录了何劭所写的三百多字的王弼小传——史家颇为势利，纯书生没多少地位。

但是，纯书生自有他报复的办法。西汉那个在《史记》里只能在儒林列传中露脸的董仲舒,公务员没考上之后回家捣鼓出的"天人感应"之说影响了后代谶纬学的发展。一直到王弼的时代,人们解释天象依然习惯性地和人道联系起来。董仲舒帮助汉王朝走向集权的顶点。之后的皇帝,每当经过西安城墙边董仲舒的墓时都要下马致敬,以至于后世以下马陵来命名这个地方。没钱、没权、没社会地位的董仲舒为汉武帝从理论根本上解决了汉初政令不出长安城的大问题。

你不带我玩我自己也能玩,并且一定比你们玩得好,这就是书生的报复了。后来在清朝,有个叫严可均的又用董仲舒的办法嘲笑了一回抛弃他的朝廷:嘉庆十三年朝廷开全唐文馆,召集了一票读书人辑录《全唐文》,独独没理会这个早在十几岁就饱读诗书名贯乡里的大才子。严可均也没去求爷爷告奶奶,只是走到《全唐文》办公室前嘿嘿冷笑两声拂袖而去。后来,他关在书房里发奋若干年,写出来一套七百四十六卷的《全上古三代秦汉三国六朝文》,收书三千余家,每个被辑录的人都有简介。朝廷公办的编辑部只编出来一个朝代,严可均一个人把这之前的都包了,用行动表示了自己的抗议:你们连我一个脚趾头都比不上。

而这个叫王弼的小年轻,完成了几代人皓首穷经都没有解决的问题。他二十三岁就死了,但他留下了完整的对《周易》和《老子》的注解,直接扭转了之后中国政治的走向。

没错,就是中国政治。历史上,中国的哲学其实并不真的关心世界到底是由原子还是气构成的,而是养育政府的胡萝卜和大棒的沃土,为收买人心和打砸抢烧提供理论基础。而王弼,为这种政治服务提供了最灵活的理论解释。王弼之后,有一回晋武帝占卜,算他们司马家能有多少代皇帝,算出来一个最差的数字:一。司马炎又气又怕差点吐血。乐广就说了,王弼曾经说过,一是数字的开始,是万物的极致。立刻就把一个大凶卦空口白牙变成了大吉卦。

九泉之下的傲娇小青年王弼挥着羽毛扇子微微一笑,看呐,吸收古代的政治智慧,搞坑蒙拐骗,还得靠我呐。

阮籍

人生总是得到一些，失去一些，但什么也不想失去可以吗

阮籍，他老父亲阮瑀早早地死了，他爱怎么活怎么活。《晋书》里他的传记就是一个"段子"集合：他对讨厌的人把白眼翻上天，也对志同道合的人青眼有加。他不顾叔嫂有别的礼教为嫂嫂送别，也不管男女大防为素不相识的少女哭丧。他醉卧美妇人身边，他也拎着酒缸赶着车、穷途末路之际就泣血哭嚎。他爱酒，酒量却不好，喝高了就铿铿铿地弹琴。传说，有一曲叫《酒狂》的古琴曲就是他写的，那曲子跌跌撞撞，无比糊涂萎靡又有极致的慷慨和激昂，把这个一辈子和自己拧巴的人心里的纠结流传给了后人。

阮籍是竹林名士的领头人，他的行为模式决定了竹林集团的气质——极端的浪漫、自由、个人主义。这一点，阮籍多多少

继承了他老爸阮瑀的衣钵，他们都和代表了社群强制力的政府保持距离。只是阮瑀在躲不过去躲没有意义的时候放弃了他的隐居，而阮籍，他名声太大，时时刻刻有人盯着，出了什么事他都得表态。但他偏不。终其一世，耍赖也好，佯醉也好，他就是不往你们的"套路"里跳。

阮籍有过三次做大官的机会。一次是正始年间曹爽邀请他做参军，何晏夏侯玄他们正在搞改革，很多有名望的人都持观望态度，阮籍拒绝了。另外一次是高平陵政变以后，司马家上台，司马昭为儿子司马炎向阮籍求婚，希望阮籍将女儿嫁给司马炎，有了这层姻亲关系，阮籍一定会得到一个体面的职位，结果，他大醉六十天糊弄了过去。他也会主动求官，但都带着一种嘲弄的"嬉皮"精神。他向司马昭求过一个东平相，去了之后又是砸窗户又是敲墙，把衙门变成纳凉广场。再之后，他主动求了一个步兵校尉，却是为了步兵营的酒。他把"正常"的价值观扰乱颠倒，神气得不得了。

但阮籍，他也不是完全不问政治的世外高人，相反，他在对立的政治势力之间腾挪辗转，很有和稀泥的本事。他第一次被邀请做官的时候，太尉蒋济和曹爽都想招募他。蒋济在齐王芳的正始年间封了太尉，是个信仰礼法的人，在个人生活和执政方针上是与司马懿一伙的。相反，曹爽聚集了一帮贵族子弟，很有点后来的"名士"习气。蒋济为了取得阮籍的支持，抢先征辟他做自己的秘书。而阮籍，先谦虚了一番，说魏文侯请子夏当老师，燕昭王请邹衍做老师，自己坐在学生的座位上，是有德的人礼贤下士的做法。不过我虽然身处陋室却没有邹子、子夏那样的德行。能做的也就是好好种田，好好纳税，现在你让我做官，我做不了啊，你还是收回成命吧。蒋济看他这封信有点半推半就，心想也许他是故作姿态，没想到等派人去接他的时候，他已经跑了。后来乡亲们对此很不满，常常指责他。结果他无奈去做了蒋济的秘书，做了两天，找了个理由，又跑了。

你看，阮籍不仅滑得像条泥鳅，而且对不同的人有不同的滑法：蒋济和曹爽争夺阮籍的支持，阮籍不动声色地稍微往蒋济那里挪了挪。于是你就能清楚地看到，对于将要得势的这一方政治集团，阮籍虽然不愿跟他们绑在一根绳子上，直接做法就是：他当了官不做事，或是屁股还没坐热就辞职，但还是以示区别地给了他们一点面子。就是这点微妙的面子，告诉天下人他不是个反对派，又给自己的独立留了余地，他不像嵇康一样黑白分明，更多的时候站在灰色地带，进退有余。

你实在很难看出这样的阮籍是一个政治敏锐度不高的人，但他就是不愿意做官。一般人认为阮籍同情曹氏，对司马氏的统治不满。但就上面说的事情来看，他却又不买曹氏的账。司马氏派人在皇宫门口把小皇帝曹髦一剑杀了，阮籍甚至连像嵇康一样组织起义的念头都没有动过。

他的那些反抗，大多是空口白话，却起到了重要的扬名立万的作用。于是他独立文人的名声越发地响亮起来，在旁人看来，他似乎还总是承受着被迫害的危险，实际上他相当圆滑：比如说做司马昭秘书的时候，司马昭正认真听一起弑母案的裁断，阮籍冷笑一声，司马昭连皇帝都敢杀，是无君无父到极点，这会儿倒装模作样审起案子来了。于是他忍不住在一边讽刺说，杀爸爸可以，但是不能杀妈妈。听到这种违逆的话，司马昭很生气，阮籍赶紧改口说，因为禽兽知道母亲不知道父亲，杀父亲是跟禽兽一样，杀母亲是禽兽不如。阮籍不敢惹司马昭，但写劝司马昭当皇帝的"劝进表"时，为了表现自己的无可奈何，写那张劝进表之前他喝得烂醉，恨不得写那文章时是有人附体，不是他阮籍写出来的。

谁也不得罪，谁也不反对，阮籍还真在这个激烈碰撞的时代，找到了一条安全的裂缝，躲了进去。与他一起长大的朋友们，在血火权谋间挣扎甚至赌上生命和家族前途的时候，他坐在他的裂缝里，左看右看，抱着他高尚的名声，犹豫不决。

有个好名声代表社会的认可。"爱名"是汉末清流留下的遗产，这是他们正直的标志。况且，曹操因为被许邵评价了一句"治世之能臣，乱世之奸雄"而声名鹊起，之后的王衍、谢安都是因为名气大，才在什么事情都没有干之前就得到了众人的关注，这都说明，名声是最厉害的无形资产，有了名气好办事。

但是，当一个人抱紧自己的清誉安睡的时候，失去的就是开拓的勇气。如果阮籍天生就是个庄子的信徒，不喜欢入世，不愿意开拓进取，那么名声是锦上添花，倒也好说。只是，对阮籍这样一个"少有济世之志"的人来说，就是痛苦，一面他内心经世救国的潜意识在蠢蠢欲动，另一面又一次一次地捆绑住自己：不能去啊，去了就没命啦。

所以阮籍的内心总是在徘徊纠结,他不像嵇康,嵇康企图超脱君父社会去达到个人自由的无政府状态,哪怕是傻,也坦坦荡荡;就算是死,他也觉得是殉道。而阮籍,一面他和嵇康一样,想像庄子一样追求精神的洁静,所以他写《大人先生传》,描述与造物同化,不受名教约束的大人。他讽刺那些当权的"礼法之士"不过是裤裆里的虱子,沿着裤裆里的线战战兢兢地爬着,生怕违反了礼教。吃着人的肉好像是取之不尽用之不竭,但是一旦出现了战争,那些大城市覆灭了,这些小虱子在裤裆里连怎么死的都不知道。

另一方面,他又不能停止对于儒家的君慈臣忠的社会结构的向往。他登临广武山,对着楚汉争霸的遗迹忍不住叹了句,"时无英雄,使竖子成名"。他的咏怀诗里常常有羡慕上阵杀敌、渴望建功立业的句子。比如"捐身弃中野,乌鸢作患害。岂若雄杰士,功名从此大","壮士何慷慨,志欲威八荒。驱车远行役,受命念自忘。良弓挟乌号,明甲有精光。临难不顾生,身死魂飞扬"。他羡慕的英雄,不是庄子,不是楚狂接舆,而是刘邦项羽,他以一种出世的姿态捆绑住那颗入世的心。难怪叶嘉莹说他那八十二首咏怀诗像是蒸笼里的馒头——大同小异。他给后人留下一个潇洒的形象,但内心却并不超脱。他咏的诗,到处都是心迹,来来回回就是两个字:纠结。

抽几首《咏怀》来看:

其三:

嘉树下成蹊,东园桃与李。秋风吹飞藿,零落从此始。繁华有憔悴,堂上生荆杞。

驱马舍之去,去上西山趾。一身不自保,何况恋妻子。凝霜被野草,岁暮亦云已。

其三十四:

一日复一朝,一昏复一晨。容色改平常,精神自飘沦。临觞多哀楚,思我故时人。

对酒不能言,凄怆怀酸辛。愿耕东皋阳,谁与守其真。愁苦在一时,高行伤微身。曲直何所为,龙蛇为我邻。

其四十:

天网弥四野,六翮掩不舒。随波纷纶客,泛泛若浮凫。生命无期度,朝夕有不虞。列仙停修龄,养志在冲虚。

飘飘云日间,邈与世路殊。荣名非己宝,声色焉足娱。采药无旋返,神仙志不符。逼此良可惑,令我久踌躇。

他的诗总是在担忧,在愁苦,在害怕。他的诗里有一张网,网住他,让他喘不过气来。后人总认为是司马昭的逼迫、社会的黑暗让他有苦说不出。但也许,是他自己左右为难,绑住了手脚,也困住了心灵。阮籍用一种消极的方式在躲,躲这个社会的变化,躲他自己担当责任的冲动。他总是在自我催眠这不是一个让他大展宏图的时代,他奉行伊壁鸠鲁式的享乐主义,但是他又没有办法像伊壁鸠鲁一样在这种享受间得到快乐。他不仅怕以积极认真的态度放手一搏会被卷进曹氏和司马氏的斗争里,有性命之忧,也怕一旦他真正在政治倾轧中做出选择,承担责任,他的清名将会不保。

阮籍从父亲那里继承了对独立人格的挚爱，但是他却不太愿意去检验自己人格的独立。他甚至过于聪明，知道权力带来腐败，带来不同利益集团关乎权钱甚至生死的倾轧。但是做一个"有为"的英雄，却又不能被孤立。因此，当他想要做成一件事情，需要帮助的时候，也是他被腐败和倾轧黏上的时候。官场没有清白。人生，总是以失去为代价而得到一些。但阮籍，他什么也不想失去。

他那些在官场里摸爬滚打的朋友，山涛、王戎都做了实权大官，封了侯。他们一个参加了政治改革，选举了无数有才能的人；一个参加了伐吴战争，为统一做了工作。但他们也被指控侵占土地，在腐败官员的名单上位居榜首。

阮籍不愿意成为山涛、王戎这样的人，在他眼里，这是"俗物"，他太爱惜自己的羽毛，但他又知道，要想有所成就，这些是必经之路。所以他只好将上古的社会理想化，将现实黑暗化，嗜酒放达，眼不见心不烦。他那乘着牛车的穷途之悲，不正是他内心纠结拉扯找不到出口的郁结吗？所以他总是在吐血，母亲死了吐，酒喝多了也吐，时时刻刻都忧郁而痛苦。但牢笼是他面对的时代，也是他给自己画下的。他不愿意做出选择，便永远也走不出来。

阮籍是一个提出问题的人：个人的清誉和政治永不能共存。孔夫子早就说过三种坏朋友是不能交的，装腔作势的，善柔善曲的，溜须拍马的。对于清誉有害的这三种品质恰恰是从政的必修课。他看到父亲做了官丢了隐士的名声却也没改良得了社会，他也听说崔琰因为不想丢掉读书人的骨气,被罢了官之后依然聚集朋友谈论朝政而被杀。他看到前人的路走不通,于是选择了不作为,但却没想到,不作为和走错路一样让人痛苦。

阮籍有一个儿子叫阮浑,长相气度都非常像阮籍。他十分爱这个儿子,但是有一天,阮浑拜见父亲,对他说,我倾慕您旷达的生活态度,请让我也这样生活吧。阮籍沉吟良久,最后叹了口气,摇了摇头:你堂哥阮咸已经变成了和我一样的人,你,还是不要了。

嵇康

古痴今狂终成空

赵至十四岁的时候，终于得到一个去洛阳的机会。他那没什么文化又爱絮絮叨叨的母亲总爱跟他说，他家世代都是文化人。但有什么用？到了他父亲这一代，种地务农，每天与耕牛土地打交道，身上带着"士兵籍"，等着国家征召参军。赵至常常沮丧地想，他恐怕永远也不能像那些读书人一样风度翩翩，口若悬河，让人敬仰。为了圆一个恐怕永不能达成的梦想，他辗转来到了洛水北岸的一座巍峨宏伟的官家建筑——太学——当时的国立最高等经学研究院。

他站在门口，琢磨怎么进去，突然看见一个奇怪的人，面对着那排齐齐立在门外的石碑，抄碑文。他听说过，那是正始二年，朝廷校定儒家《尚书》与《春秋》的内容之后用隶书、小篆和古文刻下的石碑。

这个奇怪的人,有一种让人挪不开眼睛的光芒,明明在做一件怪异的事情,却又让人觉得理所当然的潇洒。他很高,穿得很普通,甚至有些不修边幅,可有一种特别的魅力。后来的人说他"美辞气,有风仪",说他"龙章凤姿,天质自然",说他"如孤松独立,如玉山将崩",那都对,却都不能准确地形容他当时站在那里的样子。

所以,赵至便走上前去,十分热切又唐突地问他的姓名。

那人笑:"你一个小孩子,问我姓名做什么?"

赵至那时候很老实,回答道:"我看你气度不凡,所以才问。别人,我还不稀罕问呢。"

那个人又笑了,竟然点了点头,说讲得有道理,然后他告诉了赵至他的名字。那个像光一样照亮了赵至一辈子,也照亮了那个时代同样满腔热血的年轻人的名字——

嵇康。

赵至向嵇康述说想要成为一个文化人的心愿,但是他的父亲总是叫他不要瞎想,好好种地,他很苦恼。嵇康就哈哈大笑,说他的父亲很早就去世了,所以,他爱干什么就干什么。他还欢迎赵至去山阳他的家里做客。那是嵇康隐居的地方,他娶了曹魏的宗室,长乐亭主,成了皇亲国戚,在河南焦作百家岩一带靠着公主的封地修了一个大庄园,嵇山别墅。他和他的好朋友吕安、向秀常常在那儿打铁、喝酒、弹琴、辩论。嵇康说,当时的政治生态,有地位的人欺上凌下,骄横的臣子肆意妄为,拥兵擅权。国君猜忌大臣,大臣算计国君,以前人搞政治是为了天下,现在的人搞政治是为了自己。嵇康也向赵至描述了他的理想：洛阳是一个有太多繁琐礼仪，等级森严又虚伪无聊的地方，他想要一个简朴自然的社会。他可以证明给天下看，摆脱那套虚伪礼法，自然、朴素，就可以快乐。

这之后，嵇康的样子常常出现在赵至的脑子里，自信、朴素，充满理想主义，还有一种让人着迷的，对权威的叛逆。第二年，赵至终于忍受不了日复一日没有乐趣也没有希望的务农生活，又被征发服兵役，于是装疯逃跑，披头散发，赤脚走了好长好长的路，去山阳找嵇康。他终于看见了那座嵇康曾经兴致勃勃向他描述的山阳别业，可是嵇康却不在了。

赵至不知道，在他为了自由与理想摩拳擦掌装疯逃跑的那些日子，嵇康的命运并不如他表现出的那样从容自信。

正始十年，高平陵政变，司马师杀了辅政大臣曹爽，彻底激怒了本来就看不惯司马家的各地挺曹势力，一时间风起云涌。本来，嵇康对曹爽也看不惯，可司马师的行为却彻底激怒了他——社会的道德底线被破坏了，原来糟糕，现在更糟糕。司马师兄弟四处出击，强逼有点名气的知识分子表态，拥护他们的，高官厚禄；反对他们的，严刑伺候。对于从没因为不服软而被揍过的嵇康来说，保持沉默就是默许这种"流氓行径"，所以嵇康罕见地气愤地跳了起来。一个叫毌丘俭的在寿春发动反对司马师的武装进攻时，嵇康认为是天下对司马氏群起而攻之的时候了。已经三十二岁的嵇康像打了鸡血一样号召了好几百人，也要扛着自家的锄头铁锹上前线。他兴冲冲地找到了县里的领导山涛。山涛立刻泼他一盆冷水：不行。

山涛是很务实的人，从县里的办公室主任开始做起，算是个明白人：这种乌合之众怎么能管用？当年黄巾起义几十万人浩浩荡荡被曹操带着几千人就给全歼了。无序的大多数永远被有组织的少数人奴役。嵇康还没来得及说动山涛，毌丘俭的首级就被送到了洛阳。

在这个乱世，嵇康手忙脚乱，可是却又有原则：他需要一个好的社会。却不知道，也许一个社会好，只因为它从未存在。

毌丘俭反叛的第二年，司马师死在镇压反叛的途中。司马师的弟弟司马昭上台之后继承了他的事业，继续团结一切可以团结的力量。这下，终于轮到嵇康表态了。

在赵至去山阳寻找嵇康之前，正是司马昭频频派人向嵇康示好的时候。而嵇康，他冷笑一声，高喊着要做隐士，跑到河东去找大道士孙登玩儿去了。一躲，就是三年。

三年过去，世道已经翻天覆地。原来的好朋友们，阮籍、山涛都做官去了。尽管做得隐晦无比，可到底是服了软。司马昭紧锣密鼓地进行着"禅让"的把戏，向做皇帝最后冲刺。嵇康一看又火了：怎么就没人跳出来说一句"我反对"呢？他本来是无党无派，看谁也不顺眼，但天下噤声的时候，他跳出来，便成了"旗帜"。

嵇康能干什么？无非是说话写文章。简单地说，就是司马昭提倡什么，他就反对什么。

当时有个学者叫张邈，写了一个《自然好学论》，说好学是人的本性。本来是挺好的文章，但是被司马昭拿来当作号召大家去太学上学、读经，继而被他政治洗脑的材料。嵇康自然不愿意，于是洋洋洒洒写了一大篇《难自然好学论》。他说人生来就好吃懒做，怕苦怕累更怕死，哪有自然好学的？就是这篇文章，嵇康彻底站在了司马昭的对立面。

对于嵇康有些不分青红皂白地唱反调，司马昭一忍再忍。

司马昭想请嵇康出来做官，让小兄弟钟会去探探口风。钟会除了是一权臣，在文化圈里也很有名。他的代表作《四本论》探讨的才性问题有想法也有条理。可是，就是这么一个人物，当年怀揣着自己的新书想去找嵇康求个序的时候，也只敢把书从墙头扔进去，怕这个从来不圆滑的嵇康把他的书说得一无是处。

这次，已经肥马轻裘的权臣钟会依然想以文化人的方式和嵇康套套近乎，可嵇康在打铁，目不斜视地打铁。本来就有点害怕嵇康的钟会尴尬得手足无措。向秀在帮嵇康拉风箱，一边是期期艾艾的钟会，一边是旁若无人的嵇康，向秀的汗变本加厉地往下淌。嵇康大概感受到了向秀如坐针毡，于是对着空气问钟会，你来听什么、看什么啊？

钟会一听嵇康跟他说话了，浑身一激灵，斟酌了一下，才十分得意地以模棱两可不知所云却显得分外高级的方式回答道，看我所看到的，听我所听见的。

这两句话颇有后来禅宗的机锋色彩。他本以为此言一出，嵇康一定对他青眼有加，可没想到嵇康哼都不哼一声，继续打铁。钟会脸上虽神色自如，但心里却全是挫折感。他在向司马昭汇报的时候终于没有保持住文化人虚怀若谷的形象，那张镇定的面皮撕破了。恼羞成怒的钟会对司马昭说，嵇康确实是个很厉害的人物，是和诸葛亮一个级别的。但是他不听话，你得杀了他。

司马昭对此保持沉默，既不赞同也不反对，相当微妙。他还在等着嵇康表明立场，给他最后一个机会。嵇康的命运已经在悬崖边上，千钧一发。他的好朋友山涛最先敏锐地发现了这一点，恰好司马昭想让山涛做吏部郎，山涛立刻举荐嵇康，扔给他一根救命稻草，苦心劝他——毕竟他还有双尚未成年的儿女。山涛大概知道嵇康一定会嗤之以鼻，说不定还要骂回来，然而山涛依然心存侥幸，希望嵇康看在孩子的分上接受这个职位。

嵇康是愤青，但不是愣头青，局势怎样他心里也有数，因而山涛的举荐他既没有拒绝亦没有接受。他准备拖，拖到更重要的事情出现让司马昭忘了这一茬。却没想到两年过去，"高贵乡公事件"忽然爆发——年轻势弱的小皇帝曹髦尚且能够振臂一呼，大骂"司马昭之心，路人皆知"，不再坐等被废黜、被侮辱。十八岁的少年皇帝带着零星几个心腹要去讨伐司马昭，却被司马昭的党羽贾充指使手下一剑刺进胸口。

嵇康气疯了：司马昭严重挑战了他关于社会秩序的心理底线。连十八岁的孩子都晓得善恶正邪，难道他白白担着年轻人的崇拜却依然在家里做缩头乌龟吗？于是嵇康到处搜罗能狠狠骂司马昭一顿的由头，他想到了山涛还等着自己去做官。

赵至兴奋又伤心，他捧着那份被一遍遍誊写，被太学生争相传阅，墨迹未干的《与山巨源绝交书》，他知道，这篇文章会带着嵇康的骨气和风度流传千古，但他也知道，嵇康，恐怕活不成了。山涛看到那份公开发表的绝交信的时候一定在叹息，甚至有些遗憾：如此有才华的男人，他们的交情就要尽了。不是因为绝交，而是因为，那个人命不久矣。

嵇康的绝交书里有一句话狠狠蜇了司马昭一下，他说自己"非汤、武而薄周、孔"。儒家是执政者的狼牙棒，司马昭当时花了大力气制造舆论，抬起儒家礼义仁和以及等级秩序的学说，特别强调"禅让"是古代圣贤们推崇的执政模式，他们司马家代替曹魏的政权也是顺应天命。没想到，在这样关键的时刻，嵇康又来拆台，这一下蜇得司马昭不轻，新仇旧恨一起涌上心头，这个人非除不可了。

于是就有了那件著名的"吕安案"。吕安的哥哥吕巽霸占了吕安的妻子，怕东窗事发，于是先下手为强，先告吕安一个不孝。这件事情当时震动不小——不孝是对礼法和儒家传统最大的蔑视。可是嵇康知道，这不过是挂着礼法的羊头兜售欲望的狗肉，于是他义愤填膺地杀上朝去要以朋友之名给吕安的德行作证明，只是，自身难保的他却和吕安一起被判了死刑。不过是一个引君入瓮的局，但珍视友情的嵇康义无反顾地跳了进去。

人总是要死的，死得慷慨精彩也不枉在世上走一遭，在浊世摇尾乞怜地苟活，不如死了痛快。这是嵇康的逻辑。

他死的那天，《晋书》上说他"顾视日影，索琴而弹之"。很多年之后，这一幕还让向秀魂牵梦萦，不能或忘。

那天洛阳城刚下过一阵暴雨，把天上的太阳洗得有些惨淡，苍白得像是那个从容站在刑台上的中年人。他的表情看起来有点沧桑，眼神淡漠地看着台下或愤然或迷惘的太学生们，仿佛看见那个熟悉却又久远的自己。

他们来救他，要求他做他们的老师。他也许觉得有些吵闹，因为此刻他只想静静地来一曲弦歌一觚酒，对这一生做一个回顾。回忆是件静谧的事情，不需要旁人的参与。只需要酒，入混沌，融天地；需要琴，金徽玉轸，泠然于心。

赵至站在太学生们中间，望向嵇康，看着他平静地看了眼太阳映在日晷上的影子，坐下来，弹出了那一曲《广陵散》。信手挥弦，飞扬恣肆。赵至虽然得到过嵇康的称赞，却完全不敢说自己真正理解他。但赵至想，开天辟地，少有人能够一辈子遵从自己的意愿活得始终如一又如此潇洒，而嵇康做到了，这是嵇康的骄傲。

这曲《广陵散》，是一种震撼，长久地留在那天听到它的人心中。很久之后，赵至读起嵇康的《声无哀乐论》，都还会想起那一幕。嵇康说得对，好的音乐，会震出我们心底早已被忽视的真情。于是哭，于是叹，一代一代，像是融进了血里。赵至想，很多年后，也总会有人像他一样每到失望、困顿，就会记起嵇康那天弹起《广陵散》的样子。

赵至后来出名了，在江夏、辽西做官，一路扶摇直上，回到洛阳。但他却不知道，母亲已经在他辗转赴任的过程中死去了。而他的父亲，为了不打断他的仕途竟没有告诉他这个消息。年少时候最想逃离的草庐却成了他想回也回不去的地方。人生如同平地上的玻璃球，缓缓滚动，停下来的地方哪怕是自己费尽力气追逐的，也总沾满尘土，让人有后悔有失落。他又回到洛水北岸太学的门口，儒家七经的石碑依然在，却再也没有那个高高大大又不修边幅的抄经人。他想，嵇康的人生，恐怕是没有后悔的吧。

附

与山巨源绝交书

康白：足下昔称吾于颍川，吾尝谓之知言。然经怪此意尚未熟悉于足下，何从便得之也？前年从河东还，显宗、阿都说足下议以吾自代；事虽不行，知足下故不知之。足下傍通，多可而少怪，吾直性狭中，多所不堪，偶与足下相知耳。间闻足下迁，惕然不喜；恐足下羞庖人之独割，引尸祝以自助，手荐鸾刀，漫之膻腥，故具为足下陈其可否。

吾昔读书，得并介之人，或谓无之，今乃信其真有耳。性有所不堪，真不可强。今空语同知有达人，无所不堪，外不殊俗，而内不失正，与一世同其波流，而悔吝不生耳。老子、庄周，吾之师也，亲居贱职；柳下惠、东方朔，达人也，安乎卑位。吾岂敢短之哉！又仲尼兼爱，不羞执鞭；子文无欲卿相，而三登令尹，是乃君子思济物之意也。所谓达能兼善而不渝，穷则自得而无闷。以此观之，故尧、舜之君世，许由之岩栖，子房之佐汉，接舆之行歌，其揆一也。仰瞻数君，可谓能遂其志者也。故君子百行，殊途而同致，循性而动，各附所安。故有处朝廷而不出，入山林而不返之论。且延陵高子臧之风，长卿慕相如之节，志气所托，不可夺也。

吾每读尚子平、台孝威传，慨然慕之，想其为人。少加孤露，母兄见骄，不涉经学。性复疏懒，筋驽肉缓，头面常一月十五日不洗，不大闷痒，不能沐也。每常小便而忍不起，令胞中略转乃起耳。又纵逸来久，情意傲散，简与礼相背，懒与慢相成，而为侪类见宽，不功其过。又读《庄》《老》，重增其放，故使荣进之心日颓，任实之情转笃。此犹禽鹿，少见驯育，则服从教制；长而见羁，则狂顾顿缨，赴蹈汤火；虽饰以金镳，飨以嘉肴，逾思长林而志在丰草也。

阮嗣宗口不论人过，吾每师之而未能及。至性过人，与物无伤，唯饮酒过差耳。至为礼法之士所绳，疾之如仇，幸赖大将军保持之耳。以不如嗣宗之资，而有慢驰之阙；又不识人情，暗于机宜；无万石之慎，而有好尽之累。久与事接，疵衅日兴，虽欲无患，其可得乎？又人伦有礼，朝廷有法，自惟至熟，有必不堪者七，甚不可者二。卧喜晚起，而当关呼之不置，一不堪也。抱琴行吟，弋钓草野，而吏卒守之，不得妄动，二不堪也。危坐一时，痹不得摇，性复多虱，把搔无已，而当裹以章服，揖拜上官，三不堪也。素不便书，又不喜作书，而人间多事，堆案盈机，不相酬答，则犯教伤义，欲自勉强，则不能久，四不堪也。不喜吊丧，而人道以此为重，己未见怨者所怨，至欲见中伤者；虽瞿然自责，然性不可化，欲降心顺俗，则诡故不情，亦终不能获无咎无誉如此，五不堪也。不喜俗人，而当与之共事，或宾客盈坐，鸣声聒耳，嚣尘臭处，千变百伎，在人目前，六不堪也。心不耐烦，而官事鞅掌，机务缠其心，世故繁其虑，七不堪也。又每非汤、武而薄周、孔，在人间不止，此事会显，世教所不容，此甚不可一也。刚肠疾恶，轻肆直言，遇事而发，此甚不可二也。以促中小心之性，统此九患，不有外难，当有内病，宁可久处人间邪？

又闻道士遗言，饵术、黄精，令人久寿，意甚信之。游山泽，观鱼鸟，心甚乐之。一行作吏，此事便废，安能舍其所乐而从其所惧哉！

夫人之相知，贵识其天性，因而济之。禹不逼伯成子高，全其节也；仲尼不假盖于子夏，护其短也；近诸葛孔明不逼元直以入蜀，华子鱼不强幼安以卿相，此可谓能相始终，真相知者也。足下见直木必不可为轮，曲者不可为桷，盖不欲以枉其天才，令得其所也。故四民有业，各以得志为乐，唯达者为能通之，此足下度内耳。不可自见好章甫，强越人以文冕也；已嗜臭腐，养鸳雏以死鼠也。吾顷学养生之术，方外荣华，去滋味，游心于寂寞，以无为为贵。纵无九患，尚不顾足下所好者。又有心闷疾，顷转增笃，私意自试，不能堪其所不乐。自卜已审，若道尽途穷则已耳。足下无事冤之，令转于沟壑也。

吾新失母兄之欢，意常凄切。女年十三，男年八岁，未及成人，况复多病。顾此恨恨，如何可言。今但愿守陋巷，教养子孙；时与亲旧叙离阔，陈说平生，浊酒一杯，弹琴一曲，志愿毕矣。足下若嬲之不置，不过欲为官得人，以益时用耳。足下旧知吾潦倒粗疏，不切事情，自惟亦皆不如今日之贤能也。若以俗人皆喜荣华，独能离之，以此为快；此最近之，可得言耳。然使长才广度，无所不淹，而能不营，乃可贵耳。若吾多病困，欲离事自全，以保余年，此真所乏耳。岂可见黄门而称贞哉！若趣欲共登王途，期于相致，时为欢益，一旦迫之，必发狂疾。自非重怨，不至于此也。

野人有快炙背而美芹子者，欲献之至尊，虽有区区之意，亦已疏矣。愿足下勿似之。其意如此，既以解足下，并以为别。嵇康白。

嵇绍

以身殉国，是一个男人最幸福的归宿

嵇康有一个可怜的儿子，嵇绍。嵇康死的时候，他大约十岁。能记事，但是不懂事的年纪。

在他后来的记忆里，对父亲的印象如同写在水面上的名字，也许融入了波心，但在平静的水面上，却没有留下任何痕迹。他很少提起他那个太过著名的父亲。在他的时代，政府对嵇康讳莫如深，学生们却爱他纪念他狂热地崇拜他。而他，作为嵇康唯一的继承人，却无法坦率地表达他对于父亲的情感。父亲曾经给他留下过礼物，那是一封信。纸寿千年，借着这坚韧的承载物，作为父亲的嵇康，在他缺席的嵇绍的成长过程中，以这样一种方式，在儿子身边陪伴他。跟那个愤世嫉俗的高傲的嵇康不一样，作为父亲，他坦白、赤诚，甚至啰里啰嗦、絮絮叨叨。

那时候，嵇绍还小，可能不记得了。桐荫初夏，竹影婆娑中牙牙学语、蹒跚学步的时候，背后那双满载着慈爱的眼睛平静地看着他，不激昂，不愤怒，平静而满足。养育一个生命是件奇特的事情，做了父亲的嵇康，对于儿子的要求不是循着他的脚步义无反顾地走下去。相反，他给儿子指明一条明哲保身之道，愿儿子做一个独立的、有风骨的人，最重要的是，做一个幸福的人。他到底还是希望儿子成为儒家的君子，而不是他自己叫嚣的"非汤、武而薄周、孔"。他又哪里是"薄周、孔"了，济世救民，本是他的梦，但他太较真，以至于和孔融一样，看见污浊的现世玷污了自己的信仰便恨得跳起来要和它划清界限。

留给嵇绍的那封《家诫》是这样写的：

人无志，非人也，但君子用心，所欲准行，自当。量其善者，必拟议而后动。若志之所之，则口与心誓，守死无二。耻躬不逮，期于必济。若心疲体懈，或牵于外物，或累于内欲，不堪近患，不忍小情，则议于去就。议于去就，则二心交争。二心交争，则向所以见役之情胜矣。或有中道而废，或有不成一篑而败之。以之守则不固，以之攻则怯弱，与之誓则多违，与之谋则善泄，临乐则肆情，处逸则极意。故虽繁华熠耀，无结秀之勋，终年之勤，无一旦之功，斯君子所以叹息也。

……

不须行小小束脩之意气，若见穷乏而有可以赈济者，便见义而作。若人从我有所欲求者，先自思省，若有所损废多，于今日所济之义少，则当权其轻重而拒之，虽复守辱不已，犹当绝之。然大率人之告求，皆彼无我有，故来求我，此为与之多也。自不如此，而为轻竭。不忍面言，强副小情。未为有志也。

夫言语，君子之机，机动物应，则是非之行著矣，故不可不慎。若于意不善了，而本意欲言，则当惧有不了之失，且权忍之。后视向不言此事，无他不可，则向言或有不可，然则能不言，全得其可矣。

……

外荣华则少欲，自非至急，终无求欲，上美也。不须作小小卑恭，当大谦裕；不须作小小廉耻，当全大让。若临朝让官，临义让生，若孔文举求代兄死，此忠臣烈士之节。凡人自有公私，慎勿强知人知。彼知我知之，则有忌于我。今知而不言，则便是不知矣。若见窃语私议，便舍起，勿使忌人也。或时逼迫，强与我共说，若其言邪险，则当正色以道义正之。何者？君子不容伪薄之言故也。

……

匹帛之馈，车服之赠，当深绝之，何者？常人皆薄义而重利，今以自竭者，必有为而作。鬻货徼欢，施而求报，其俗人之所以甘愿，而君子之所大恶也。……

嵇康对自己能平安看着孩子长大似乎缺乏信心，所以留下了这封《家诫》。同时在临死前把嵇绍托付给了他宣布与之绝交的山涛，而不是与他更形影不离的向秀，或者更有名的阮籍。除了确定山涛的人品无可挑剔，更重要的是，他需要给宝贝儿子找一个在这个动荡的时代有质量地活着的典范，他要嵇绍成为一个不委屈自己，也不愧对古往今来典范的男人。对于嵇康这样一个从来不浪费时间筹划安排的人,这就是他的父爱了。

山涛和嵇康最大的不同,在于他的隐忍。山涛是一个有理想却又很现实的人,他知道什么可以做,什么不可以,他比嵇康更能在夹缝里生存壮大。更重要的是,作为一个现实的人,他存身正,行己恭,他用实用主义的方式去达到那些高缈的理想。

嵇康去世之后,嵇绍就与母亲一起隐居。嵇绍此时是反政府的政治犯后代,不能做官。作为那个名字也不能提的人的儿子,他像是一个不存在的人,生活在光不曾照亮的角落。但山涛,作为吏部郎,在朝廷上那些动辄得咎、举步维艰的较量中,他的眼睛从没离开过那座风光不再的庄园中的孤儿。他需要一个时机,让嵇绍登上朝堂。山涛的愿望大概看上去像是天方夜谭,但这是嵇康的愿望,也是他的光荣:穷独善其身,达兼济天下。更重要的是,当司马氏已经坐稳了江山的时候,一个现实的人,该做的不是沉睡在过去里唏嘘怨恨,他要改变的是未来。由嵇绍去改变未来,远比躲在父亲的阴影里碌碌无为一辈子更有意义。

机会终于被敏锐的山涛捕猎到。司马炎上台之后,风向变了。司马炎远称不上雄才大略,不比他父亲、祖父的敏锐狠厉,更比不上之前曹氏父子的文武风流。但就是他统一了中国,给了这个国家二十年难能可贵的繁荣。

历史对这个前人播种后人乘凉的皇帝的要求很简单:和稀泥,团结一切可以团结的力量。把在之前的禅让争夺中杀得你死我活的知识精英们都团结起来,为这个新的政权出力。稳定是第一要务,知识分子大规模的敌视是新兴王朝的皇帝们最扎屁股的那根刺。他们没有枪杆子，但是有嘴皮子，他们能够蛊惑枪杆子们掀起一浪一浪的反抗，就是全部杀掉也让你杀得手软眼花。况且人都杀掉了，谁去收麦子？

以代魏之后祭天的"大赦天下"为序曲，司马炎向玄学家的后代们伸出无数的橄榄枝。许允的儿子许奇出来了，本来让他做祭祀处主任秘书，但有人提出反对意见，说放在皇帝身边怕出人命。司马炎倒是很敢赌，大手一挥，没关系，他爹人品那么好，儿子不会差，反而升他为祭祀处副官。贾充的前夫人、李丰的女儿李婉本来因为李丰的反叛被流放，这会儿也回来了。尽管贾充早已续娶了郭槐，可没关系，两个夫人平起平坐，只有左右之分，谁也不得罪。

山涛看着这些明显的信号，一直没有出声。他需要一个好的时机。他对自己培养的嵇绍有信心，一般的官职，配不上嵇康的儿子。最起码得是组织部，或者秘书办这样的实权机构。亮相不够惊艳，以后不容易出头。不久，秘书丞的位置空出来了。皇帝让组织部长山涛和秘书长贾充议一个人选。

此时，以山涛为代表的名士派和以贾充为代表的事功派正斗得水火不容，但山涛和贾充脸面上却依然彬彬有礼，有商有量。司马炎很乐意看他们斗，自己的小算盘打得噼里啪啦响：鹬蚌相争渔翁得利。

之前山涛和贾充在司马炎"谁也不得罪"的原则下各有胜负，但是这一次，山涛非争不可。嵇绍并非单纯是自己的养子，嵇康的儿子在这个时候是一个旗帜，嵇绍进入朝廷中枢不仅能洗刷嵇康的罪名，也会如同一记巴掌，狠狠地掴在当初处心积虑罗织嵇康罪名的钟会们的脸上。

于是山涛直接就跑去找皇帝面谈了，在皇帝面前给嵇绍打了保票：这孩子，人品好，学问好，有文采，又通音律，应该能够胜任组织部里的工作，可以给他一个机会先锻炼一下。山涛话说得很谨慎，还很给司马炎面子：嵇绍的身份您知道，如果要团结名士派，拉拢之前那些人是小打小闹，这一个才是动真格，表现您愿意团结名士和他们的后代的机会来啦！司马炎和山涛是有默契的。顺着山涛的意思，司马炎说，既然如此有才能，还是直接做秘书丞吧。

对于这个进入国家中枢的机会，嵇绍很彷徨。他仿佛明白这是父亲的意愿，但依然不能确定。为司马家做事，天下那些赞扬他父亲独立人格与不屈品行的人是否能理解他？于是在一个长夜，嵇绍和山涛促膝而坐，关于父亲，关于时局，谈了很久。当他最终问出是否可以去做这个官的时候，山涛只回答，"天地四季便是这样变化着的"。

要向前看。

远庙堂究竟不是文化精英的出路，挣扎在体制之外不是被镇压就是自生自灭。有文化又有政治抱负，想要让这个国家按照自己的想法运行就必须学会和当局合作。这是从东汉"党锢案"以来几代人血的教训，以血肉之躯和国家机器对抗无异于以卵击石，不如换个聪明的办法。况且他们之间的鸿沟未必有预想的那么深，司马师没当权之前还是何晏、夏侯玄他们私人集会的常客，钟会也曾是竹林雅集的座上宾，除去学术水平高低不齐，他们不过是治国理念不同而已。

这才是山涛那句"天地四时犹有消息"的意义，嵇绍很明白。在朝的嵇绍更多地表现出一个儒生的本分，低调、忠诚而勤勉。但是作为个人，他也没有丢父亲的脸，也有自己的名士风度。和父亲一样，他朴素自然，不喜装饰打扮。他也和蔼可亲，和几个侄子住在一起，对待他们都像是亲生儿子一样。有炙手可热的外戚贾谧想来攀交情，嵇绍不卑不亢，保持距离。齐王冏辅政的时候，有次嵇绍找他汇报公务却正逢宴会，司马冏听说嵇绍善音乐，就要他弹琴，但嵇绍以朝廷之官不做伶人之事拒绝了。

想起来，他父亲对于玄儒合一的想法倒是在他身上真正实现了。

嵇绍给自己的定位很准确，他既不辜负国家，亦没有辜负父亲。嵇绍生逢八王之乱，却在这场战乱里为了维持国家的稳定尽力周旋。长沙王司马乂控制朝廷的时候，河间王司马颙、成都王司马颖起兵反上京来。被朝廷派去讨伐司马颙、司马颖的将士纷纷要求嵇绍做他们的主帅，说只要有他领导，他们虽死犹荣。嵇绍懂什么军事？不过是他立身的严正，他对国家的忠诚感动了这些要为国家拼命的士兵，让他们感到亲切而已。

嵇绍的死也是赶上的。司马颙当政期间，本来已经免了他的官。只是后来大家扎堆攻击司马颖，刚掌权的司马越顺手又恢复了他的爵位。司马越浩浩荡荡带着傻皇帝"御驾亲征"，去攻打正在邺城的司马颖。嵇绍大概知道这是趟有去无回的征程。在出征前,同事秦准问他说,你就要上战场了,总要准备一匹好马吧?嵇绍只是说,我的任务是护卫皇帝。如果皇帝有个三长两短,我要好马有什么用呢?

这次"亲征"的声势很浩大,全国都痛打落水狗司马颖,指望下一个坐上首辅位置的就是自己,因而出兵都相当积极,传说有百万之众。可是不会领兵的司马越却在荡阴这个地方,被司马颖的战将石超的五万人围成个铁桶。司马越一看大事不好,赶紧把招牌皇帝一丢,自己逃命去了。于是聚集在皇帝周围吃皇粮的大臣跑得比老鼠还快(包括著名哲学家郭象先生)。只剩下嵇绍,不愿逃,一直守在傻皇帝晋惠帝身边。他像孔子的学生子路一样,即使在残酷的战斗中,四周箭雨飞溅,依然端正冠冕,面不改色。最后死时,血溅帝衣,为了保护傻皇帝做了最后一次无畏的抵抗。那个一生糊里糊涂、智商很低,也不管事的傻皇帝司马衷,却在获救后难得有了自己的坚持:他不肯换洗沾满血污的衣服,他说这上面是嵇绍为了保护他流的血,不能洗。

但傻皇帝也领会错了嵇绍的意思。嵇绍的立身准则从头到尾都清楚明白。他按着父亲的《家诫》做一个对得起先贤,对得起道德的人。他一个文官在千军万马之中血溅帝衣,护的哪里是晋惠帝那个呆皇帝,他保护的是代表这个国家正统的权威。毕竟,以身殉国,是一个男人最光荣的归宿。

山涛

世人谤我欺我辱我笑我轻我，又如何

嵇康在刑场上一共说了两句话，"《广陵散》就此绝矣"是给天下人的告别。而另一句，说给他儿子嵇绍："巨源在，儿不孤。"一个父亲死的时候，最怕孤儿寡母无人赡养；一个优秀的男人死的时候，最怕的是他尚未成年的儿子将来不能够了解这个父亲的一生。可是嵇康对于这两点没有任何的安排，就潇洒地做了理想的殉道士，因为他知道，这一切会有人替他做好，那个人，叫山巨源。

山涛，字巨源。

山涛比嵇康大十八岁，遇见阮籍、嵇康的时候他已经将近四十岁。是竹林众人中心智最成熟、洞察力最精深的一个。后代玄学家裴楷在山涛六七十岁的时候曾经和山涛共事，也一样骄傲的裴楷心悦诚服地对人称赞山涛，是一个"悠然深远"的人，你看着他和而不同，却总不知道他在想什么。

因为嵇康那封著名的《与山巨源绝交书》，山涛作为对"竹林名士"精神的反叛者，一个被嵇康绝交的"小人"，总不得后代无数嵇康崇拜者的待见。可是，一个人，能让你在临终之时，将尘世间最重的牵挂托付与他，不是至交又是什么？

嵇康从来也没想过要和山涛绝交，看看那封信发出的内容和时间，当事人都知道，嵇康不过拉着山涛做出戏，向着肆无忌惮的司马师兄弟出口恶气。

嵇康写《与山巨源绝交书》的这一年，司马师和司马昭在相继杀害了名士派重臣夏侯玄、李丰，废齐王芳，平定名士毌丘俭、文钦和王凌的地方反抗之后，逼出了曹氏的第四任皇帝，也是最后一个有独立思考和反抗能力的曹髦，进攻司马昭府邸的高贵乡公事件。但是曹髦没出宫门就被贾充指使小宦官成济刺死，功败垂成。

从上到下，公开反抗司马氏篡权的斗争基本上被处理得差不多了，一直浑浑噩噩以酒醉和任诞避世的竹林名士，特别是和曹氏沾亲带故的嵇康被逼着在政治上表态。于是有了这封特立独行、壁立千仞的绝交书。

嵇康说他自己有七不堪：

喜欢睡懒觉，抱着琴走到哪里唱到哪里，让他正襟危坐，不给他捉虱子，他会给痒死，怎么能够裹着漂漂亮亮的官服动不动就对上官作揖会拜呢？

清谈潇洒，作书辛苦，他最讨厌写文章，可是做了官就得写奏章，桌上的各种请柬啊请示都得作答，他不干吧，人家要说玩忽职守，他干，就是把他往死里逼。

最不喜欢的事就是吊丧。明明不认识的人你让我怎么哭得出来呢？还得按着礼仪哭着跳脚。可是这都是别人很看重的事情，按着自己的心意别人要不高兴，按着别人的心意自己要受罪。

讨厌俗人，比如说那些外表谨守礼法心里一肚子坏水的乡愿之人。可要是做官的话就得跟他们共事，一起吃饭谈公事，耳朵里面全是他们的聒噪，一股人肉臭气，简直就像是活报剧，怎么忍受得了？

没耐心。但是做官的话就得处理没完没了的公事，没这本事啊。

二不可：

不喜欢成汤、武王，看不起周公、孔子。名教会容忍我这样的人吗？

疾恶如仇，不爽就一定要说出来。官场能容忍我这样的人吗？

嵇康以"非汤、武而薄周、孔"为主题向司马氏明确宣布，让我做官，不做；让我说好话，不说；让我像贾充、钟会那些虚伪的礼法之士跟在你们屁股后面大唱赞歌，不会。嵇康以一种酣畅淋漓的方式表明了自己的政治态度：不合作。

而逼出这封绝交信的原因，是司马昭想让山涛去组织部工作。这个职位是组织部长之下实际掌管铨选的关键位置，掌握了这个位置就在整个朝廷的人事变动上占据了制高点。这是司马氏向山涛抛出的一个非常有诚意的招安书。

但山涛提议让嵇康代替他。山涛的意思也很明确：他个人坚定地站在竹林集团的一边，如果要造成两个集团的和解，就是以嵇康为代表的竹林集团一起接受，他个人的受降是不可能的。嵇康却诡异地在这件事情过去差不多两年之后，才像是忽然惊醒一样写了这封绝交书。嵇康怎会不明白山涛的言外之意？只是对于他个人来说，曹氏女婿的家族立场和过于孤傲的个性，都让他难以成为名士集团与当权者和解的带头人。于是看得破忍不住的嵇康终于还是在司马氏兄弟杀害了曹髦之后愤而提笔，借着这个由头表明了自己的心迹。

嵇康的反应已经超出了司马昭所能够容忍的限度，于是司马昭借着吕安一案将嵇康治罪杀死。三千太学生又借着这个机会闹了一次学潮，一时间司马昭陷入了口诛笔伐的汪洋大海中。

摆在山涛面前的是两条路：一，跟着只管说不管做的学生们痛骂司马氏一顿；二，学着阮籍的样子，喝酒喝得人事不辨。

可是山涛选了最极端的一条路：这时候，山涛就任吏部郎。在司马昭和竹林集团的矛盾已经剑拔弩张的时候。

山涛做这个决定，把自己逼进了两边不讨好的绝境：对竹林集团的背叛让他得不到老朋友和一众年轻崇拜者们的支持；就是司马昭阵营内部，对他一个外来的新人，也没有信任可言——司马昭的姻亲旧友早已经把地盘分割干净了：贾充、荀勖、何曾这样一开始就跟着司马昭的死党自不必说，还有高平陵政变之后投靠司马昭的朝廷大佬及他们的后代，比如钟会、卫瓘。支持司马昭的还有泰山羊氏。泰山羊氏累世重臣，羊祜的姐姐是司马师的老婆，和司马昭的关系显然比山涛近。

然而他又必须赌一回，竹林集团的未来都在他手上捏着。山涛和其他的竹林名士不同，他出身寒族，历任县里的办公室主任、组织部长。他明白嵇康他们高蹈的追求，却又比他们更谨慎更细心。嵇康对山涛足够了解，知道他深沉坚毅。所以，骂他，也把儿子交托给他。而山涛，报答嵇康知己与信任的方式只有忍辱负重。

在那个玄学家们到处被迫害的时代，他要以这样沉重的方式担起现实的重担：在朝堂之上，为被礼法之士压得几乎难以翻身的名士集团重新赢回话语权。这是他们的高蹈自由得以继续保持和发扬的基础。文学和思想，永远是政治的奴婢，上头没有人罩着，名士们想狂也狂不起来。要让这些人最大可能地活命，山涛必须硬着头皮去接这个烫手山芋。

在刀尖上跳舞这件事，山涛做得很出色。

就任吏部郎之后不久，也就是嵇康被害后不久，山涛很快辞职不干，并且从史书上消失了。在舆论纷扰的时候，他明哲保身地带着对老朋友的怀念过了一段隐居生活，暂时淡出政坛是为了更好地回来：山涛做了一个决定，在禅代不可阻挡地来临之后，他顺从社会的潮流，但是他要和而不同。他要选择一个合适的伙伴，划清他和贾充之流的界限。

山涛再次出山，是司马昭亲征攻打在蜀国叛变的邓艾，派给了山涛看家的任务，以从事中郎的职位加了一个行军司马的头衔，给了五百个兵，让他去邺城看着曹氏的王族。

看着是对山涛委以重任，实际上是在试探山涛投靠的忠诚度。司马昭亲征邓艾，首都的亲曹派有可能从邺城的王族中扶持一个傀儡出来打着拨乱反正的名义武装政变。司马昭的意思很明白：给你五百兵，给你和姓曹的们行一个方便，反不反随你。实际上对于山涛的不敢，捏了个稳瓶：山涛不会反。五百个士兵，根本不管用。司马昭父子篡权靠的是皇家禁卫军，掌内军的中领军，中领军手下有五校、武卫、中垒三营。在曹魏最后的小皇帝曹奂时代，司马昭把都督外军的中护军和中领军的职责合并，负责软禁小皇帝和割断他和邺城王族的联系。

此时，担任中领军的是羊祜。羊祜是司马师老婆羊徽瑜的亲弟弟。所以，真正坐镇的是司马家自己的人，而山涛不过是为了曹家的人心里好受些被派过去做吉祥物的。这点山涛心里也明白，于是老实规矩地完成了工作。司马昭回来之后很赞赏老老实实没干坏事的山涛，在接下来的立储一事上询问了他的意见，标志着山涛进入了政治的核心圈。

司马昭亲征回来不久就晋升为晋王，最后一步从王到皇，他似乎并不急于完成。他倒是很着急立储的事情——焦点落在了储君到底选择大儿子司马炎，还是选择过继给司马师的二儿子司马攸。司马攸的人气很旺，因为司马师曾经说过，我的这个位子，将来是小攸的。司马攸的行事很正统，温良恭俭让，符合书生们的口味。按自己的喜好，山涛会选司马攸。

但是，揣摩一下司马昭的想法，事情不那么简单。司马攸名义上是儿子，但其实是侄子，没有谁愿意把侄子举在肩头送上皇帝的宝座，留儿子在下面干看着。司马师可以高风亮节把位子传给弟弟司马昭，司马昭也能发扬风格把位子传给侄子司马攸，但是司马攸呢？也传给哥哥司马炎，造成一个诡异的之字传位法？传给哥哥，司马昭那么多儿子，凭什么司马炎当得皇帝，别人当不得？传给儿子，司马炎要心里不平衡。必然的结果就是大家打得你死我活，这是西晋惠帝时代发生八王之乱的根本原因，司马炎犹犹豫豫没把事情做绝，结果惹出大祸事。

围绕着立炎还是立攸，朝上又差点打起来，何曾、裴秀都主张立炎。最激烈的是何曾，颇有不立炎就回家种田的决绝。这几个人，都是贾充一派的，事功集团的老顽固，专打小名士。山涛却又一次低眉顺眼地从了充党，他的意见冠冕堂皇却又包含了这些潜藏的考量：立长是古训。似乎，昔日的名士山涛在进入司马氏政府之后立刻融入圆滑与权宜中，销声匿迹了。山涛的"窝囊废"行为颇使名士们不满，但是不久，他们的注意力很快就转移了，名士阵线又有了新的代言人，羊祜。这个司马师的小舅子，重情义，有风仪，因为在司马氏的禅代过程当中执掌禁军，立了大功，晋朝建立后很快升到了尚书左仆射的位置，与此时任尚书令的贾充几乎势均力敌。他们两人本来都是司马氏的死忠派，但是在到底要不要攻打吴国的问题上，产生了巨大的分歧。羊祜主战，贾充死不肯战。所以，羊祜和贾充的针锋相对，让原先指着山涛替他们出气的名士们通通转移到了羊祜门下。山涛太"怂"，他们摇摇头,不再对山涛抱有任何期望。

但羊祜在中枢任职时间很短,尚书左仆射的位置坐了不到一年就被派到南方去准备伐吴军事。司马炎看似积极准备南下伐吴,但是贾充在朝中依然没有放弃劝他停止的努力。贾充近水楼台好吹风,羊祜显然占不到优势。但奇怪的事情发生了:在羊祜外任的这些年,朝廷里反对贾充的浪潮像是有严密的准备似的,一波接着一波。

先是陕甘一带被匈奴骚扰,司马炎有点紧张。门下省的头儿任恺这时候建议说,要选一个聪明又有威望的重臣去压阵,顺便安抚一下少数民族。司马炎一想,不错。问人选,任恺马上说,没有谁比贾充更合适的了——谁让贾充总是反对羊祜伐吴,每回都说,陕甘一带老是吃败仗,没条件两面开战。司马炎一想,如果贾充能解决这个问题就再好不过了,同意。于是任命贾充都督秦凉二州诸军事,并西镇长安。贾充这下哑巴吃黄连,聪明反被聪明害。但是公务员得有公务员的职业道德,总不能说我不去吧?赶紧找他的好朋友荀勖商量,荀勖给他出了个狠招:太子不是要选媳妇吗?让你女儿去竞选嘛,选上了总不能这边办喜事那边国丈公出去打仗吧?贾充于是在这事情上下了大功夫,终于把贾南风给顺利地送进了宫,也化解了自己被任恺踢出政治中心的进攻。

这之后,任恺和贾充暗地里的互掐没有停止,没过多久,在一次酒宴上,一个叫庾纯的人忽然撒起酒疯问贾充:"高贵乡公何在?""高贵乡公"就是被贾充指使人杀死在大街上的小皇帝曹髦。这等于指着鼻子骂他无父无君。贾充很生气，立刻就把庾纯抓住了。要不是司马炎的发小羊琇护着庾纯，贾充当即就想把他砍了。后来事情闹到庾纯被贾充逼着辞职回家的地步，还是司马炎出来打了圆场，说庾纯是酒后失言，醉话不能算话，才算蒙混过关。但是大家心里都明白，庾纯的气是为任恺撒的：当初贾充指使小宦官成济杀掉高贵乡公曹髦的时候，任恺和庾纯就都记下了这一笔，心里一直不爽，就等着找机会发火呢。

这件事情过去之后，贾充开始报仇了。任恺是侍中，天天待在皇帝身边，实在是大威胁。于是贾充建议说，把任恺调到吏部去搞人事工作吧，管选举。司马炎乐得看他们互掐，行呗，就这么着。不久之后，任恺就被贾充找了个"奢侈"的理由弹劾了。

在经过了背景和贾充比较接近的卢钦的过度之后，下一任吏部的部长谁来做，成了个大问题。皇帝于是想到了山涛。任恺调任吏部尚书之前，这个位置司马炎本来就准备留给山涛的，但是山涛却借着母亲去世的理由跑回乡下去了。

看看他这些年的经历，简直就像是躲着官，生怕一不小心被套上乌纱帽似的：他先是在外省兜兜转转的又是做冀州刺史，又是在曹魏旧都邺城做市长，这样过去三年，山涛被召回首都做侍中，跟着皇帝做秘书。他又先后被任命为尚书、太常卿，但是都没到任，最后因为母丧回了老家。这些年正是任恺和贾充打得不可开交的时候，也是羊祜在前线练兵的时候。本来名士们的领袖山涛羊祜好像约定好了似的集体失踪，却不妨碍朝中掀起了一轮又一轮的政争，让人不得不怀疑，山涛这些年在外面兜兜转转，是有意避嫌，显示他不偏不倚的立场，让当政的贾充找不到挑剔他的理由。

在任恺被贾充逼得败退的时候，山涛终于就任吏部尚书，回到了帝国的行政中枢。

这时候，朝中除了争论已久的打不打吴国的问题之外，又冒出来一个到底是选司马炎的傻瓜儿子司马衷做太子，还是让原先差点挤掉司马炎做太子的司马攸如愿以偿的大问题。但不管争论的是什么问题，总会分成贾充一派，反贾充的一派。在这些本来应该就事论事的问题上，延续了党争的一贯风格——你反对的我赞同，你赞同的我反对，没有什么道理，就是看你不爽。在平衡两党实力对比方面，管选举的吏部尚书是个关键位置。可是吏部尚书山涛又"怂"了：一遇到人员空缺他就拟好几个人的名单交给皇帝陛下审阅，皇帝陛下会拉着贾充一起商量一个人选。他这个众望所归的吏部尚书窝囊得让名士们恨不能踹他几脚。

可是谁也没注意到，悄悄的，朝廷里的人员变动忽然热闹了起来。因为和贾充吵架被免官的庾纯又悄悄地去国子监做了祭酒，掌管了皇家读经学院。被贾充搞下台的吏部尚书任恺到了首都所在的洛阳去做了河南尹。大家慢慢对山涛的推荐名单琢磨出一点道道来，他的推荐似乎处处都是针对着贾充。

处处示弱的山涛这会儿显示出了"怂"之外的本色，不显山不露水地达到自己的目的。山涛从他竹林朋友们的遭遇中得到了一个启发：必须按着政治游戏规则来，反小人不反皇帝，争取最大程度的舆论自由。山涛这招很高明，当整个政府都由名士一派的人卡位的时候，他们的追求也就会成为主流，皇帝是谁都没有关系。在主管吏部的这九年里，山涛竭尽所能地把原先被遗忘在政治舞台之外的名士们塞进政府。先是许允的儿子许奇，再是嵇康的儿子嵇绍，搭着司马炎平反冤假错案的政策顺风车，山涛恰到好处的提名成功率很高。

同时，山涛也免不了要提防着贾充的暗箭冷枪，比如说咸宁四年山涛提名阮咸做吏部郎的事情。

这件事情之前，山涛一路升官，从尚书右仆射一路升到左仆射，主管选举，风光正好。面对名士阵线在选举事情上越来越强的实力，贾充决定必须安插一个人在吏部。山涛提名阮咸做吏部郎的时候，贾充提名了另一个人：陆亮。

烫手山芋又抛到了司马炎的面前。这个时候司马炎还真有点为难，一方面要团结一切可以团结的力量，而另一方面，伐吴的准备正紧锣密鼓地进行，这一仗是一定要打的，所以必须驳一驳贾充的面子。但老是打压贾充难免让名士们得意忘形。况且这个阮咸，喝起酒来比他叔叔还要疯狂，虽然山涛力保他说这个人简朴又没有私心，但也不知道到底能不能做好。干脆就先卖给贾充一个面子吧。

于是陆亮成了吏部郎。

山涛看见这个结果，心里面非常不爽。对于这种事情，山涛有他自己的准备：他随时准备着辞呈，贾充惹到山涛的底线，山涛就跟皇帝要求回家。每次都有让皇帝没法拒绝的理由。这回，山涛立刻上书，说他侄子媳妇死了，要回去。

司马炎当然明白山涛的意思：只要他不想干了，他家里就一定有人死了要他辞官回家。先是母亲，这回七大姑八大姨连侄子媳妇都出来了。皇帝赶紧下书，劝了一下，不给走。山涛不肯卖皇帝这个面子，坚持要辞职。来来回回十多趟，丞相白褒看不下去了：山涛不干就算了，没人要逼着你。要求皇帝准山涛回家拉倒。但是皇帝是绝对不能让山涛走的，一走这好不容易的平衡就又打破了。于是司马炎下诏说，山大人年纪大了，遭逢这样的事情太辛苦，体力不好，所以才迟迟不上班。你们去看看他，如果还没恢复的话，就把他用车子接去办公室吧。

山涛虽然罢官抗议没成功，但是也在皇帝这里搬回一局，输得不难看。况且下一年晋国伐吴，贾充在一堆主战的大臣间被司马炎赶鸭子上架做了总指挥，大家各有输赢，也不丢人。

名士阵线和礼法阵线的斗争一直持续到贾充去世。这之后，大家几乎都接受了玄学家们的生活态度，悠然深远。但是却又开始往虚无的深渊滑下去，未必是嵇康他们所期望的活法。

对于一直活到太康四年的山涛来说，正始年的腥风血雨，魏晋禅代路上的无数浅滩，他都安全地站对了地方。还能够在泰始和咸宁年间为自己的朋友们做一些立身保命的事情。想想景元三年死在司马氏刀下的嵇康，他总算对得起他。

向秀

现实太残酷，越聪明的人越痛苦

竹林七贤的故事是一支曲子，在嵇康完成了它慷慨激昂的高潮之后，那些悱恻隐忍的余音落在了向秀的生命里。

向秀不喜欢政治，喜欢读书，书里的道理比外面的打打杀杀有意思得多。他对于哲学中的本体论有兴趣，追求玄远的境界。遇上了有才青年嵇康，于是嵇康、向秀和吕安成了山阳嵇家别墅的"铁三角"。嵇康是向秀生活的指向标，向秀很信服地跟在他身后，如影随形。

在嵇康的山阳别墅中，有一棵大柳树。嵇康引了水，绕着柳树挖了一条小渠。夏天的时候，嵇康、向秀、吕安在柳树树荫里打铁，向秀给嵇康打下手，打出来的铁器有的自己留着，有的送给看得顺眼的人。累了，就坐在树下吃烧鸡喝美酒。当然，少不了辩论。他们最喜欢的辩题之一，是后来被嵇康写成论文的"养生"。嵇康喜欢说养生就要摈弃欲望，不食五谷，不求富贵。向秀就挥舞着烧鸡腿说，那么你还吃它做什么？人是万物的灵长，如果只是消极地顺应自然不让自然为我所用，历代圣贤千辛万苦培养五谷，酿造美酒，是吃饱了撑的吗？嵇康自然不同意，于是来来去去唇枪舌剑一番，直到日头西斜，一天过去。

好像真是一个乱世的桃花源，乐以忘忧，不知老之将至。如果向秀的一辈子这么过去，他只是很快乐地在历史上跑了一回龙套，当我们说起嵇康故事的时候偶尔请他出来客串。可是历史决定给向秀一个露脸的机会，在他们不能够苟全性命于乱世的时候，谋杀了主角嵇康。向秀目瞪口呆地看着嵇康以一种决绝的方式自我燃烧，秋风扫尽了嵇康的余烬，日子却还要过下去。

被推上舞台的向秀一脸迷茫。

他能怎么办呢？天下的名士如嵇康一般的才俊不在少数，他们都用自己的血肉之躯去阻挡司马家代魏的铁骑，但那些情意和信仰支撑着的肉体却无一例外被摧毁在铁血屠刀之下。如果选择和嵇康一样，向秀可以预见自己的结局。只是，当天下都跟着司马氏发财的时候，他的死除了能多出一户孤儿寡母之外，还能有什么用？

失去了人生方向的向秀徘徊着迷惘着，忽然就稀里糊涂地被好事之徒拎到了司马昭的跟前，给他一个改过自新的机会——"铁三角"的两条边都被套上了反政府的帽子，杀得干净利落，他这独苗，再不服软，就来不及了。

在司马昭面前的向秀有点失魂落魄。他一直沉浸在自省里，过去和现在如梦似幻地重叠在一起，像是庄周的那个梦。他在想，未来的路该怎么走才好？过去的哲学辩论是有酒有肉地信口开河，随便什么样的乌托邦，只要能够自圆其说。现在，真正需要口才的时候，向秀的脑子却有点钝了。直到司马昭以胜利者居高临下的姿态对他说："子期，我怎么听说你羡慕不做官跑到箕山的许由他们，想要做个隐士？"潜台词是，你这会儿跑我这里来了是几个意思？

恍如在伸手不见五指的夜里走着路，忽然跌在黑洞一般的水塘里，向秀浑身一凛，在这句看似玩笑的话里嗅到了嵇康鲜血的味道。于是他行了一礼，回答说："许由他们清高得迂腐，不能理解尧的良苦用心，没什么好羡慕的。"

良久，司马昭叹息，终于又一个桀骜的思想者消失了。他砍了一些人的头，更多的人如同向秀一样，在死亡的威胁和利益的引诱面前自己褪了色。作为当权者，他希望天下人遵守他的礼法和制度，可是，作为曾经的文学青年，他为之扼腕。

而向秀，被自己的回答震惊在当场。他终于抛弃了嵇康们的自由和高蹈，抛弃了他曾经认定的通向幸福的路。原来他之前的那么多文章根本经不起实践的检验。当然，他也拒不承认自己的理论错了，他在疑惑，人都有怕苦怕累怕死的本性，追求幸福就要抛弃生命吗？没有生命，幸福有意义吗？

这一年的初冬，借着回家的机会，向秀绕道去了嵇康的故居。坐在迅速破败犹如经年旧宅的嵇山别墅前时，向秀依然在思考着这个问题。如果人有灵魂，他倒是愿意坐在这里等待嵇康回来问一问他。只是，萧瑟的寒风中一片枯黄的竹叶拂过脸庞，落进了那条水渠里，提醒他，那已是他生命里翻过去的一页，再也没有办法回来。今夕似旧年，也只是相似而已。

很多年之后，官场沉浮多年的向秀终于得到了答案，并且被郭象偷去改头换面成了中国历史上最有分量的《庄子注》。而现在，不知道哪里传来的笛声呜咽，让向秀的心被回忆占满。不管愿不愿意，是他和过去说再见的时候了。在这个瞬间，哲学家的理性被诗人的感性所取代，他几乎没有思考，那些过往就流淌出笔尖，却又不能肆意宣泄，他想哭想破口大骂，却又惧怕四周无处不在的眼睛。于是这篇文章，只开了头便急急刹住，但是结局却早已落在题目里——《思旧赋》。

将命适于远京兮，遂旋反而北徂。济黄河以泛舟兮，经山阳之旧居。瞻旷野之萧条兮，息余驾乎城隅。践二子之遗迹兮，历穷巷之空庐。叹黍离之愍周兮，悲麦秀于殷墟。惟古昔以怀今兮，心徘徊以踌躇。栋宇存而弗毁兮，形神逝其焉如。昔李斯之受罪兮，叹黄犬而长吟。悼嵇生之永辞兮，顾日影而弹琴。托运遇于领会兮，寄余命于寸阴。听鸣笛之慷慨兮，妙声绝而复寻。停驾言其将迈兮，遂援翰而写心。

这首赋做完，他就要去洛阳了。在钟会、贾充那些手上沾了朋友鲜血的人身边赔笑周旋。直到今天，站在荒芜的嵇山别墅前，他才忽然明白了《诗经》里那个写了《黍离》的诗人，心中的去国怀乡。他们的理想国像是朝歌、周原，那些曾经风华绝代的都城，无可挽回地衰落了。可他，偏偏他这个本该消失的人却还站在这片废墟之上。

清冷的笛声是孤独时候最不忍聆听的，可是却每每在伤心的时候响起。就连王安石这样最坚强的人都没办法抗拒它带来的悲伤，八百年之后，他和向秀遥遥相对：

州桥踏月想山椒，回首哀湍未觉遥。今夜重闻旧呜咽，却看山岳话州桥。

从前，怡然自得散步于汴京州桥之上的改革先锋王安石，曾经向往过金陵钟山的月色，只是，当这个半山老人晚年在金陵有些凄凉地听着一声声杜鹃啼血、笛声萧然的时候，却又想起了彼处曾经指点过江山的那座州桥和年轻、热血的自己。

那些普普通通的过往，因为盛着年少意气，盛着信仰和梦想，而无暇去顾盼道旁的风景。只是，岁月日晚，隔着对规则的反抗和逃避，隔着看上去很美的理想，踽踽独行的今日才发现，回忆是如此的亮丽，如此的不可替代。

回忆，是一击即中的软肋，由不得你假装刀枪不入。在以后的生命里，向秀常常感到五内俱焚。

投诚了司马家，朝廷对他很好：散骑常侍、黄门侍郎、散骑侍郎，司马昭司马炎给他的官，都是实权重臣。可是他没兴趣。谈不上混吃等死，倒也在山涛、裴楷发动的玄学家报仇行动中出过一把力。可是能做好的事情不一定就是爱做的，政治，依然让人厌恶。

他最关心的，还是那个让他吃不香睡不着的关于理想和幸福的答案。那个嵇康用生命回答过，却依然没能驳倒他的哲学命题。不止嵇康，之前的阮瑀、徐幹都面对过这样的矛盾——他们都只想独善其身，偏偏非要被推进来蹚浑水，不敢死，只好屈从。他们追求的自由，在向秀这里遇到了严重的危机：每一个例子都清楚明白地标示着所谓自由的虚幻，庄子几乎就是个大骗子。可要命的是，你不能承认自己一直认同的理想只是个骗局。

对于聪明人来说，危机是信仰脱胎换骨的机遇。基督教的刺激让希腊的理性从咄咄逼人转向温情，伽利略的刺激迫使宗教与科学和平相处，而向秀的自由危局则让他终于知道，不是自由不好，是他们从来就会错了庄子的意思。

大鹏振翅飞翔在天地间是它的自由，小虫子在草丛间飞来飞去也是它的自由，他们的自由取决于先天的能力，顺应他们的能力就是自由。而圣人不需要挑选，他们有做任何事情成为任何人的能力，也就在任何地方都能获得自由。南方人吃米饭自由，北方人吃饺子自由，非洲人吃虫子自由，圣人吃什么都自由。而他向秀，做了官也可以自由，命该如此。他的天性里怕死的那部分促成了做官的现实，所以安于命就是安于官。

所以从思想史上消失的向秀又回来了，这回不是个桀骜的行为艺术家，而是郭派庄子的开山鼻祖。向秀给自己做通了思想工作，也为后来人解了套。个人自由和社会担当可以相融，精神和物质的追求都没错。后来的人再也不必经历向秀经历过的折磨，所以才有了风流宰相谢安在朝在野都始终如一的安然，后来的名士们，在野寄情山水，弹琴鼓瑟，一到朝廷，该杀杀该抓抓，一点也不矛盾。

说到底，信仰不是真相，是心安理得。解释不是正确答案，是合适答案。现实太残酷，越聪明的人越痛苦。所以需要一点技巧，让它变得有滋有味。这点技巧，也许叫宗教，也许叫哲学。

刘伶

痴迷于酒的人，又寂寞又骄傲

刘伶好丑，超级丑！但是他又超级有名。不是丑出名的，而是因为他爱酒，爱得神魂颠倒，神经兮兮。刘伶曾经抱一坛子酒，一个人赶着鹿车潇潇洒洒地走到哪里喝到哪里，反正他长得丑，不用担心自己的车子被少女们用鲜花水果砸出洞来。他还让人背着铲子跟在自己身后：什么时候喝死了，就地挖个坑就埋。

刘伶在政治上没什么建树，做过一任光有头衔的荣誉将军：建威将军。晋武帝太始初年，搞岗位考核，刘伶考试的时候不会鉴貌辨色，在有悠久名法之治传统的司马家面前，大谈休养生息无为而治，自然没及格，没几天连荣誉称号也被撸了。本来刘伶和"建威"这名号也不甚相称，史书记载他身长六尺，长得比较对不起观众，自然没法儿"建威"。

只好喝酒。刘伶喝酒喝得寂寞、洒脱，也喝得骄傲。当时就有人看不起他一个只会喝酒的人。问他说，你只会喝酒，还放浪形骸，不穿衣服，成何体统呢？刘伶一边敲着酒坛子唱歌，一边狂饮，兴高采烈，神游太虚。是以并没有被这话激怒，回答的时候颇为轻松愉快：我以天为衣服，以我的屋子为裤子，只是，你为什么要钻到我的裤裆里来呢？

刘伶的机智使得他虽然模样丑陋、先天不足，却在《世说新语》里专讲帅哥的《容止》篇中占得了一席之地。刘义庆编《世说新语》，尽管容止篇多是卫玠、王恭那些长得濯濯如春夜柳的人物，可他更看重人的气度。为了表明这一点，容止篇的第一个故事便是曹操见匈奴使者，怕自己长得丑丢面子，让当时的大美男崔琰假扮他，自己在崔琰身后扮捉刀侍卫。匈奴使者走后，曹操派人询问对魏王的印象。匈奴使者说，魏王雅望非常，只是床头捉刀之人更是当世英雄。

庄子在《德充符》中就描述过一个跛脚驼背的丑男哀骀它。男人见了不想走，女人见了都想嫁。究其原因，哀骀它和而不流，昏昏然如同醉酒之人，不主动去救济饥饿的人，也不指出恶人的恶处，却让人对他肃然起敬，认为善恶都在他的心中。

可见，女人长得丑是灾难，男人长得再丑都可以叫有气质。

刘伶的气质和酒是无法分离的，只有酒带来的那种飘忽、似真似幻、既无畏又无所谓的人生态度，让他如同谪仙一般做着别人想做又不敢做，因为瞻前顾后而做不成的事情。他们都爱看《庄子》，于是也越发像庄子描写过的人。刘伶的纯粹和庄子追求的"真"在某种地方有共通之处。所谓真善美，真是一切的前提，当一个人纯然之后，当然可以飘飘欲仙，无论长得多对不起观众都能赢得万千粉丝。

在竹林七贤这些学庄子的人中，嵇康过于高蹈而招致杀身之祸，王戎过于卑微而让后人鄙夷。然而最默默无闻的刘伶，却保留了庄子的高蹈和卑微。以酒为伴安稳地过了一辈子，直到今天，你仍然不知道，他的内心到底是怎样的。庄子说，"至人无己，神人无功，圣人无名"。真正的隐士，你永远不会知道他的名字。

有人说，在竹林七贤中，刘伶是阮籍的类比，都因为对魏晋禅代之际政治的黑暗心灰意冷而选择佯狂，只是他没有阮籍高明：他没有曲子留下来，也没有诗词传世。但是，并不是每个人都关心政治，并不是每一个酒徒都是无奈的产物。

对于现实的失望每一个时代都有，无论多么歌舞升平的时代：生于大唐盛世的李白不失望么？刘伶当然失望，然而他的失望不比当时的一般人少，却也不比当时的一般人多。刘伶对于酒的依赖是寻找生命本能的一种慰藉，它让他暂时逃脱世态变迁的纷扰，在短促的瞬间真的成为原始生灵本身，脱离生存本质的痛苦。

在这一点上，尼采是理解刘伶的。尼采说，当一个人身体里对于酒的冲动无限蔓延的时候，他的政治本能会日益削弱，直到对政治冷漠乃至敌视。刘伶目光所及，热衷政治的才子，从汉末的党人，到搞正始改制的何晏、夏侯玄通通没有好下场！政治是个绞肉机，他干吗还要往里跳？有人借酒装疯，有人借酒消愁，却少有人真正欣赏酒。刘伶爱酒，却是对于酒本身所蕴含的生存欲望和生存快乐理直气壮的追求。

酒也并不辜负刘伶，它正是他旷达的人生里最好的伴侣。他把它人格化，甚至把自己的人生审美完全建筑在对于酒的审美之上。酒不是消极的消愁工具，它带来兴奋和灵感，带来生命纯粹又精致的创造。

刘伶最棒的文章是《酒德颂》：

有大人先生者，以天地为一朝，万朝为须臾，日月为扃牖，八荒为庭衢。行无辙迹，居无室庐，幕天席地，纵意所如。止则操卮执觚，动则挈榼提壶，唯酒是务，焉知其余？

有贵介公子，缙绅处士，闻吾风声，议其所以。乃奋袂攘襟，怒目切齿，陈说礼法，是非锋起。先生于是方捧罂承槽，衔杯漱醪。奋髯箕踞，枕麴藉糟，无思无虑，其乐陶陶。兀然而醉，豁尔而醒。静听不闻雷霆之声，熟视不睹泰山之形，不觉寒暑之切肌，利欲之感情。俯观万物，扰扰焉如江汉之载浮萍；二豪侍侧焉，如蜾蠃之与螟蛉。

这位将天地看作一个朝代，世间的一切王朝更迭都是倏忽，躺在日月筑成的门窗中，以天下山水为庭院的大人先生俨然是刘伶自诩，他以天地为庐，行无定迹，行止之间与壶觞为伴。用王羲之的话来说，正是要"乐死此间"。

刘伶纵笔写来，飘逸的文字间是酒狂似的无所畏惧的折冲，是在精神的极其兴奋和肉体的极度混沌之时对于一切现世规则的蔑视，是天地间只剩刘伶一个的豪气。于是他指点江山，敲着装小菜的碗和喝酒的坛子，乐陶陶地完全忽视了两个前来非难的礼法之士。

在这个忘记了时间，不被雷霆之声所惊，亦不敬仰泰山巍峨的人面前，自然的寒暑不能扰乱他的知觉，人的欲望也不能左右他的行止，世间万物不过是浮萍而已，这两个气势汹汹的礼法之士又怎在他的眼里？简直就和小虫子一样。

《酒德颂》是刘伶写给酒的情书：不是赞美你怎样的好，而是我们浑然一体，早已不能分割。

刘伶对于酒的痴情，终于惹恼了老婆大人。她摔了他的酒坛子，一哭二闹三上吊。总之，要他戒酒，要不然这日子没法儿过了。刘伶于是无奈道，好吧，戒就戒吧。但是我要酒菜来祭拜神明，让他们保佑我这个老酒鬼能够戒酒成功。老婆见刘伶认罪态度良好，高高兴兴地给他准备了好酒好菜，朝他努了努嘴，道，赶紧祈祷吧。

刘伶于是听话地跪在神明面前，一本正经道，"天生刘伶，以酒为名，一饮一斛，五斗解醒。妇人之言，慎不可听！"于是拎起敬给神的酒一饮而尽，老婆想要发飙的时候刘伶已经熏熏然醉卧在神像前了。

说起来有趣，和刘伶同是安徽宿州老乡的嵇康选择了和刘伶完全不一样的人生路。刘伶是看得透也烦不了，嵇康是看得透忍不住。只是嵇康临刑，回望落日的一曲《广陵散》，和刘伶熏熏然之间的一篇《酒德颂》异曲同工地以它们对人格和个性之美的歆慕，成为中国古典美学的杰作。

阮咸

一直被模仿，从没被超越

阮咸是一代 Icon，引领时尚潮流。他做的很多事情后来都出现了"山寨版"。他和阮籍住在一起的时候，他们两个穷人住在道南，人称"南阮"。富有的亲戚不屑掺和他们俩，住隔街，在道北，人称"北阮"。七月七日要晒书，北阮们把各种书籍以及绫罗绸缎搬出来大概晾满了一个大广场，以显示自己学识广博，又有钱。而阮咸看见了颇为不屑，于是找出自己一条破烂大裤衩子，高高地挂起来。当时内衣还不能公开晒，难免有人指指点点，奇怪他发什么疯。阮咸只是轻描淡写，"今天，我也不能免俗啊，就晒晒它吧。"东晋时候便出现了"山寨版"：郝隆也是个穷光蛋，又一年七月七，别人晒书的时候他就躺在院子里，扒了衣服，敞开肚皮晒太阳——那些书都在他肚皮里晒着呢。

从阮咸到郝隆，晒书的故事不仅是顽皮好玩，也是这些有思想却又没有钱权的文士们人格独立的轨迹。他们不因为炫耀别人的身世显赫就自惭形秽，反而冷眼旁观那些声势浩大的铺张，他们的冷静和自持从来不因为面对的是"王"还是"霸"而改变，也许是万军之中的素衣博带，但依然面不改色。

这是春秋时候就开始的士精神的延续。阮咸的胡闹本质上和蔺相如渑池之会上以同归于尽威胁秦昭王鼓瑟是一个道理，不可以被轻视。这也是为什么称王称霸的人要请有学问的人出来做官，一定得小心翼翼，三请四邀，给足面子。否则文人们一个不高兴就如西汉文人郦食其一样，毫不客气地骂未来皇帝刘邦是乌合之众。在阮咸的时代，高平陵政变的杀戮犹在眼前，天下名士被杀了大半，正是这种文人的高傲受到最大考验的时候。而阮咸依然故我，这除了骄傲，还是一种风格，一种清狂。虽然有时候显得格格不入，但是让人敬仰。

但过分清狂，常常伴着轻狂。阮咸的母亲死了，姑母带着一位胡姬来吊丧。没想到阮咸看上了这位姑娘，并且没忍得住就跟姑娘滚了床单。最后姑母离开，阮咸不顾重孝，愣是骑着毛驴把这个已经怀有身孕的女子给追了回来，嘴里还说着，"人种不可失"。

可是礼教说，父母之丧，大孝三年，要穿着扎皮肉的粗麻衣服，不能剃头，不能听音乐，更不能找女人。可是三年一千多天，每天都这么过不是和受刑一样难受吗？所以孔子的弟子曾经问过他，一定要这么久吗？孔子说，守孝三年是因为父母养育你三年，你才能脱开他们的怀抱，不用他们夙夜担心你这个脆弱的生命会一不小心就受到伤害。这三年，是为了让你怀念他们的恩情，如果你觉得不用三年，你已经不伤心，不怀念了，那么也不用遵守这个形式了。

孔子的回答有理有据，但到了东汉时代，这规矩已经成为一个冰冷的数字。在"以孝治天下"的意识形态下，三年的形式是一定要的，但对父母的怀念却要不了那么久。父母对孩子总是予取予求不求回报，看得比生命还重要，然而孩子看父母却是老旧的房子、用过的皮囊，孩子只会把无私的奉献转移给下一代。所以，在这无所事事的三年里，就有人变着法子表面上守丧，私下里玩乐，甚至在守孝的墓道里生出好几个孩子来。

这是礼与情的冲突。到阮咸做选择的时候，他毫不犹豫地选择了情，因为情在这时候代表着真。阮咸是个求真的人，宁可真得让人感到野蛮，也鄙视任何虚伪的文明。他是这样一个人：宁做真轻狂，不做伪君子。

后来人也学阮咸。西晋元康时候，有钱的纨绔子弟们散发裸身，开宴会的时候一群人集体玩女人。还有东晋时候的周𫖮，在友人家见到漂亮的女人就要抱过来玩，都是让世人侧目的事情。只是他们的不拘礼教，少了这种情和礼的抉择，显得有点为了惊世骇俗而故作轻狂。

之后西晋的中朝名士们学"竹林风流"，学的大多是阮咸的路数。嵇康和阮籍太苦大仇深，和平年代的他们已经不能理解那样的痛苦，刘伶未免单调，而山涛和王戎做了大官，更不能代表竹林风度。

阮咸的路数，发展到后来是士人内心情感解放的高潮，有点像嬉皮士。不讲规矩，也不讲礼教。

阮咸爱喝酒，拿杯喝，拿碗喝，最后都不过瘾，直接对着缸喝。他们家的猪是散养的，居然也到他的酒缸里偷酒喝，阮咸也不在意，和猪成了酒友。后来的"八达"（光逸、谢鲲、阮放、毕卓、羊曼、桓彝、阮孚、胡毋彦国这八个行为放诞、饮酒无量的名门后裔）也学他，常常披散着头发喝酒，脱掉衣服吹风，几乎要和其他的物种一样归于自然蒙昧。

"八达"之一的胡毋彦国有一回在家里酗酒，结果他儿子正从门前走过，很不客气地说，"胡毋彦国，不准再喝了！"古时候，老子的名字是喊不得的：差不多同时代的江南才子陆机，因为吴国被西晋所灭，无奈北上做官。西晋土著卢志见到他，趾高气扬地问他，陆逊和陆抗是你什么人？陆机如同被人扇了一耳光，气得发抖，硬生生顶回去说，就像卢毓、卢廷和你的关系一样。别人喊了他爷爷、爸爸的名字，他一定要喊回去才算解气。别人都不能直呼你父祖的名讳，何况是你自己呢？

结果胡毋彦国却一点都不生气，反而招招手，颇为宠爱地把他儿子叫进来一起喝酒。如果抛开礼法，这个故事不正是父子间情感真挚的表现吗？儿子怕父亲酗酒无度，要想阻止父亲，可是，"父亲大人，别再喝了"只是一句软绵绵的规劝，只有大喝一声父亲的名讳，才有震慑力。正是这样看似大逆不道的行为却体现了父子间的真情，很有讽刺意味吧？

另外一个在中朝名士里流行的习惯也来自于阮咸：做官不

干活。我们说过，凡是有点名气的人司马炎一定要让他做官，阮咸也有个职位，散骑侍郎。散骑侍郎和黄门侍郎一样，是皇帝身边做秘书的官。有点经验的人都知道，领导秘书看上去没什么官职，但是要办事，找秘书——他们实际上掌握着影响皇帝决定的权力。可是阮咸，除了一次被山涛举荐为吏部郎的提名（未成功），他的政治简历一片空白。

阮咸对政治没什么兴趣，但是他活得精彩。后来人学阮咸，但又学错了。他们理解成了要想活得精彩，必须表现出对政治没兴趣，否则就不酷。阮咸不经意地混吃等死却造就了后来一大批类似王衍那些口谈玄言、不做实事的名士，他们最后亡了国。

他们还是误会了阮咸：阮咸远离政治，他玩自己，顶多是玩到人头落地，一人做事一人当。可是他们玩国家，玩到神州陆沉，他们可就都担不起了。

王戎

知交半零落

在历来的史家眼里,王戎都不是个光彩的人物。

在《晋书》里,竹林七贤分成两卷:阮籍、阮咸、嵇康是一卷,都是在司马氏和曹氏的政治斗争里拒不合作的反对派。早死而鲜有事迹传世的刘伶和山涛、王戎、向秀则另为一卷,后面这三个人,由魏入晋,在嵇康死后都成为司马氏朝廷的重臣。王戎,和山涛一样,被认为背叛了竹林名士那种"不可摧眉折腰事权贵"的精神。史家的褒贬,一目了然。

在我们的眼里,竹林名士代表了对个人感情的崇敬,对虚伪礼法的蔑视,有美酒,有美男,有当世最精彩的言论,最一流的思想,如同中国历史上的一个神话,凛凛不带一丝烟尘的气味。却少有人注意,以公元262年嵇康之死为分界线,竹林七贤旷古的放达忽然销声匿迹。当自由的思想撞上独裁的屠刀,当自由散漫遭遇权力的规训，最后屈服的一定不会是强权。竹林集团的下场只是这条亘古定律的又一个注解，王戎则是这个注解里耐人寻味的一个符号。

王戎年少聪慧，小时候和伙伴们一处玩耍，伙伴们见路边李树上结满了果子，纷纷爬树去采，只有王戎冷眼旁观：树生道旁，却能够保留一树的果实，它结的定然是苦果子。

它像是一个寓言，预示着王戎由高蹈入凡尘，本可以留千载风流名却身后受尽白眼的一生。王戎就是那棵树，春华秋实，在天下名士少有善终的曹魏禅代之时寿终正寝，但光鲜的外表下藏着苦涩的内心。

木秀于林，是他年轻时候的聪慧外显。王戎祖籍山东琅琊，就是闻名于卧冰求鲤的王祥，东晋时候出了王导、王羲之的琅琊王氏。王戎十五岁的时候在家里见到了比他年长二十岁的阮籍，两人一见如故成为忘年之交，阮籍对王戎的评价是"清赏"。能让对人没有半分虚与委蛇，以"青白眼"示人的阮籍另眼相待，可见王戎在清谈场上的见识。

曹魏至司马氏西晋时候的清谈，人伦识鉴是主要内容。王戎的人伦识鉴在当时有盛名：他说山涛，"如璞玉浑金"——人们都知道他的贵重，却没有人能够真正了解他；说他的美男弟弟王衍——"神姿高彻，如瑶林琼树"，然而却"自然是风尘表物"；说他的女婿、著名的玄学家裴頠——"拙于用长"。他很不喜欢他的族弟王敦，从来不见他。后来晋室南渡，王敦果真造了反，这些都一度被传为美谈。

顺理成章，王戎也成了"竹林之游"的一员。同样地崇尚自然和自在，藐视已经不合时宜的礼法，相当的智慧和修养在几个好友之间激发出了无数的火花，这一段竹林悠游的生涯，成了七人中年纪最小的王戎人生中最值得珍藏的回忆。王戎的垂暮之年，距离阮籍谢世，嵇康被司马氏杀害已经过去了许多年，他偶然经过他们一道喝过酒的黄公酒垆，当垆沽酒的老翁还在，酒香和当年亦无分别，王戎静立良久，对着同行的人感叹道："吾昔与嵇叔夜、阮嗣宗酣畅于此，竹林之游，亦预其末。自嵇生夭、阮公亡以来，便为时所羁绁。今日视此虽近，邈若山河！"

视此虽近，邈若山河，记忆可以自动删除所有不甚光彩的插曲，呈现近乎神话的完美。然而事实却总是带着土腥味。

入晋之后，王戎历任相国掾、吏部黄门郎、散骑常侍、河东太守、荆州刺史。晋灭吴统一中国之后又做过光禄勋、吏部尚书。黄门侍郎、散骑侍郎是皇帝身边传达命令最有实权的官，起家四品，历来为三公或者大族的后代担任。吏部尚书相当于现在的组织部部长，总管选官事宜，终魏晋之世，这三个官位几乎时时处在名士集团和礼法集团两个政治集团腥风血雨的争夺之中。然而王戎却把这三个最重要的官都当了一遍。官场得意的他又一次成为天下的靶子。不论是对名士集团的背叛也好，还是中国人枪打出头鸟的习惯使然，总之，王戎坐实了竹林叛徒的骂名。只是少有人发现，王戎和阮籍以及嵇康的人生理想本就迥然不同，一时的交集不过是人生中偶遇的插曲，必然要分道扬镳。

陈寅恪先生曾经分析过竹林七贤的人生理想：嵇康、阮籍崇尚自然而痛恨名教，而王戎是老庄和周孔并尚。他一方面渴慕着老庄式的自由自在，另一方面，却也并不排斥礼法和国家的官僚系统。

竹林名士本就不是铁板一块，亦不像是一般所认为的，他们聚集在山阳的竹林定时会饮（陈寅恪先生考证竹林一词是对印度梵语中的化用）。他们本就是在某一个时刻遇见几个谈得来的人，就着近旁的"黄公酒垆"或是"白公酒垆"，快意人生而已。人的情感与欲望的多面性，让我们没有办法要求他们七个就如同克隆出来的七个嵇康，呈现整齐划一的步调。

王戎，他热爱自由自在的生活，但他也不反对社会秩序。甚至有的时候他也可以为它摇旗呐喊，在这种充满禁锢与规训的秩序里如鱼得水。他没有过于棱角分明的立场，既不勉强别人，也不勉强自己。中国历史上关于爱情最甜蜜的一个成语"卿卿我我"也出自他的故事：王戎有位可爱的妻子，总喜欢叫他"卿"，类似今天"亲爱的"。而在当时，如此称呼夫君有悖礼仪。有次，王戎对她说，别老叫我亲爱的啦，被人听见会说你不敬礼仪。王戎年轻又活泼的妻子不以为然地噘嘴道，"亲卿爱卿，是以卿卿；我不卿卿，谁当卿卿？"王戎并没有斥责妻子这样大胆甚至有些骄蛮的回话。

他可以在遭遇母丧的时候像阮籍一样不戒酒肉，却是真心悲恸到无以复加，把自己折腾得消瘦不堪。也可以在晋武帝的出殡仪仗队里挑选有才又有貌的女婿。总之他没什么特别的底线，活得舒服最重要。

他爱钱，亦怕死。他和当时的世家大族一样到处占田，聚集钱财，晚上还要点着灯数钱。他的女儿嫁给大名士裴頠之后向他借了钱没有还，于是王戎就一直没给她好脸色看，直到她还上为止……后人给他开脱，说这是为了避祸故意给自己抹黑，如同他之前的陈群，他之后的兰陵王。他自己都没想过成为一个圣人，喜欢他的人却一定要替他美化遮掩，没劲得很。

历史大书特书竹林之游的优雅之时，却对他们的钱从哪里来，根本不在乎。但这看似最不是问题的问题，却关乎一切选择的根本：活命跟尊严，好像总是被放在天平的两端，你死我活。

在王戎这里，也这样。作为一个人，他得活着。曹魏末年，国家实施的屯田制被严重破坏，原先的共有财产被大肆哄抢，所有的人，不管是官是民都四处占田：没有田就没有收入，没有收入自然活不下去。国家给的官在当时是一顶随时可能掉的虚帽子，更不用说国有资产的大量流失，这顶帽子就算戴稳了也不见得能吃饱肚子。东汉末年，曹操把汉献帝拉到许昌去之前，宫廷里的大臣都在饿肚子，挖草根、吃泥土的大有人在。

名士也要活命，也有那些看上去丑恶但也是人性组成部分的欲望。王戎就是一个特别真实的人。尽管阮籍也看出他有点"市井俗气"却也喜欢他，至少他不装吧？名士们反对的儒家，反的是挂着儒家的旗号卖着钱权的狗肉，口是心非的那些人。

王戎不装，他的行为和动机简直如一张白纸。他怕死，八王之乱中，他劝齐王司马冏投降杀将过来的成都王司马颖，齐王冏大怒，一拍桌子就派了一堆人去杀王戎祭旗。王戎远远看见明火执仗，刀兵锋利，想也不想就跳进粪坑里，伪装五石散的药性发作，神志不清，躲过一劫。

可是，他也有追求，只要值得，人性中高风亮节的一面又会自然而然地体现出来。在已近七十岁的时候，王戎随晋惠帝在八王之乱中到处流离，从邺城跑到洛阳，又逃到郏县，遇到了追兵，王戎"亲接锋刃，谈笑自若"，脸上是几乎可以比肩嵇康、夏侯玄的从容。

七十二岁的王戎，死在郏县。经历了曹魏禅代之际那些才华横溢的玄学名士的生死，见证了中国三百年间唯一一次的统一，经历了西晋武帝年间短暂的繁荣，亦经历了八王之乱的颠沛流离，他终于逃过了像他的从弟王衍一样被北方少数民族掠去的厄运。

恐怕再没有一个人能像他一样在短暂的一辈子里尝尽人生的百态。后人臧否古人自然举重若轻，头头是道，但我们不能与他们并肩，无法还原他们的处境，也不需要像他们一样去做那些沉重的选择。评判古人，总是带着一种特别苛刻而严厉的价值观，但后人倒从不用这套价值观来要求自己。只是，动动嘴皮子的事，谁不会啊。

裴楷

被比作"玉",是怎样的光芒

这一天,你上街。运气好,看见了好几个帅哥。各有特色,不重样。两个喝醉的酒鬼,因为长得好,邋里邋遢左摇右晃也有一种潇洒不羁的味道,这是嵇康和李丰。也有不喝酒的,他一路走过来,整个人都散发出一种温润又夺目的光彩。这就是裴楷了。

要说共同点,这些帅哥们都喜欢看老庄玄学一派的书,小小年纪,就精通《老子》《周易》。

曹魏时候,看脸,看学问,都得先看过出身。名士,大多是汉代的世家,累世丞相、太尉、御史大夫的不在少数。王粲,曾祖父王龚,祖父王畅,皆为汉朝三公;荀彧,祖父荀淑是郎陵侯相,相当于现在某省的省长,叔叔是荀爽,做过平原相,再往远一点推,他们家里有个祖先,叫荀子;再比如说杨修,著名的四世三公弘农杨氏的后代。他的曾曾祖杨震就是那个说"天知地知你知我知"的"关西孔子"。

东汉的世家大族累世公卿，很大的原因是他们掌握着一门儒学经典的解释权，比如弘农杨氏的《周易》，颍川荀氏的《荀子》。地位上的优势归根到底是文化上的高人一等。有趣的是，一个文化领先了百年的家族往往最先接触新思潮，却又最难以接受它。因而，一个家族精神气质的转向实际上不亚于一个国家思想转向的痛苦。

在晋武帝司马炎的时代，以对新思潮接受程度来划分，两个互相看不上的政治和文化集团清晰可见：以贾充、何曾、荀𫖮为首的"礼法派"，通三礼，讲规矩；以山涛、裴楷为首的"名士派"，通《老子》《周易》，全力提拔玄学家。

先锋思潮总难避免被保守政府扼杀的命运，但嵇康赴死三千太学生为之请命，贾充指使成济杀了曹髦被天下人讥讽。新一代的知识分子在嵇康们的真性情和贾充们的两面三刀之间已经做出了他们的选择。

但裴家，家庭内部因为朝堂上的分歧出现了裂痕。裴楷的堂哥裴秀是贾充一派，开国所要做的三件重要的事情：定礼仪、正法律、改官制，分别由荀𫖮、贾充和裴秀来完成，都是司马氏夺权依靠的老儒生。

但裴楷，实在太过潇洒，无法成为一个循规蹈矩的"礼法派"。他是一个不为外物所动的人，别人的评价如清风过耳，不耽于心。他可以在有钱人家玩的时候随手拿走人家喜爱的珍宝，也可以把一栋豪华的别院因为王衍夸耀了一句就转手送给他；他可以不管大臣的讥讽要求梁王和赵王拿出他们的钱来在几个王国间平分，也可以一个眼风都不给当时风头正健的石崇。有个叫孙季叔的，喝酒时曾经对石崇傲慢无礼，石崇很生气，想要上个折子奏免孙季叔的官位。裴楷冷冰冰地走到他面前说："你？一个酒鬼又爱嗑药。自己不尊礼仪倒要责罚别人不尊礼仪，奇怪吧？"

裴楷开始登上政治舞台的时候，已经是司马昭时代。这个国家，经过了高平陵政变和高贵乡公事件之后，名魏实马。思想激进的名士大半都杀干净了，文钦、毌丘俭、王凌的淮南三叛也基本平定，在暴雨初歇却依然风声鹤唳的景元五年，裴楷明白，他的生活里不会再有以身抗暴的悲剧故事，他也不该做一个"三不管"的风流闲人，他要站在朝堂上，树立一种新的道德风尚。

裴楷和山涛、和峤因为"盛德"而受到拔擢。这三个都是"名士派"。山涛是"竹林七贤"之一，自然不必说。和峤是夏侯玄的内弟，一心以夏侯玄为人生目标。和峤曾经和贾充一道被派去考察后来的傻瓜皇帝、当时还是太子的司马衷到底智力如何。贾允回来吹了一通牛，把司马衷夸得像是下一个尧舜似的。而和峤老老实实说，太子的智商和刚出生的孩子差不多……

相对于谨守已经陈旧到虚伪的礼法的儒生们，名士们显得真诚又正直，再加上独特的生活品味，他们很难不被世人所叹服。与其说有"盛德"，不如说有"名望"。所以，虽然朝野大部分为礼法派所控制，但名士派的民意极高。虽然魏晋不搞普选，但是一个政府如果完全枉顾民意，它一定是总被架在火上烤。

当时的皇帝司马炎也懂得这个道理。所以他在贾充订立了《晋律》之后让裴楷御前执读，主持对其中条款的讨论。牵连到山涛、羊祜、庾纯、裴楷的那次"反对贾充"行动更是让名士派的声势完全占据了压倒性的优势。

泰山羊氏，河东裴氏，很多大的家族，在这样一次又一次的政治站队中从东汉的经学世家变成了魏晋的名士大族。当老一代渐渐淡出的时候，下一代几乎毫不犹豫地选择了玄学。此时，贾充一派的裴秀已经被调为相当于荣誉职务的司空。而他的儿子裴頠却早已经变成一个口谈玄言，还写了玄学著作《崇有论》的名士。荀𫖮的弟弟荀粲因为说"六经是圣人思想的糟粕"而成了最早反经典的玄学家。何曾的儿子何邵为玄学家王弼写了一部传记。卫瓘的孙子卫玠成为清谈能让人绝倒的玄学家……儒学世家的后代不约而同背弃了他们的传统，这一个重要的转变，让玄学家从人人喊杀的过街老鼠摇身一变成为主流思想，这才为东晋时候由被迫害到转而迫害别人打下了基础。

但是，世家大族之间百年的婚姻和官宦关系，盘根错节，牵一发而动全身。这些儒学世家后代们的转向，带来了巨大的震动，最终导致了八王之乱。

裴楷首当其冲。裴家的姻亲关系也很复杂。裴楷的女儿分别嫁给了汝南王司马亮和卫瓘，他的儿子裴瓒则娶了杨骏的女儿。杨骏是晋惠帝的外公。司马亮和卫瓘虽然立场有差别，但在八王之乱的开始，与晋惠帝的皇后贾南风利益一致。裴楷看上去是两面讨好，实际上却是两面都难做人——这种特殊的姻亲关系让他最有可能被选为利益的缓冲地带，但是这块缓冲地带却是随时有可能随着掌权集团的改易动辄得咎。

因而裴楷选择了一条"退"路。他虽然和杨骏是姻亲，但关系却并不近；卫瓘做太保，司马亮做太宰的时候，为了和楚王司马玮争夺北军中侯的位置，推出裴楷来接替楚王玮，但是裴楷却拒绝了。这是个太敏感的职位：在司马昭代魏的过程中，北军中侯名义上是监督性质的官，可实际上做的却是中领军的事情，也就是皇城护卫的头儿。如此关键的职位，可不得让各方都争着要？裴楷自然明白这其中的厉害。

可是他的谦退并没有用：杨骏被司马玮集团杀掉之后，裴楷因为与杨骏的姻亲关系下了大牢。好不容易九死一生，逃出生天，却在司马玮矫诏杀司马亮、卫瓘的时候，又因为之前曾经"被"争夺过北军的领导权而被追杀。

但有趣的是，裴楷的声望却在这一次次的被追杀中越来越高。直到司马玮被杀，不乐名利的裴楷又被推举和不倒翁王戎以及老资格张华共管机要。裴楷屡屡想要外放，逃离京城的纷乱。却因为这种谦退的姿态和玄学名士的地位，成了一个被朝廷抓着不放的好用的偶像。王戎他爹王浑曾经帮他说话：名臣不多，应该尊重他的志向，朝内机要有王戎和张华就够了。裴楷请退，请尊重他的愿望。结果，裴楷却被加了光禄大夫，开府仪同三司——被供得更高了。

但是，就从裴楷屡屡想要逃开却又总是被供起来可以看出，玄学家们逐渐变成了道德的正统，成为政府默认的模范，在这个礼崩乐坏的时代，他们所表现出的美好品质成为大众行为准则的标杆。

例如裴楷。司马玮奉着贾南风的指令杀司马亮的那个晚上，裴楷也在被杀的名单上。他慌忙出逃，狼狈地藏在老丈人王浑家里，一夜挪了八次地方。不过，逃命的时候他一直带着司马亮的小儿子。他因为杨骏而被牵连下狱的时候，他的镇定自若好像是"玉人"嵇康和李丰的翻版，别人呼天抢地的时候，只有他神色不变地索取纸笔给亲人写绝命书。

《世说新语》容止篇在编排一个人的体态容貌时，总是喜欢以玉喻之：说嵇康是"其醉也，傀俄若玉山之将崩"；说李丰，是"颓唐如玉山之将崩"；说裴楷是"如玉山上行，光映照人"。被《世说新语》以"玉"形容的，总是那些在纷扰世事中却镇定自若的人。

卫玠

身披美貌和荣耀,看到永恒的悲伤

卫玠是西晋时候典型的世家公子——出身好,长得好,派头也好。史载,他肤白而美。卫玠的帅哥舅舅王济与他一道出游,也自惭形秽。说他身边的卫玠,是"明珠在侧,朗然照人"。卫玠的祖父是卫瓘,老头子很能活,以平蜀之后杀邓艾、害钟会一举成名,到八王之乱中与司马亮一同被杀,老人家也算是"看惯了刀光剑影"。但卫玠的一生,却"远去了鼓角争鸣"。

当时世家公子的成长,有两个套路:一条是靠着父祖的功勋平步青云,位至公卿。还有一条,是发扬其家族对某一门学问的解释权,掌握舆论。有两条腿走路的,成就了裴頠等既留下哲学著作《崇有论》又在政坛混得不错的"有中国特色"的翩翩佳公子。也有对二者都不感兴趣的,比如荀粲。荀粲是曹操的首席谋士,后来汉献帝的尚书令荀彧的小儿子。他对读经不感兴趣,对父兄的谨守礼教大感不满，曾经扬言，他最感兴趣的，只有美女。求仁得仁，他果真娶到了一个美女老婆——曹洪的女儿。从此一心一意爱美女，成了言情小说里男主角的鼻祖。有一回，荀粲的老婆生病发烧，为了让老婆退烧，荀粲大冬天的站在院子里挨冻，再跑回家去抱着老婆。如此再三，荀粲也被折腾死了。

卫玠也是这样的痴情人，不过他痴情的不是感情，而是人生。

卫家是一个书法世家。中国的书法从隶书变为楷书的过程起于东汉蔡邕，完成于东晋王羲之。传说是钟繇的学生卫铄传书于王羲之，卫铄的书法理论《笔阵图》将书法中的点横撇捺分别比拟为高峰危石、千里阵云、百弩连发和万岁枯藤。而卫铄是卫玠的姑姑。

旁人眼里过目即忘的风景，在他们那里却成了细细揣摩的对象。卫玠也继承了这种心思细腻的天赋。卫玠长得玲珑剔透，被称为玉人，身体又比较弱，倒是有点像林妹妹。他小时候去乐广家玩，拉着乐广的衣摆怯怯地问：人为什么会做梦呢？

乐广是当时名重天下的大哲学家。但这个问题，还是把他吓了一跳。没想到一个小孩子居然问出了他从没想过的问题，颇有点狼狈。乐广想了想回答："梦是想。"卫玠又问："那我从没有考虑过，也没有碰见过的事情出现在梦里，也是因为想吗？"

乐广被这一个典型的以子之矛攻子之盾的苏格拉底式诘问给问倒了，竟然不知如何对答。但是小孩子嘛，好哄，当时乐广家正有一个也是总角之年、言笑晏晏的小女孩，于是乐广便招招手,向小姑娘道,你们小朋友们一起出去玩吧!

卫玠乖乖地跟着小伙伴走了。但是没多久就病了,因为乐广没给他满意的答案,而他自己想不出来,所以想病了。乐广听说了,又吓了一跳,赶紧跑进书房问古人,然后揣着一本《周礼》直奔卫家。

"梦有六种。第一是正梦,无所感动,平安为梦。第二是噩梦,惊愕而梦。第三是思梦,日有所求,夜有所想。第四是寤梦,醒着时候的幻想,白日梦。第五是喜梦,高兴而梦。第六是惧梦,恐惧得梦。"

这解释是刘孝标为《世说新语》做注的时候给出来的,当时乐广说了什么,终究是个谜。不过,乐广看着一脸病容却两眼放光的小卫玠的时候,心里定下了个主意,他家的小丫头有丈夫了。

卫玠成长的那些年,是晋武帝太康到晋惠帝永熙时代,是从汉末以来,中国少有的太平、统一的年代。但是,也有傻瓜太子和齐王攸代表的两个储君集团的斗争,晋惠帝继位之后贾南风依靠潘王与杨骏集团的斗争,加上越来越多的彪悍的少数民族们开始内迁,"金谷俊游,铜驼巷陌"之下正聚集着危险的漩涡。

敏感的卫玠在一片承平之下看到了这些危险。作为卫恒的二儿子,他不必像长子卫璪一样不管愿意与否都要继承那个兰陵郡公的爵位,他有贵族的名声,有宽裕的生活,可以更自由地去选择自己的人生。他是聪明的,但他对于当下世情的态度不是忧虑,而是悲伤。卫玠拒绝担任任何的官职,他跳过了入世救济的这一环，他选择看懂人生无论怎样活都会归于寂灭的悲哀。他的这种悲哀只有在和朋友们谈论哲学问题的时候才能得到缓解。人生如此短暂，如果不在死前把不清楚的问题搞清楚，死得冤不冤啊？

他把对于那些琐碎的具体事件的关注转化成了对抽象的形而上的关注，似乎这样就能增加人生的浓度。可惜卫玠并未留下文章，我们如今不能知道当年他们谈论的具体内容，但是从几乎同时代的王导热衷的话题可以略知一二。王导过江，最喜欢谈论三个话题：生无哀乐论、言尽意论和养生论。这三个话题几乎都开始于嵇康和向秀的辩论，从此成了名士们文化生活的一部分。卫玠的谈论未必给哲学史做出过什么学术的贡献，但是他在不经意间展示了一种哲学的生活态度：看淡。

历史上，看淡的人也很多。因为得不到，所以就嘴里说着，那有什么好的，装看不起。比如说被贬谪丢了官的人就要搬出陶渊明来聊以自慰，却故意忽视"不能"和"不为"之间的区别。但卫玠，这样的家世，这样的容貌，实在有太多可以"艳压群芳"的资本：瞧瞧和他同时代的贾谧那到处招摇的样子；再瞧瞧家世比不上卫玠却依然被粉丝们砸得满车鲜花水果的潘安；再看看卫玠，才能了解他的谦退。

卫玠对于生命的本质是悲观的，所以这个看透的人，不以物喜，不以己悲。他曾经说过，如果有人事情做得不够好，那么就宽恕他，如果有人冒犯了自己，就对他说道理。他是一个终身没有大喜大怒的人，也是他的时代那些张牙舞爪的中朝名士中的另类。卫玠不仅得到了男人们"卫玠谈道,平子绝倒"的称赞,也得到了少女们的追捧。山涛的儿子山简在卫玠的妻子去世后,迫不及待就把女儿嫁给了卫玠,全然不顾那时候卫玠正带着老母狼狈地从破败的洛阳逃难去武昌的王敦那里。

在一个官本位的社会,卫玠的淡然是忽视传统的勇气,也是内心的坚持,更是一种贵族式的矜持。那已经不是竹林时代强调个性,与主流作对的武器,他是真的觉得那不重要,不是他想要的人生。

他推却了一切做官的邀请,实在推辞不了的时候,才在怀帝永嘉年间,在刘渊、石勒就要推翻晋政权之前,做过太傅西阁祭酒、太子洗马。太子洗马理论上是个重要的职位,相当于东宫图书馆馆长,在太子太傅、少傅常为荣誉虚职的时候,太子读书有不懂的问题大多会询问太子洗马。在正常的年代,太子洗马该是太子党的官方称呼,也是太子登基之后辅佐执政的中坚力量。只是在当时,他这个太子洗马恐怕就真的是个"弼马温"差不多的职位了。"太傅西阁祭酒"是给太傅司马越做参谋的官,以卫玠的敏锐清淡,自然看出了司马越把王导他们派到江南去和司马睿搞关系,是准备带着皇帝和一朝廷的官卷铺盖跑路。因而很快他也带着母亲渡江去武昌投奔他的好朋友谢鲲去了。

卫玠的生命在这次渡江之后接近了尾声。让贵介公子主持一家仓皇的逃难实在有点为难文化人。况且卫玠又是个体弱的文人,在武昌还未缓过气来就被精力旺盛的谢鲲拉着辩论了一晚上。卫玠看此时屯兵武昌的王敦不是个厚道人,还未安顿下来,又决定往南京去投奔王导。辗转奔波，又有源源不断慕名而来拜访他的人，还没到南京，体弱多病的卫玠终于一病不起，留下一个"看杀卫玠"的传说。

这个总是对人温和宽容的人，大概很不会拒绝江南名士们的拜访。只是，无论多么热闹的场景，他恐怕总是寂寞的。他没有把寂寞告诉过任何人，除了江水："见此茫茫，不觉百端交集。苟未免有情，亦复谁能遣此。"是他在江边，面对着如斯而逝的江水的喃喃自语——这样茫茫的江水杳然东逝，让人不禁百感交集。古往今来，那么多人面对着这同一条江，只是，谁又能宣泄得了心中这些感情？

中国人，从自然中发现心灵的回响虽不能说从卫玠而始，但一定是从卫玠开始变得如此深情。他看见天地四时亘古不歇的流转，也看到自己的渺小，看见朽坏转瞬即来，但依然想留下可以与山川江水共存的东西。如何能够不百感交集？

后来的初唐诗人陈子昂登上幽州台，看到山川似旧时，却已经朝代更迭，几经沧桑。他大概想起了卫玠的这一句话，于是说：前不见古人，后不见来者。念天地之悠悠，独怆然而涕下。

谢鲲

见鬼的勇气

魏晋时候对胆大的定义相当另类,不是传统的"千军万马中取主帅首级的万夫不当之勇",也不是孔老夫子说的"临事谨慎,好谋而成"。要比胆大,就来见鬼。

嵇康曾经出门旅行,夜宿荒郊野外。半夜三更手痒弹琴,有客不请自来,嵇康浑不在乎地与伊探讨了半天琴艺,还学了一支曲子,天色将白,客飘然而去。乐广在河南尹任上的时候出差,前不着村后不着店的,住过一栋闹鬼的屋子——半夜三更大门会自己打开再自己阖上,却没有一个人影。这栋凶宅别人都不敢住,只有乐广先生住在里面。结果某个闹鬼的半夜,他潜伏在门边,大门自动打开的时候一个健步冲上去,抓住了一只玩大门玩得开心的狸猫。阮瞻先生与客辩论,"天底下到底有没有鬼",阮瞻口若悬河,逼着这只不服气的鬼当场现了原形……

谢鲲先生的见鬼经历更加彪悍，他不是不怕鬼，而是鬼见愁。

那已经是谢鲲的中年时候，他南渡投靠了王敦，住在豫章。某一天出行路过一个荒郊野外的驿站，四壁破败，布满蜘蛛网。已经是半夜三更，走累了的谢鲲决定就地露宿。谢鲲投宿前收到了严肃的警告：这个驿站以前经常发生血案——此处有鬼，请勿停留。但如同那个偏向虎山行的武松一样，谢鲲也对这警告充耳不闻。不过武松是喝多了，谢鲲是不知死。

自带优越感的出身，让谢鲲年轻时候就无视规矩。谢鲲的父亲是国立皇家经学院的校长。他出生在晋武帝太康元年，这一年全国统一了。虽然谢爸爸没应景给儿子起个"谢国庆"之类的名字，但是成长在贵族家庭里的谢鲲先生确实享受到了繁荣的成果。谢鲲是个聪明的孩子，他很小年纪就通《老子》《庄子》，并且凭借着出色的外形、辩论水准和音乐修为被如嵇绍、王衍之类的名人夸赞，迅速进入了文化界最顶尖的沙龙。但是这些优越感造成的结果却是：喝酒吃肉玩女人。他邻居家的女孩子长得美，谢鲲就天天趴在窗户上面看她织布，顺便挑逗人家。开始女孩子半推半就不理他也没赶他——窈窕淑女君子好逑也是件满足女人虚荣心的事情。可是谢鲲会错了意，以为自己的攻势不够，为了搏出位大概唱起了类似"十八摸"之类的色情段子。女孩一听怒了，觉得自己被冒犯，"嗖"的一声把织机的梭子往谢鲲面门砸了过去，避让不及的谢鲲砰地被敲下两颗门牙。

缺了几颗牙，谢鲲也无所谓。人家都嘲笑他偷鸡不成蚀把米的时候，他依然洋洋自得地吹着口哨说，还能吹口哨呢，少了几颗牙有什么关系。

被劝诫驿站有鬼的时候，谢鲲大概心想，鬼，能比我邻居家的小姑娘还吓人吗？

于是住了下来。半夜三更，睡意蒙眬间，谢鲲听见有人喊他名字，让他开窗户。这声音细细弱弱，像是孩子又像是女人。谢鲲透过破窗户看过去，外面隐隐约约一团黄色，大概是个穿黄衣服的鬼。谢鲲以迅雷不及掩耳之势右手疾出，咔的一声折断了鬼的肩胛骨（鬼也有骨头吗？），仔细一看，是一头鹿。谢先生有点遗憾：碰上一只冒牌鬼。不过老夫聊发少年狂的谢先生一路追出去，居然猎获了这只鹿。从此这个驿站再也不闹鬼了。

仔细想起来，好像魏晋时候的鬼资源特别丰富，特别是名人们动不动就碰鬼。对于正统的"敬鬼神而远之"的教导，魏晋人都不怎么买账。在曹丕的时代，他就主持编了一本《列异》，稍微晚一点，干宝也借着这个潮流写了本《搜神记》，成了当时的畅销书。

有意无意地撞鬼就像是一场为了证明勇气和淡定的真人秀，在面对不可知甚至恐怖的时候给庄子式的人格定力打分。

谢鲲他聪明，他勇敢，他家里有权有势，他不在乎礼教与风评，他连鬼都不怕。于是，他成了个纨绔子弟。依照孟子先生"天将降大任于斯人也，必先苦其心志，劳其筋骨"的说法，谢鲲先生就是被大任抛弃的那类人。谢鲲和他的朋友们，是西晋有名的"八达"，这些人放纵享乐，甚至光着身子跟猪一道喝酒。

可是上天又想了想，还是不舍得放弃谢鲲这样一个好苗子，依然决定要苦一苦他的心志，劳一劳他的筋骨。反正，谢鲲匪夷所思地倒了大霉：差点在洛阳的大街上被长沙王司马乂用鞭子抽一顿。

司马乂是司马炎的第六个儿子，是一个很酷的少年将军。将军名士，本该惺惺惜惺惺，但是这天宵禁，司马乂听说谢鲲要出城，于是怒不可遏地要抽他。这是晋惠帝永兴年间，正值"八王之乱"。司马乂已和在城外的司马颖血战了两三个月，司马乂杀了司马颖起码六七万人。中间有过两三次调停，没有任何作用。此时战争进入僵持阶段，攻守任何一方的日子都不好过。这种时候一个大名士要在宵禁之夜出城，挑动了司马乂已经不堪重负的神经：他难道要出城投降吗？！谁劝也没用，一定要抽他！谢鲲又是那副"老子不怕"的性子，不紧不慢地在大庭广众之下施施然解开衣服：要抽就抽吧。

谢鲲的脸上镇定，内心惶恐。他对司马家的争权夺势没兴趣，但是司马家的几个野心家对利用名人制造社会舆论充满了兴趣。谢鲲以为不管谁当皇帝他只管做他的贵族公子就好，却发现，政治这东西，就像流感，他不去惹它，也没法不被传染。纨绔子弟终于发现，他眼不见为净的好日子就要结束了。

再过两三年，朴素的北方少数民族蜂拥而至，占领汉人们好不容易建设起来的首都洛阳。谢鲲无奈之下，与他的好朋友们做出了一样的选择，渡江，去南方。

过了江的谢鲲首先投靠了在武汉有军队的王敦，他们少年时候在洛阳的沙龙里有些老交情。但很快谢鲲发现王敦对于糊里糊涂就当上皇帝的司马睿很不服，也想弄把龙椅来坐一坐。司马睿也对王敦不放心，想用刘隗和刁协都督青、徐、幽、平四州军事，对抗王敦占领的荆州。长江上游的王敦当然受不了下游有人要断他的路，想要找一个冠冕堂皇的理由来除掉不听话的小皇帝。

借口很快就有了：清君侧。有了借口再有名人的支持，王敦就可以出发了。这个名人，自然就是谢鲲。

谢鲲决定仔细想一想。他可以不管不顾随便王敦去闹——这也的确是谢鲲年轻时候的风格；或者是卷铺盖再往下游去投奔别人——像卫玠曾经做过的那样。不过和统一的国家同岁，又眼睁睁地看着这个国家再次走向分裂的谢鲲忽然发现，儒家那些往死里委屈自己的信徒也有他们的道理：自我牺牲换得社会的体面秩序虽然不够"酷"，但却是保持安定团结的最好方式。于是，在他的中年，谢鲲忽然决定老老实实地承担一回社会责任。他得说王敦几句：

刘隗、刁协都是城狐社鼠一类的人物，一点风吹草动他们就抱头逃窜了，用不着你带着这么多兵浩浩荡荡地杀将下去。你要是在祭祀的场所为了捉老鼠狐狸就放火放水，可不是为民除害，这是破坏社会秩序。

王敦真心火大：不指望你高唱凯歌好歹你也说一句"您做得对"吧！这么一通废话，岂不是让我自讨没趣另找理由出兵？气愤的王敦决定把谢鲲赶到豫章去做地方长官，想想又舍不得：等哪天再找个理由去掐司马睿，也还得这位名人点头帮忙啊。不过最后他没想出来什么别的招，还是用蛮力逼着谢鲲和他一道杀到南京去了。

秀才遇到兵，有理说不清。这是书生的困境。管你这个书生如何风流倜傥才冠京华。

王敦在南京充分暴露了他敌视文化人的本性：周顗和戴渊因为不愿意做他给的官都被杀了。周顗是谢鲲一个真正臭味相投的好朋友：他们都喜欢脱了衣服喝酒，想到什么说什么，有赤子之心。王敦杀周顗的时候谢鲲不知道，知道之后悲恸万分，像是自己死了一回，对王敦也痛恨至极。

不过，就算他知道，也没有任何办法。谢鲲在痛恨之余，只能更深彻地认识到那个书生的困境——名声和个性都是他曾经引以为傲的东西，但它们只给他带来了灾祸，却没有能够救得了他的朋友。在这个世间风云变幻的时候，谢鲲自身难保，却开始了对整个人生的反思。也正是这时候的风云变幻，让谢鲲的反思显得鹤立鸡群。

王敦在南京，百官噤声。没人敢说他的不好，更别说劝诫。连皇帝都只能指望他撒完了野赶紧回他的荆州去，别把他这个皇帝罢免了就谢天谢地了。因为大家都明白，王敦要保持强悍的军事优势，他就不会让出荆州。不让出荆州，他迟早就得回去——因为他没有心腹去替他镇守。南京，迟早是要还出来的。因而王敦在南京不讲礼数，甚至不朝见皇帝，所有的人也就都睁只眼闭只眼。

只有谢鲲站出来了。他撩妹的勇气这时候让他犯颜直谏。他对王敦说：你还是去朝拜一下皇帝，这样才和你的不世功勋相称。要不然，人家要说你的坏话。你要是去，我陪你。

王敦不愿意，他不傻，知道自己一进宫一定被捉起来。和战乱时代的所有将领一样，王敦不愿意离开自己的部队。连谢鲲主动提出来做保镖也不予考虑。不仅如此，王敦还放了一句狠话，"我就算杀了你们这几百个名人，我也照样是王敦，谁敢说我的坏话？"

这个故事很快传了出去。大家对这个曾经的"洛阳坏小子"的观感一百八十度大转弯，不仅称赞他的勇气，还为他感到担心。但是很快，大家的担心就变成了劫后余生的庆贺：王敦回武昌去了，并且带走了谢鲲。

四十出头的谢鲲因为不讨王敦喜欢而终于有机会去做他的豫章内史。玩世不恭的少年忽然转向，开始走起好好学习天天向上的路子——他勤于政务，清正廉洁，百姓爱戴。只是谢鲲的转变并没有带来一个大家所期盼的"大团圆结局"：没有多久，谢鲲就死在了官任上。

有意思的是，谢鲲死在湖北，墓却在好几年之后移葬南京。现在南京的六朝博物馆还可以看见谢鲲的墓志铭。史书上说，王导觉得这样一个风流人物葬在满是蛮夷的荆楚可惜了，于是力主移葬。但我倒是以为，王导也许和谢鲲心意相通，南京，是一个对谢鲲太重要的地方。那次南京之行是他的脱胎换骨：他开始承担责任，开始自我约束。那些从前与轻浮相伴的勇气终于洗去浮华，变成一柄明亮而锋利的剑，去披荆斩棘，去做对的事情。谢鲲的成熟来得虽然有些晚，但却很好。

庾敳

想过快活日子，得有个哥哥

庾家是个老派的望族。庾敳的爸爸庾峻是魏晋时候少有的正直到有些迂腐的人。按照庾峻的期待，他儿子庾敳应该是个疾恶如仇、犯颜直谏的人。可是，这个身长不满七尺、腰围却有十围的儿子却是个标准的做官不管事、热衷宴饮和沙龙的异数。更有趣的是，庾峻活得挺长，庾敳并不是个少孤的孩子，他爸总管着他呢！可是，在父亲要好好读书、天天向上，将来做大官为祖国和人民做贡献的教导下，庾敳基本不读书。他曾经翻过两三页当时流行的《庄子》，扫了几眼之后奇道："咦，这个人说的怎么跟我的想法一样？"从此以后就不读书了：读书不过是把自己的想法重新梳理一遍，浪费时间嘛！

于是出身不差，又有点个性的庾敳就和当时京城里其他游手好闲的少年组成了"京城四少"，这几个人分别是：庾敳、王澄、王衍和胡毋彦国。这几个人以行事夸张拉风著名：王澄听卫玠谈话持续扑倒，五体投地；王衍跟人谈话激动起来手挥着塵尾，羽毛乱飞；胡毋彦国更是脱了衣服吹风喝酒的代表人物，庾敳的生活状况可想而知。

只有足够聪明才有放荡的资本，庾敳聪明，并且对有才华的人非常真诚：他曾经称赞和峤，说和峤像他的舅舅夏侯玄一样，是一棵有疤痕的梧桐树——虽然有小缺点但必然是栋梁之材。八王之乱的后期，庾敳在司马越的阵营里做秘书长，这是秘书群里的第一把手，那时候他认识了后来成为庄子研究一代宗师的郭象。郭象当时并不是个高官，但是庾敳对他的学术水平称赞有加，还断定，他庾敳的位子郭象也能坐得。

可惜，庾敳的理智却不是行为的绝对领导。很多时候，他知道了装作不知道，我行我素依然。王衍并不是特别喜欢他，对他只能算是客客气气、礼让有加，但是庾敳却对王衍称兄道弟，恨不得邀请王衍穿一条裤子。王衍有一回实在忍不住对他说，你能不能别这么热情啊？让人吃不消。庾敳笑笑，回答他："你对我彬彬有礼是你的事情，我对你称兄道弟是我的事情，我心甘情愿，关你什么事情呢？"

所以，当庾敳也开始一本正经地关心国事的时候，他的亲朋好友就要紧张了：生逢惠帝、怀帝的乱世，看到国内军阀火拼，国外少数民族虎视眈眈，庾敳写了首《意赋》，表达对晋朝就要被少数民族和军阀混战颠覆的忧虑。就像汉代贾谊做长沙王太傅时，看见一只猫头鹰飞到他座位旁边，认为是凶兆，自己命不久矣，写就了《鵩鸟赋》。

他的侄子庾亮当时非常担心这个他很喜欢的叔叔：一个醉生梦死、不管不顾的人忽然表现出忧国忧民，难道是受了什么刺激吗？庾亮是个聪明的孩子，他以一种佛家打机锋的方式问出了他的担忧：你写出来的文字是不是你心里所想的？如果是，那么写出来的不能完全表达心里的意思，如果不是，写了不是白写吗？

当时流行"言不能尽意"的说法。但是庾亮实际上只想问问，你是不是真的像《意赋》里表现的那么悲伤？

庾敳的正经劲儿就这么一闪而过，又恢复了惯常的吊儿郎当。在国家即将颠覆的时候，谢鲲变正经了，王衍变正经了，怎么庾敳还这么不正经呢？他那个严肃的老爹怎么没有打断他的腿？秘密在于，庾敳有一个正经的哥哥庾珉，承担起父亲对于好孩子的期待，谦让好学，严于律己，宽以待人。在晋怀帝被刘渊俘虏了之后还忠心耿耿地随侍在侧，最后因为一次和刘琨里应外合逃跑未遂而掉了脑袋。

作为老三的庾敳充分地享受到了更多的宠爱更少的责任，保证家门不堕的任务自然而然地落在老大庾珉的身上，父亲对于家族未来的忧虑和希望，父亲的言传身教，化身成鞭子皮带也大多落在了长子的身上。在庾珉的身上，基本没有个人的空间，他被一个大家族的责任塞满，为了继续保持家族在贵族名单上而循规蹈矩。庾珉的自我牺牲，换得庾敳拿到上流沙龙的入场券，活得恣肆洒脱。

同样的事情也发生在卫家。不想当官的卫玠有哥哥卫璪承袭老爷爷卫瓘的爵位，老老实实地给皇帝做秘书，规规矩矩跟着怀帝去给刘聪做俘虏。长子的责任，卫玠在南渡前说得明白，他和卫璪在江边诀别时，拉着他的手说，"忠义是人们看重的品德，现在到了你殉道的日子，加油吧。"

长子的职责是闯天下，谋生存，为国家尽忠。哪怕豁达如魏晋时代，在这些名士眼里，也是理所当然的。长子是家庭和国家的妥协：不是说，忠孝不能两全吗？那就把长子送给国家，去为皇帝出力，把小儿子留在家里，代替长子尽孝。在魏晋，家里死了双亲需要丁忧的时候，如果少子在家，长子就可以不用辞职回家，这是个不成文的约定。到后来，父母对于常常在家的幼子给予更多的仁慈和关爱，这造就了个性诡异的孩子都不太会是大儿子的定律。

一部魏晋的风流，如果不是孤儿的风流，大多是非长子的风流。小儿子们总能够别出心裁另辟蹊径，而不用担心遭到老爹的谴责：开先河的是荀彧的小儿子荀粲，发扬光大的是王衍的弟弟王澄，卫璪的弟弟卫玠，以及石苞的小儿子石崇。还有一个人，本来已经在山里盖了别墅，指望做官做得风生水起，官至安西将军、豫州刺史的哥哥罩着他玩乐一辈子。没想到，人算不如天算，哥哥吃了败仗，家族地位忽然衰落，振兴家族的责任落下来，让他在特立独行了半辈子之后忽然得一肩提起家族荣辱的责任。

这个人，叫谢安。

王承

人生何必处处"艳压"

王承是个神秘的人物,爷爷和父亲是声名显赫、叱咤风云的王昶和王湛,儿子和孙子是后来更有名的王述、王坦之。

王承自己被当时的人广为推崇,谢安四岁的时候曾经被认为有王承的遗风而出了大名。但是他在历史里却安静得几乎销声匿迹。

写历史的定律有时候和写小说差不多,不去浓墨重彩的内容不一定不重要,但一定缺少惊心动魄的戏剧性。有料的历史人物一定要毁誉参半,或者被政敌斗得命悬一线,或者干脆就郁闷而死。但是王承显然缺少这些看点。他华丽,但是低调。

王承是太原王氏的继承人。在他的年代,太原王氏总是被拿来与琅琊王氏对比。琅琊王氏因为王羲之父子在书法史上的重要地位,更为人熟知。但太原王氏却从魏晋一直兴旺到隋唐,从曹丕时期的散骑侍郎、兖州刺史，到曹睿时期的关内侯，一直到唐初，依然是有名的"七姓十家"之一。琅琊王氏的华丽优雅像是爱马仕的丝巾，一针一线的精致让人禁不住顶礼膜拜；而太原王氏的华丽低调如同普拉达的旅行包，看上去是朴素的纯黑色没有任何装饰，却在笨拙间透出一种无法复制的矜持典雅。

王承是一个低调踏实的人，是魏晋名士中少有的优秀的地方长官。他是在东海太守的任上出名的，所以后来人总喜欢叫他"王东海"。

东海在山东至江苏一带。王承在东海因为两件鸡毛蒜皮的小事所显出的宽容而被广泛赞扬，成为"名流"。曾经有一个小吏偷官府鱼池里的鱼，结果鱼没吃到惹了一身腥——被发现了。人被捉到王承面前，王承想着为这种小事翻律书惩罚人家很无聊，却也要引经据典讲点道理。于是用当时流行的"春秋决狱"的方式引用了一个典故：据孔老夫子说，周文王的苑囿可以让百姓随意进出，里面的野兽和池鱼可以让百姓随意取猎。现在，人家不就是钓一条鱼吗？朝廷应该有向周文王学习的度量。于是就把偷鱼的小吏放了。另一件事情，是晚上宵禁。城门下钥之后有人想要强行出城结果被逮住，王承一问，原来是晚上读书放学迟了，想要回家。读书人的事情偷都不能算偷，何况人家是因为心好学呢？王承又说，这是个宁越一样的人物啊，赶紧好好送回家去，弄不好将来能成为帝师。

王承这一套宽容的执政方略直接影响了后来在江南执政的王导。这种小错不罚、大错小罚的方针在社会动荡的时候是团聚人心的特效药。所以在"太原王"与"琅琊王"互掐,争谁是第一家族的时候,琅琊王氏的继承人王导不仅没有对王承处处"艳压",反而对王承推崇备至,感情很深。王导出去玩、开沙龙一般都会邀请王承。有段时间,王导、王承和阮瞻还组成了铁三角,到处旅游。王衍也喜欢王承,认为他奉行了一套体面又风雅的治民策略。王承在王衍心目中甚至可以和清雅的乐广相提并论。

王承启发了后来的东晋名士,将个人生活与执政理念区分开。个人崇尚自然,执政宽厚却有秩序。于是东晋的名相,无论王导还是谢安都没有染上王衍他们那种占着官位不干事的恶习,也没有染上贾充那样说一套做一套、表里不一的恶习。难怪后来人们要将谢安比王承。

王承的低调也影响了他的儿子,王述。一般来说,出名要趁早,在聪明人堆里要出名就更要趁早。魏晋时候有四岁就能让梨的孔融,十七岁被邀请做黄门侍郎的王粲,以及二十出头写出鸿篇巨制《老子注》《周易注》的王弼。但是王述是个另类。王承对于王述好像并不用心,没有急切地把他培养成一个横空出世的少年天才。更糟糕的是,他小时候很沉默,在一个崇尚光芒外露的时代,就显得有点痴呆。他像是只飞不起来的大鸟,在出生即会飞的燕雀中,显得格格不入,笨手笨脚。

太原王家承受的压力可想而知。王导看他是王承的儿子,同情地给了他一个秘书的工作。王述在王导的秘书圈里面显得很愣,所以更被笑作"痴人"。直到有一天王导和秘书们座谈,说什么底下的秘书们都频频点头,七嘴八舌地夸王导说得对。只有王述一个人坐在后面慢吞吞地说,"你又不是尧舜,哪能说什么都是对的呢?"

王导一惊:这孩子看样子不是傻,而是大智若愚的老子式人物,立刻刮目相看。而王述碰上王导也是幸运:碰上一个心胸狭窄的领导,王述的这番顶撞肯定让他吃不了兜着走。好在这是魏晋,嫉妒是最让人瞧不起的罪。因而王导心思坦荡地将王述引为得意后生。

王述的修养没有辜负王承对他的教导,也没有辜负王导的喜爱。有次,王述因为小事惹到了谢安的哥哥谢奕,结果被谢奕追到家里一阵大骂。王述没有出去对骂,也没叫人把谢奕赶走。就只是面对着墙听着他骂。直到外面再没声响,王述估计是谢奕骂累了,才转头问家里人:他走了吗?家里人点头,王述就又神情自若,没事人一样该干吗干吗了。

后来王述生了个了不起的儿子王坦之,宠爱得不得了,王坦之成年之后,王述还把他抱在膝盖上坐着。不过王坦之倒是也成才了,和谢安一起在阻挡桓温代晋的事业上并肩作战,颇有时誉。那是后话。

乐广

才华、德性都抵不过命

与大部分从心所欲的中朝名士不同，乐广从出道起运气就不太好。乐广的父亲乐方曾经是夏侯玄的参军，乐广的年少知名是因为八岁时与夏侯玄在路上的偶遇，夏侯玄毫不吝惜地对乐广的父亲赞扬道，你儿子神姿朗澈，将来一定能成为名士，虽然你们家穷，但一定要让他有书读，他会给你争气。

别人求都求不来的名人点评，乐广小小年纪就碰上了。本来这是他领先同时代人骄傲的资本，但是夏侯玄从做征西将军开始，政治生命就几近结束，几乎是自身难保，自然也就没有功夫顾及小乐广。而在高平陵政变之后的不久，所有曹爽、何晏、夏侯玄的故吏都遭到了政治清洗，更不用说还没登上政治舞台的乐广。

小乐广的这个名，出得前所未有的尴尬。

一直到晋武帝司马炎年间，羊祜、山涛领导的名士复兴运动方兴未艾，朝廷开始推行宽容政策，团结从前被打入冷宫的那批名士，乐广才有机会由裴楷推荐给贾充，做了他的太尉掾。

但这次职务安排却很奇怪。这时候，反贾充的庾纯、张华、向秀、和峤，和贾充的亲信杨珧、王恂、华廙等在朝廷上已经闹到势不两立，掐架掐得不可开交。作为出身纯正的小名士，乐广明显与张华、和峤这些人更亲近些。裴楷可以把他拔擢起来留着自己用，也可以推荐给已经是组织部长的山涛，或者送到反对贾充的前沿阵地皇家读经学院去。但是裴楷却把乐广给了贾充，而贾充还挺乐意地笑纳了。这时候扔一个小名士到事功派的大本营去，裴楷要不然是想促成两派的和解，要不然，乐广就是去"潜伏"的。

无论是这两者中的任何一个，乐广都没办法像典型的中朝名士一样喝酒吃肉不管事。他的名士风度只能表现在朗澈的气质中，但他必须杜绝一切可能让贾充们侧目的名士习气。甚至，在崇尚口若悬河的时代，乐广必须三缄其口，敏于事而讷于言。乐广在贾充那里很受欢迎，卫瓘（卫玠的爷爷）见过他之后惊讶于他身上竹林时代和正始时代的灵气，激动地把他的几个儿子都叫来瞻仰乐广的风度。中国人一向厚古薄今，能被人评价有古风，应该算是最隆重的赞扬。

不管乐广的亲善或者卧底做得怎样，这次任职却在不经意间完全重塑了乐广的性格。让乐广从一个有何晏遗风的辩论家，变成了沙龙辩论时只说中心思想，没一句废话的简雅哲学家。虽然乐广话不多，但却是以简御繁的第一流辩手。

这次出仕也让乐广在中朝名士们普遍享受繁荣成果的时候，总是保持着清醒甚至警惕，他曾经在谢鲲他们脱光衣服喝酒的时候警告他们："遵循礼仪规定也有让你们快乐的空间，何必搞得这么夸张！"

总之，乐广的复杂经历让他将名士们的浪漫和政治家的谨慎合二为一，成了又一个在中朝时候少有的拥有良好政绩的名士地方官。

他在做官期间，看着什么事情也没有做，但是在每一次离任之后，老百姓都会想念他。一般历史书上出现这种评价的人，都是黄老派的政治家，将来都要飞黄腾达，至少进入中央政治局。比如说西汉武帝年间也好黄老的汲黯在东海太守任上抓大事，不苛责小事，天天睡在家里不出来干活。但一年之后，东海郡政绩优异，结果很快被提拔进了政治局，被汉武帝封了主爵都尉，做了九卿之一。乐广也是一路官运亨通，在元城这个地方因为政绩优异被提拔进了中央秘书处，做了中书侍郎，后来又做了太子中庶子。之后大概是在晋武帝"维稳"的要求下离开中央去做了首都直辖市市长河南尹，总揽首都周边的政治工作，保证朝堂上的政治斗争不会破坏首都的安定团结。乐广的仕途是很典型的地方锻炼，中央提拔，再锻炼，再提拔的路子。河南尹之后，回来很可能就要去做组织部长之类的要职。

但是乐广很快就发现，在这个动荡的时代，名声太大会让人身不由己。于是在河南尹的任上做了一段时间，乐广想要急流勇退，按照惯例要上一个《让河南尹表》。

魏晋名士有个共识：清谈潇洒，做书辛苦。所以这些名人们不如两汉的经学家们以关门做注、皓首穷经为人生第一要务。在中朝名士这里，清谈都只是酒席上或者郊游时的玩乐项目，更何况要花更多脑细胞的写书。乐广在做贾充秘书的时候和同一个办公室里工作的潘安关系不错。潘安是个文青加好秘书，热爱写写画画。于是乐广就对潘安说，我不会写文章，我来大概说个意思，你替我写个《让河南尹表》吧。结果这封乐广口述、潘安笔录的公文一时间洛阳纸贵，成了当时的名篇。

可惜，文章轶事出了名，但乐广的忧虑却成了真。他的名声又一次把他抛到了里外不是人的境地。八王之乱，赵王伦杀了贾后，自己都督中外诸军事。魏晋时候，一般官做到"都督中外诸军事"的，就已经是掌握全部军权，如果再加上"录尚书事"，便是国家军委主席加国务院总理，算是到了把皇帝赶下台的边缘。后来的桓温、谢安都曾经到达过这个极点，不过他们脑子都比赵王伦清楚一些，没有越过那个界限。只是赵王伦以为自己姓司马就有了名正言顺当皇帝的资本，于是在诛杀贾南风之后顺便废了晋惠帝，给了他一个太上皇的名称，自己准备做皇帝。这时候就要像历代的禅位一样，找一个德高望重，在朝在野都有好名声的人来做佐命传玺的事情，证明一下这个新皇帝也是有德有才，很有名望和号召力的。赵王伦满朝一瞅，选中了乐广。

也有如王戎一样资格更老的老臣，未必不比乐广更合适的。司马伦这回一定要乐广传玺，是等着看他的笑话。事情还得从贾后和愍怀太子的恩怨说起。赵王杀贾后的由头是贾后杀了愍怀太子，绝了他们司马家的龙脉。但是怂恿贾后废了愍怀太子，再怂恿贾后杀太子的人正是赵王伦。司马伦原来没想做杀自己家人这么极端的事情，原来的如意算盘是贾后废了太子之后，在朝的宗室就他一个，必然独揽大权。

可是司马伦算对了一半。就在他开始独揽大权的时候，朝臣们商议拥戴废太子来一次政变。司马伦一想，太子一旦复位，算完了贾后的账就得轮到自己了，只好一不做二不休，怂恿贾后杀了废太子。而这次未遂的政变，本来的打算是大批朝臣去和太子依依惜别之时暗度陈仓。这么一票人在首都组团晃荡当然是在乐广的监管范围之内。当时的司隶校尉满奋要求乐广把这些人抓起来押送监狱，但是河南尹乐广只是做了个样子抓了几个，之后就全部放了。这件事情在当时轰动一时，也让司马伦对乐广怀恨在心。

所以司马伦抓住机会要乐广好看：你不是很有正义感吗？这个传玺的事情你做是不做？

乐广很无奈地从了。再次证明怕苦怕累更怕死是人的本性，保命实在比政治立场重要得多。然而没有立场就更容易被逼进处处不讨好的死胡同，乐广的祸事由此开始，终于司马乂和司马颖的那次隔城对峙。

赵王伦篡位失败之后乐广代替王戎做了组织部长，但不久首都就被司马乂占领了。司马乂在和司马颖对峙的时候神经严重过敏，疑心病特别重，宁可错杀一万也不放过一个。乐广首当其冲：

乐广是司马颖的老丈人。

一点风吹草动，司马乂都要把乐广当做首席嫌疑人怀疑一番，乐广终于忍不住，对司马乂打保票："我们家有五个男人在城里，却只有一个女儿在城外，我怎么会以五个男人的性命去换一个女儿呢？"

司马乂不相信，还是常常突袭搜查乐广家，指望能够找出一两个被藏匿的间谍来。终于不久之后，乐广就在忧虑和气愤中死了。

有句话倒很合乐广的境遇：做官，要有德有才有机遇。可是在一个乱世，再多的才华与德性都抵不过世事难料。

王衍

卸了妆的人生

王戎有个堂弟,如同一个功率巨大的电灯泡,到哪里都很亮眼。因为他长得晶莹剔透,手拿麈尾扇,扇柄的白玉和手的颜色几乎没有区别。小帅哥很小就被家里的长辈带着见过当朝大佬羊祜,对答从容,不卑不亢,一举成名。

这,就是王衍。

王衍也有做公众人物的自觉,总想引领时尚潮流。他的时代流行哲学辩论——清谈。可是王衍的志向不在哲学辩论,而在外交。他的口才不错,喜欢学习战国纵横家搬弄是非获取利益的办法。这个爱好在大家一窝蜂地谈玄的时代挺另类,于是王衍又一次在人群中卓尔不群,闪闪发光。恰逢辽东太守职位出缺,当时的组织部长卢钦立刻想到了王衍,认为这是个人尽其才的机会,想要让王衍去守边疆,和少数民族搞好关系。原以为王衍一定欣然而往，没想到当时十几岁的王衍一听要离开繁华的首都，真的要去边远地区搞外交，十分害怕，拖延着没有去赴任。不上任也不是大事，反正当时大家都喜欢放鸽子不去做官，但是王衍就像是好龙的叶公忽然看见了龙一样，从此吓得不再到处谈论时事。

留在首都，就要进行活动。不能谈时事，谈一两场哲学问题是必须的。所以王衍转变兴趣苦修哲学。王衍决定师从当时有名的何晏王弼"贵无说"。但是问题就来了，王衍是个实用主义至上的人，"贵无"却要求用超脱的眼光看问题，所以王衍学得稀里糊涂，知其然不知其所以然。辩论场上每次都觉得别人说得有道理，赶忙改变自己的论点，说出去的话再咽回去。当时的人就给了他一个评价，叫"信口雌黄"。

学问他不行，王衍自己心里也清楚。他由承认听乐广言简意赅地概括事情的本质的时候，觉得自己的废话太多。当时有个诸葛宏，小时候从来不学习，被王衍清谈谈败了，王衍对他说，你天赋不错，好好学习就会有进步。结果这个诸葛宏去念了几天老庄再来跟王衍谈，就已经跟王衍不相上下了。但是水平不行还是得谈，这是大势所趋，要想有人脉，做大官，就得硬着头皮谈。人的职业不是由天赋和兴趣决定，而是由时代风尚决定。对于王衍这样一个常以孔子的出息弟子子贡自比的人，实在没有什么道理退出这套看上去无比超脱实际上却非常现实的清谈（做官）系统。

才华有限，想要爬得更高又不肯出苦力，只好在婚姻上下功夫。本来，杨骏很看好他，想让他做女婿。做了杨骏的女婿就成了和司马炎一辈的表连襟（司马炎的第一个老婆是杨骏的侄女），王衍的地位立马扶摇直上。但王衍是拒绝的。后来，司马炎娶了杨家两个女儿，一个是杨骏的侄女，一个是杨骏的女儿。杨骏原来想嫁给王衍的那个女儿说不定就是未来的皇后，人品样貌肯定都很好。王衍退了这门好亲事的理由很有骨气：据说他很看重自己的清誉，不想在名士的头衔上再加上一个外戚，因而没有答应这个婚事。

更有可能的是，议婚的那会儿杨骏只是一个司马，家里好几个女儿没有儿子，没什么政治势力，王衍认为还应该再找一个更硬的靠山。果然，王衍娶了个非常有实力的女人：贾南风的表姐，郭氏。靠山是有了，但是日子过得就惨了。

郭家女性的彪悍是出了名的。贾南风她娘郭槐跟老公贾充是二婚。贾充的前妻是大名士许允的女儿，因为许允反对司马家而被流放。后来被赦免归来，郭槐为保地位追打老公前妻；后来，郭槐生了儿子，被乳母抱在怀里，贾充手贱，去逗儿子，被郭槐看到，以为是贾充在调戏乳母，一气之下，杀掉儿子两个乳母。郭槐的大女儿贾南风就更厉害了。不仅做了皇后之后独揽朝政，杀人不手软，更是在洛阳城里见到漂亮青年就逮回宫里自己享用。郭槐的二女儿贾午在屏风后面看家里宾客韩寿长得俊，立刻穷追猛打倒追，又是送奇香又是半夜爬墙去幽会。

王衍的老婆"系出名门"，自然也是极品——她彪悍又爱财。她曾经让家里的仆人把路上的粪都担回家来浇菜，被王衍的弟弟王澄知道了觉得太没面子，说了她两句，结果王澄被她追打得跳窗逃跑。还有一次，她在王衍睡觉的时候在他四周堆满钱，想看看这个清高得不行、嘴里从不谈钱的老公要怎么办，结果王衍醒来看见睡在钱堆里，敢怒不敢言，只能说，把这些"阿堵物"给拿开。王衍的日子过得憋屈成这样，实在是因为他没什么镇住老婆的威慑力。老婆一不高兴，就要跑到皇后贾南风那里告状，他就吃不了兜着走。可怜的王衍只好借着游侠朋友李阳的名字来吓唬老婆，她真正要做什么出格的事情的时候，王衍一定得跟在后面小声说，我觉得不可以，不仅我这么觉得，李阳也这么觉得。

到了杨家被贾南风联合司马玮杀掉之后，王衍心里暗喜：亏得当初没娶杨家女儿，要不然一定也跟着死了，自己这么多年的委屈也算没白受。却没想到，与郭家的联姻也有让他吃不了兜着走的日子，祸起萧墙，他被卷进了皇后和太子的家庭矛盾里。

王衍的女儿嫁给了晋惠帝唯一的儿子愍怀太子，但是这个太子不是贾南风生的。所以这个太子妃，就是个监视太子的间谍。为了把持朝政大权，贾南风一直想找个理由废了太子。而太子是个性格刚烈的人，也对贾后以及她一帮作威作福的外戚很是看不惯，也想找机会废后。这时候，赵王伦给贾南风献计：你把太子灌醉，让他手抄一份谋反的诏书，然后把这份诏书公之于众，就能废掉他啦！

贾南风一想，就这么着！

于是那天，太子奉命来到宫里问候身体欠安的父亲，被引到一间屋子里，灌了个醉醺醺，等到太子醒来，一纸太子亲笔写的彪悍手诏已经到了贾南风手里：

皇帝应该自裁，否则，我来杀；皇后应该自裁，否则，我来杀。我和我母亲谢妃已经约好一起发动政变，天地为证！

这份手诏发出去，天下哗然：大家心目中的太子不是这么傻大胆的人，但这确实是太子的字没错啊。到底是怎么回事，除了始作俑者，只有王衍知道。太子在中计之后，知道要倒大霉，赶紧派人把事情的原委告诉老丈人王衍，指望王衍能够靠着和贾南风的亲戚关系救救自己。结果王衍一看太子的秘密来信，当机立断地跑到贾南风面前大喊：我女儿要和太子离婚。

王衍算盘打得很清楚：调停是不可能的事情。这两方迟早是一个干掉一个，可是干掉哪一个我都要倒霉，不如趁着现在贾南风压倒太子的时候撇清和太子的关系，省得太子的密信一旦被发现自己也被牵连进去。对于实用主义至上的王衍来说，这不算一招臭棋。不过，跟与他同样声名在外的名士们一比，王衍吃相实在难看，风度丧尽。贾南风本来想杀掉太子，但是张华裴頠等重臣都持反对意见，最后只好改为废黜。太子被废的时候，好多大臣一路送出城去，被贾南风指使抓了起来。当时的地方官，洛阳市长乐广看见这些人被送进自己的监狱里，立刻手一挥，把人全给放了。

等到贾南风触犯了众怒，被黄雀在后的司马伦杀掉之后，王衍在朝廷有点混不下去了。从前，大家都不知道太子曾经向王衍求助，当真相揭开，王衍的落井下石明晃晃晾在光天化日之下。昔日名士，人人侧目。但王衍也很有急智：他学着王戎的样子，装疯卖傻砍了几个奴婢，疯子自然不能做官。王衍顺利蒙混过关，并且以"不齿赵王伦为人"的理由为自己的人品搬回一局。

躲了不久，赵王伦被齐王冏杀了，王衍又出来了。经过了成都王颖和东海王越的时代，中原混战打得不成样子，边境的少数民族又是起义又是内迁，也没人去弹压。更有王沈的儿子王浚这样本来该是中原屏障的安北将军为了自保，将女儿嫁给鲜卑的领导为自己在朝廷争取地盘。更不用说到处流窜的巴蜀流民集团。总之，是你打你的，我打我的，有两条枪就是将军，整个北方乱成一锅粥。

王衍又开始动起了歪脑筋：他建议司马越，放弃北方，经营南方去。于是秘密地往南方派了王澄、王敦，一个放在荆州，一个放在青州，都搞军事。又把王导派给司马越，往南京扬州去，补充钱粮，狡兔三窟。

当时，司马越把全国的精锐部队和有名的人才都调集在自己的周围，洛阳几乎没有防守力量。有大臣周馥要求皇帝迁都寿春，但是王衍坚决不同意——他都选好了江南做下一任首都，怎么能去寿春？演戏还要演全套：王衍卖掉了自己的骑牛以示坚决死守洛阳。

但司马越和王衍的算盘打得太响，天怒人怨：司马越不仅把军队调出洛阳，还放任自己派去守京都的将领何伦抢劫三公的财产，把公主们掳回家。晋怀帝气得要让原来青州的守将苟晞讨伐司马越。

总之，除了匈奴刘渊和羯人石勒的威胁，司马越和皇帝的关系也是剑拔弩张。司马越恨不得借刀杀皇帝，自然不愿意看见朝廷转危为安。王衍又为司马越出谋划策，但他本来就不聪明，也没划出什么妙计。司马越率领军队和彪悍的羯人石勒打运动战，大规模的步兵方阵很容易就被骑兵包围掐断，司马越自然不是石勒的对手，忧虑而亡。之后继任统军的王衍也被捕获。

王衍被少数民族逮住了，转而劝石勒称帝，以为这样能讨得羯人的欢心。没想到，石勒爱好读书，各种各样的高人也见过一些，名士习气感染了七七八八，也尊重有风骨的人。王衍本来凭着自己的名声得到了石勒的尊重，结果这句话一出，立刻把石勒给恶心吐了。他摆摆手，让人推倒墙，王衍被砸死。

聪明反被聪明误。

王导

人之所以为人，并不因为完美，
而是因为那些无法用理智约束的真心

王导年轻的时候也算是个公子哥儿。琅琊王氏的名头傍身，有风度，有见识，十四岁的时候就被年高德劭的隐士夸赞有宰相的样子。那时候正是西晋的好光景，金谷园有美酒有美景有美女，铜驼街宽广笔直，夏天的时候梓树桐树魁梧的枝杈会张开宽肥的叶子盖住烈日，树旁贯穿长街的水渠里永远清流泠泠。在铜驼街上走路，从来春秋，不知寒暑。

那时候，王导继承了父亲的爵位，日子过得很惬意。他有个朋友叫周𫖮，神采秀澈，性格宽厚。周𫖮的弟弟曾经向他发脾气，抄起点燃的蜡烛就往他身上扔，他也不在乎。周𫖮跟王导关系好，最喜欢的事情就是靠着王导的肚皮喝酒，两人很有点没大没小情同手足，王导从来不约束他。这家伙嗜酒无度，一天喝一石酒，王导不认同，但也不反对。

王导有让所有人都喜欢他的魅力：约束自己，投其所好。所以他人缘好。王导后来在南京做地方长官，八面玲珑，游刃有余。有一回王导请几百人吃饭，每个人王导都要上去和人家说说话，套个近乎。到最后，只有一个姓任的临海郡人和几个和尚还没来得及没说上话。人都以为王导不会来了，没想到王导走到临海人面前，说，你走了之后，临海就没有人才啦。又对几个和尚讲了几句禅语，这几个人受宠若惊，对王导的景仰之情更如滔滔江水。

本来，他也就是贵族子弟，做个不大不小的官，可以悠闲自在过一辈子。可孟子讲，"天将降大任于斯人也，必先苦其心志，劳其筋骨，饿其体肤"。上天大概觉得王导是个做大事的，于是磨难接踵而来，先是八王之乱，而后永嘉之乱，北方少数民族入侵，占领了首都洛阳。西晋朝廷分崩离析。上天为了成就王导，十分大手笔，不止折磨他一人，整个时代都在血火中沉浮。

但王导的机会真的来了。

西晋崩溃前夜，晋怀帝年间，王导的表哥王衍执政。已经看到洛阳危险的王衍向江南派出了三个表弟：王澄做荆州刺史，王敦做青州刺史，王导被派去江南辅佐琅琊王司马睿。"狡兔三窟"，在江东建设一个逃命的去处，以备在洛阳无法生存时撤退。但王衍没有那么好命，在行军过程中被后赵开国皇帝石勒包围，抓了起来，最后死在了石勒手下。王衍被石勒击败，也标志着西晋最后一支军队的覆灭。"五胡"之中另外一族，"前赵"皇帝刘渊的儿子刘聪很快乘虚而入，攻下洛阳，晋怀帝在逃往长安的路上被杀。西晋的最后一个皇帝愍帝司马邺，在长安继位，成了一个"孤岛"皇帝。

司马睿此时已经在江南经营开来。洛阳被攻陷的消息传来，司马睿也真真假假地集结了江南四郡的军队，自己披甲上阵，准备浩浩荡荡地北伐。但是"忽然发现"粮草一直迟到，没有办法开拔。司马睿气得一刀砍了管粮草的淳于伯的脑袋。没想到刽子手的刀上，淳于伯的鲜血倒流——老天都看出来司马睿是在找个替罪羊为自己的虚情假意做炮灰。于是办公室主任刘隗趁机"搅浑水"，排除异己，报告说，真正该受惩罚的，是周莚等人，应该把他们革职。当时，司马睿的朝廷里因为淳于伯的死寒心的人很多：还没同富贵呢，就在窝里斗，以后还让人怎么跟你混？

这时候，王导站了出来。把所有的黑锅一把背了：是我的错，都是我的错。我用人失当，刑法不适当，不明事理，把我开除了吧。司马睿只想找个理由不去洛阳，当然不会真的怪罪王导。于是他也赶紧学着王导的样子自责了一下，终于平息一场风波。却再也没有人要问一问，长安还救不救了？没过多久，没有救援，困在长安的晋愍帝被刘聪杀了。西晋正式亡国。

司马睿终于名正言顺登基，成了东晋的开国君主。

但事情还没完，司马睿，实力不够，根本无法在江南立足。整个朝廷都是由一帮从北方逃难来的人组成，连正规军都没有。江南的士族都是从东吴时代就在这里经营的世家，自南京到苏南地带的利益已经瓜分妥当，没人想和北方人一道玩。哪怕是皇帝司马睿亲自向士族首领顾和、陆玩示好，人家也爱理不理。

赔笑脸的事情，依然还得靠王导。王导靠什么呢，陪吃饭，陪谈玄，陪嗑药。总之，什么流行就陪什么。公务员、土豪官绅甚至和尚，王导什么人都能聊得来，迎来送往，逮谁哄谁。但总有不买账的人，最想拉拢的人其实最难上钩。江南的望族，一个个都牛气冲天，王导请人吃饭，往往赔了饭钱还被骂。有一回，王导请陆玩吃饭，席间安排了特别制作的北方风味奶酪。从来口味清淡、莼菜鲈鱼的陆玩哪里吃得惯那些，回去肠子就垮了，上吐下泻折腾了好一阵子。痊愈之后陆玩给王导写信，不无讽刺地说，我这个吴人啊，差点成了伧子鬼——当时南方人和北方人对骂，张口就来狠的：南方人骂北方人伧父（伧子），北方人骂南方人傒狗（水鬼）。陆玩是骄傲的陆家人，陆逊、陆抗的后代，江南四大家族之一，他写信来骂，王导不管受了多大的委屈也得给人赔笑脸。不仅不敢喊冤，还又想卖儿卖女给人家，邀请与陆玩结亲。但是陆玩很快就回复说，"小草和松柏就像是香草和臭草一样，两类东西，不能放在一起。我虽然不是什么有才能的人，但是也不做挑战常理的事情。"谦逊着骂了王导一顿。

更惨的是，屋漏偏逢连夜雨：南方的人不想理他，北方的人也一肚子怨气，一肚子丧气。他们正丢了家乡，天天萎靡不振地聚集在南京郊外的新亭喝着酒望江北，望着望着就眼泪汪汪。王导还得去劝：别这样啊，我们要努力克复中原，要有必胜的信心，不会永远待在这巴掌大的地方的！

王导事实上成了东晋的救火队长，内外一把抓，什么都要管。先是司马睿秘书团秘书，后是扬州市市长，等到司马睿当了皇帝做了骠骑将军（可是没军队），再往后，又加了人大常委会委员长，最高检察院检察长，总之都是大干部。可是朝廷就是个空壳子，既没有钱也没有粮，借居在人家的地盘上，也不好提要求。家里吃工资，每月是月光，一点结余也没有。烂了的果子处理一下再吃，还不敢让讲究吃喝的儿子知道。王导的日子过得比祥林嫂还苦，受得委屈比窦娥还多，但依然见人三分笑，先拉着你谈谈哲学问题，羽毛扇摇一摇，肚子里正咕咕叫着，脸上也是一副神清气爽飘飘欲仙的样子。

终于在这年三月三的上祀节，王导和兄弟王敦跟从司马睿出行的时候，江南的大家族向司马睿献出了橄榄枝。到这里，东晋才算正式开始了实际运转。

但老天为王导安排的剧本并没有从此"大团圆"，上天对王导还有更大的期待，所以，也还有更大的磨难。

当年被王衍派往江南的，除了王导，还有王导的堂兄王敦。跟王导不一样，王敦彪悍而自我。他小时候和王导一起在西晋首富石崇家喝酒，石崇有个猥琐的规定：派他家的美女奴婢给客人敬酒，哪个客人不喝就杀掉那个敬酒的奴婢。王导因而喝了好多好多杯，醺醺然的差不多醉了。而王敦就是不喝，于是石崇拉出去杀掉了一个又一个貌美如花的女孩。王导拉他的衣袖，说，老哥，这样太残忍了吧。你还是喝点吧。王敦眼一翻，哼了一声道，他杀他家女人，关我屁事。

王导是个"善柔"的人，不爱直言，所以也不爱规劝教育别人。而王敦通军事，掌军队，建都南京的过程中屡屡为司马睿平叛。此时做着镇东将军，都督江扬荆湘交广六州诸军事，开府仪同三司，是比王导还要风光还有权力的第一号人物。他性格本来就张扬，此时更是用鼻孔看人，皇帝也比他矮一头。

司马睿心里很不舒服，偏偏每天在眼前晃悠的都姓王。政治军事的掌权人，都姓王，除了王导、王敦，还有王含、王澄、王舒、王应，都在朝廷里把持着关键岗位。更有趣的是，经常出入宫闱和各大家族的和尚竺道潜传说是王敦的弟弟，也姓王。有人说东晋开局是"王与马共天下"，这还算是客气的说法，实际上就是姓王的天下。晋元帝司马睿处心积虑在朝廷里挑选了两个主张要加强皇权的人去向王敦叫板：一个叫刘隗，一个叫刁协。要治一治姓王的。

这两个人阴狠毒辣，讲究礼法，也讲究严刑峻法。主要的目的就是削弱贵族们的特权，做皇帝的打手。挑来拣去，选来开刀祭旗的，却是周顗。

周顗的弟弟嫁女儿，讲究排场。为女儿迎亲开路的时候强行拆迁了别人的房子，打伤了两个人。南京市公安局局长去现场调解，又被砍伤。这件事情被主管纪检的刘隗知道了，立刻上书弹劾周顗。说他不好好教育家属，该免官。皇帝立刻就准了。

人人都知道周顗是王导的好朋友，又都知道这家伙爱喝酒爱胡闹，不拘小节，真要找他的岔子，要多少有多少。刘隗这次免了周顗的官，是摆明了向王导叫板。王导却没有做声。

晋元帝很高兴，找机会让刘隗做了丹阳尹，刁协做了中央秘书处处长，一切的大小决策都由两人决定。这些本来都是王导坐过的位置，这时换这两个一心要找王家麻烦的家伙，是皇帝明目张胆地排挤王导。但是王导会忍，依然什么也没说。

刘隗看见王导斗不起来，就转而去斗王敦。劝皇帝把他的心腹派出去守战略要地，和王敦抢地盘。他自己都督青州、徐州、幽州、平州的军事，率领万人镇守南京门户之一泗口。又把谯王司马承派去管湘州，戴渊都督军事。这些地方，从长江下游到中游，一步一步地对王敦形成挤兑的态势。刘隗果然很了解王敦。王敦一看刘隗的调度，就好比自己家里进了个贼一样，怒不可遏地跳起来，抡拳头就想揍他。

动手之前，王敦先写了封信给刘隗，昭告天下，师出有名。王敦说，现在北方还在胡人手里，我们要戮力同心一道光复神州才好。意思是，这窝里斗的事情趁早停手，要不然我就对你不客气了。刘隗不吃他这一套，说，鱼相忘于江湖，人相忘于道术。我就要对皇帝尽忠，跟你没什么好说的。

王敦看了他的回信，嘿嘿冷笑两声，一拍桌子，反了。皇帝的首都并没有常规军，军队主力都在王敦手上，所以，他从长江顺流而下，如入无人之境，想打哪里就打哪里。偶尔有不服的，也不愿意为皇帝卖命，坐山观虎斗而已。很快王敦就打到了南京的外城，石头城。南京城里的王含一听王敦打过来了，赶紧出城投奔兄弟去了，留在城里，除了死路一条还有什么。

众人也劝王导，赶紧去投奔你哥吧。你不跑，就要被皇帝抓住杀头祭旗啦！偏偏就王导不肯走，带着一家百多口人天天跪在晋元帝屋子前面请罪。

刘隗催促皇帝赶紧趁此机会把王导一家一网打尽，杀了祭旗，但是晋元帝觉得这事儿太大，毕竟他能坐上这个位子还是王导的功劳。所以一直拖下来，没说杀，也没说不杀。

王导赌晋元帝不敢杀他。他跪在皇帝门口做一个谦卑的认罪姿势，其实是最稳妥的选择——哪边赢了，都有他的好处。传说，王敦起兵之前，曾经问过王导的意见。王导沉默，既没举双手赞成，也没反对。是默许了，可又让你抓不着他的把柄。王敦如果成功，大家毕竟是兄弟，肯定不会把他怎样。但是如果他跑出去跟王敦一道反了，一旦晋元帝赢了，王家就都死定了。

所以王导兵行险招，仗着自己这些年在朝廷铺就的人脉赌一把。王导跪了很多天，晋元帝就是不出来。王导虽然演算过很多遍，但赌的刺激之处就在于，理论再好，也得水落石出才敢放心。王导心里也很急——万一晋元帝一狠心，要杀他，也没人能救得了他。这天正跪着，忽然周𫖮进来了，又喝得晕乎乎的，走路都带着酒气，就要进去拜见皇帝。

周𫖮这时候已被重新起用，在皇帝面前很能说得上话。王导赶紧膝行几步，拉着他的袍子恳求，老兄，你得救救我啊！没想到周𫖮看都不看他，径直就往里面走。王导一直从容能忍，此时也不禁齿冷。他是世家弟子，又一直身居高位，从来没有如此直白地被人前倨后恭，如此轻慢。更何况，周𫖮还是他从小玩到大的朋友。在晋元帝门口跪了这些天，只有这个时候，王导才感到彻骨的寒冷。等到周𫖮出来，他依然对人性抱有一丝温柔的指望，抬起头看了看他，希望能得到一个安慰的眼神。没想到周顗进去像是又喝了一顿，出来的时候大摇大摆，还唱了两句什么杀了乱臣贼子把金印挂身上之类的戏词。王导看他摇摇晃晃的越走越远，失望变成一种愤怒，周顗对他的漠视，聚集了王导对人性所有的失望。他从来不是个强硬的人，但此时，却有一种强烈的恨意。

没过多久，晋元帝出来召见了他，出了一个狠招：让王导作为安东将军去讨伐王敦：不管你们是不是串通好了，反正你给我一个交代。扣着你一家老小，不怕你们串通，让你们狗咬狗去。于是王导、刘隗、周顗、戴渊全部出兵反攻石头城。但是这帮人显然不是久经沙场的王敦的对手，都吃了败仗。周顗还被王敦捉住了。

王敦在王宫边上扎营，打的是"清君侧"的口号，但是到了城里，连拜见皇帝都免了。皇帝无奈给王敦封了全国军队的总司令，主管朝廷机要，武昌郡公。王敦还打算废了晋元帝，重新找个能搓圆捏扁的小皇帝。于是去问王导的意见，王导坚决不同意，王敦也就作罢。王敦果然很讲兄弟义气，满朝文武，有解决不了的事情，王敦谁也不理，就听王导的话。

王敦很快又碰见一个棘手事情。他俘虏了周顗，原本想给他一个大官做，没想到这平时混不吝、神经刀、什么也不在乎的周顗此时却忽然忠孝两全起来，指着王敦的鼻子怒斥王敦数典忘祖，骂得酣畅淋漓。王敦脸都绿了，一气之下让人用刀托敲周顗的牙齿，周顗满口鲜血还在骂，王敦火冒三丈，对王导说，我要杀他！

　　王导这时在朝廷里依然做着和事老。皇帝那边他彬彬有礼，兄弟这头也没闹僵。只是，听见王敦讲周顗的事情他却默不吭声。不久之前积攒的愤怒在迅速地发酵，别人不知道，周顗作为他的发小，最应该了解这些年他的委屈，没想到，大难到头，却连一句话都不肯替他讲，连一个安慰的眼神都没有！

　　但让他畅快拍手同意王敦杀了周顗，他也做不到。于是王导一直沉默。他不说，王敦也就明白了。于是周顗人头落地。王导依旧连一个字都没有说。

　　闹了一场，把刘隗和刁协赶走的赶走，杀掉的杀掉，王敦在南京再也待不住了。他的大本营在武昌，苏峻、甘卓、陶侃的各路游击部队已经在前来讨伐他的路上，不搞运动战，自己也要倒霉了，所以王敦很快退走。尽管晋明帝时候他又二次南下，但已经是临死前的垂死挣扎，远没有这次惊心动魄。而王导，凭着他多年的低眉顺眼，不仅保住了性命也保住了官位。王家，果然没有因为这次的反叛而受到任何致命的打击。

　　大劫过去，王导几乎都忘了自己曾经有个叫周顗的朋友。直到有天他无意中在档案馆发现一份档案，上面是那一年王敦打到南京的时候，晋元帝和周顗的谈话记录，就是他跪着求情、周顗看也不看他的那次。档案上记录着，周顗在晋元帝面前力呈王导和王敦的本质区别，将王导这些年的功绩一一道来，一定要让晋元帝出去和王导谈一谈。王导看着那份档案，泪流满面，伤心欲绝，只会喃喃地说，我不杀伯仁，伯仁因我而死！

这事情成了王导几乎没有刺可挑的人生最大的败笔。没有周顗的事情，他几乎把自己打造成了一个完美的偶像，没有弱点，也没有缺点。但他在最不该犯错的地方，犯了最大的错误，在完美的面具上撕开一道口子。人之所以为人，并不因为完美，恰恰是因为那些无法用理智约束的部分，无法约束，就无法预测到它的走向。在小心翼翼地掩藏和粉饰之外，让人窥见一点真心。

庾亮

只有时间能医骄傲这种"病"

王导活了一辈子,在大多数时候都很从容。王敦叛乱,哪怕他和剩下的琅琊王家人差点被朝廷杀了祭旗,跪在晋元帝门口求情的时候,他也风仪不变。倒是在晚年庾亮得势时,他曾经用麈尾扇掩着鼻子,嫌弃地挡住庾亮车过带起的尘埃,对人说:"元规尘污人。"元规是庾亮的字。这话流传很广,让一向淡定的王导显得颇有几分怨毒。

这样的过节发生在庾亮和王导身上,其实很奇怪。文人相轻是中国人的传统,但是顶多是心里互不买账,脸上还是要客客气气过得去。像是司马光和王安石那样撕破了脸皮,各自为党,互相骂骂咧咧的只是少数极品。况且,庾亮和王导都是贵族子弟,年轻的时候在各大沙龙也曾抬头不见低头见。王导曾经说过,他和庾亮是年轻时候的发小——布衣之好。到了东晋渡江,实际上还是一条战线的：琅琊王司马睿成为晋元帝之前，王导建议的为组织朝廷准备的人才库"百六掾"中，庾亮是秘书长，大家一道为了和江南的士族搞好关系而尽心工作。

庾亮在大是大非的问题上也一直对王导不错：晋元帝晚年被王敦欺负得很惨，猛然醒悟皇帝要有个皇帝的样子，不能被权臣给架空了。可是自己半截身子已经入了土，只好教导儿子将来长大别被大臣欺负，尤其别被王家人给牵着鼻子走。于是针对王导提出的"能忍则忍，息事宁人"的治国策略，给当时还是太子的晋明帝送了一堆申不害、韩非子等法家人物的代表作。这些人都是全面主张严刑峻法，教导君主用铁腕手段驾驭臣子的。庾亮的妹妹是太子妃，庾亮和太子算是发小，关系不错。看到太子在读这些书，立刻警告他说，申不害、韩非这些人刻薄，有伤风化，不可以学这一套。言下之意，是力挺王导"无为而治"的黄老手段。

庾亮这个人，也不是一个心胸狭窄、不好相处的人。相反，庾亮属于那种让人很舒服的哲人，风度翩翩。他在武昌做太尉的时候，一个秋高气爽、明月朗照的夜晚，他的下属们曾经在南楼这个地方作诗玩乐。玩了一会儿，听到有木屐的声音，从小道上嗒嗒而来，大家一看，是庾亮带着十来个随从慢慢踱过来。众人赶紧下去，准备按照下级见到上级的礼仪避让。庾亮却慢慢道，"各位请坐，我今天运气真不错，能听到你们作诗。"说着往躺椅上一坐，挥了挥手，和下属们一起玩乐起来。

如沐春风，就是庾亮给人的感觉。

庾亮年轻的时候就被人比作是庙堂上的宝玉，有经世治国的才能。他介于哲学家的顶真和俗人的市侩之间，他不像玄学家那么虚无清高，也不像儒家的信徒那样在对事功的追逐间迷失自我。这样的特质，是总理胚子，有人缘。庾亮青年时候的好朋友温峤，隔三差五就要赌一赌，手气又不好。赌输了就总大喊，庾亮啊，快来替我还钱！庾亮每次都乖乖替他还钱去。后来庾亮被苏峻打败，正是温峤的收留让他能够东山再起。"苏峻之乱"的时候，庾亮去投奔陶侃。陶侃是个节俭到有点吝啬的人，请庾亮吃韭菜。《本草纲目》说韭菜这个东西，春食则香，夏食则臭，其实不太合适待客。但是庾亮却吃得很自然，最后留下韭菜根——韭白。陶侃一看有人浪费，脸色立刻就不好了。问庾亮为什么。庾亮从容说，把它留下来，可以下一季再播种。陶侃听了特别高兴，原本想要杀了庾亮讨苏峻的欢心，后来反而帮助了庾亮。

庾亮不仅风度好，还颇有礼贤下士的古贤人风范。庾亮执政的时候，想要起用周子南。可是老周是个不肯当官的人，每次庾亮一来他就跑。结果有次被庾亮堵在屋子里，跑不掉了，就拿出特别难吃的蔬菜"招待"他，庾亮也吃得挺高兴的。周子南被感动，结果就出来做了官。这样一个搞政治的天才，却又对政治表现出了一种若即若离的态度。庾亮的大舅子晋明帝曾经邀请他出来做官。他呢，反而上了一封长长的表，告诉大舅子，姻亲为高官是西晋灭亡的一个重要原因，重蹈覆辙的事儿，他不干。

但除了翩翩风度，他在该精明的时候也不含糊。这是个世族社会，王导一日不倒，王家就像一座山一样罩在庾家头上，庾家永远成不了第一家族。老头儿王导，一个人霸占着首席辅政大半辈子，庾亮也会做人，想着铺一段红毯，好让王导顺着台阶下，把政权完整而风光地交到自己的手上。

做好人，庾亮手笔还不小——他在晋明帝临死之前还帮了王导一把：晋明帝临死，招司马宗和虞胤到卧室里，想给他们两个接管朝政的权力。结果庾亮以大舅子的身份闯进宫里，一把推开晋明帝的卧室门，跪在地上痛哭流涕，告诉他如果现在废了王导，那么东晋的好日子就要到头了。王家虽然没有了王敦，但是实力还是有的。朝廷里掌权的世家，没有谁会买虞胤他们的账，你要考虑清楚。最后，晋明帝被逼得没有办法，遗诏就改成了王导和庾亮同辅幼主。

王导识相的，就该回家养老去，把地方给少壮派挪一挪。但是王导也是一家之主，不是想退就能退的。首辅这件事情，对他来说，是开弓没有回头箭，活到老干到老。

偏巧这个时候出事了，两人原来暗流涌动的矛盾一下子到了明面儿上。

事情出在苏峻。东晋原来的军事力量很薄弱，打仗都靠雇佣军。这些雇佣军就是江北逃难过来的流民武装，温峤、刘琨、郗鉴都是这样的人，苏峻也是。虽然政府知道这些土匪不好用，但是没办法的时候还是得用。长江上游拥兵自重的军阀（比如说王敦）从武昌打过来，也只有借助这些人的力量死马当作活马医地挡一挡。苏峻因为在打倒王敦的事情上出了力，所以得了好处，做了长江上游历阳地方的一把手，对下游的威胁很大。偏巧这个时候庾亮为了清除晋明帝预备搞的宗族代替士族的谋划，杀了司马宗。琅琊郡一个叫卞咸的人和司马宗一起被杀，卞咸的哥哥逃到了苏峻的地盘上。庾亮让苏峻交人，苏峻耍滑头，说人不在自己这里。

这是明摆不受中央控制了。庾亮的意思，把苏峻调到朝廷里面来，脱离军队，不听话的就击杀。王导的意思，这个人这时候不能动，你只要叫他来，他肯定就反了，没哪个呆子会束手就擒看不出你这一招。庾亮郁积的不满这时候是海啸山洪一样爆发了：王导就是一直搞姑息，才搞得中央软蛋，政令不出南京城。现在苏峻明摆着是要反了，你叫他来他反，不叫他来他也反。既然是定时炸弹不如就引爆他。于是一意孤行地向苏峻发出了诏书。

苏峻果然是反了，这点不出所料，但是庾亮带着军队去打苏峻却败了，还死了一个年轻有为，才十九岁的大儿子，自己狼狈地带着十几个人去投奔温峤。在狼狈逃窜的小船上，他的随从射杀苏峻没有射到，射死了艄公。庾亮反而从容地笑着夸奖说，如果这一箭射中了苏峻，自己也必然没有命了。惊慌时候的矫饰对于政治家来说很重要，所以庾亮的政治生命比王衍要幸福得多。他当年帮温峤还的那些赌债总算有了回报，温峤救了他一命，把他奉为座上宾，并且把他引荐给了握有重兵驻扎在武昌的陶侃。而因为一盘韭菜白，陶侃也出兵帮助庾亮平定了苏峻的叛乱。

痛定思痛，庾亮开始搞秋后算账。第一个倒霉的，却是王导。

人在经历过惊吓之后很容易钻牛角尖。庾亮认为这次失败的原因不在于他执意要把苏峻激怒，而在于这些流民军团的问题没有早解决，是王导的姑息养虎为患。所以平定了苏峻之乱之后，庾亮引咎离都，把小皇帝成帝交给了王导，自己亲自去搞军事。都督豫州、扬州军事，驻扎在芜湖。

庾亮的这个举动没让王导松口气，反而让他不安了。芜湖到南京，现在走高速大概两个多小时，就是在晋朝也是朝发夕至。庾亮根本不是自贬，而是拥兵自重，监视他，随时准备给他好看。庾亮的运气不错，他离开南京的同年，温峤死了，江州并入了陶侃的手里，五年之后，陶侃也死了，所以庾亮不仅得到了温峤的江州，也得到了陶侃的荆州。这样一来，上游的武装领袖就成了庾亮。

王导的压力剧增。王导当然知道庾亮手里握着马鞭子，在不远的地方威胁他，所以便有了那怨毒又无奈的用麈尾扇捂着鼻子的一幕。王导表现得很可怜：他对朋友们说，他庾亮要想排挤我就直说好了，大不了我就回乌衣巷种花种草嘛！但是实际上，王导难道没有自尊的吗？这不是什么让贤不让贤的问题，庾亮挑战了王导的骄傲与权威，他自然得还回去。

机会很快来了。庾亮拿到上游统领权的第二年，出了大事：北方现在是后赵石家的天下。继承石勒帝位的石虎出来打猎玩，一直打到了历阳。历阳在长江以北，原来是苏峻的地盘。划江而治不是真的就把所有的军队囤积在南方，在北方必须保有一片缓冲地带。一旦缓冲地带没有了，临江的南京就直接面对敌人的兵锋，基本上处在玩完的边缘。石虎跑到历阳，就好比歹徒在踹大门了。所以王导很紧张，向皇帝要求给黄钺加了一个军队总司令的名号，向各地，特别是长江上游派遣了大量的嫡系将领，大张旗鼓地要带着人打仗去了。但是很快，石虎玩累了就回家了，江南这里虚惊一场。

大家一口气还没喘匀就发现事情有点不对，喊"狼来了"的历阳太守袁耽因为虚报军情被革职，但是不久之后又做了王导的从事中郎。而本来没事就该撤军的王导的嫡系们却没收到撤军的指令，都留下了。被派到江州去的王导的表侄子王允之，占据着南京和武昌之间的浔阳，不走了。之后又驻守在芜湖，得到了扬州四郡，这等于是把庾亮原先的地盘都抢了，还在庾亮和王导之间设置了一面盾牌。

庾亮脸上被呼一巴掌，能高兴吗？他原先打算整顿上游之后创造北伐的机会，没想到王导跟他玩儿上了。两个人的倔劲儿都上来了，谁都不肯让谁。庾亮想出狠招，他想借鉴王敦故例，从上游不管不顾打下去，看看下面谁能救死老头子。但是很有实力的郗鉴拒绝和他合作——开玩笑，王家和郗家是儿女亲家，王导的侄子王羲之娶的就是郗鉴的女儿。庾亮怕郗鉴加入王导的战斗他就两面受敌，所以来硬的计划破产了。但是很快，他上了一道折子：北伐必须从魏兴（陕西安康）走，但是原来镇守在那边的庾怿因为粮草运不上，所以要南下。朝廷便许他南下。但庾怿下来之后来到了半洲这个地方，不走了。半洲和江州离得不远——庾怿就是下来挤兑王允之的。果然王允之抢来的地盘又被庾怿抢了回去，而魏兴这个地方又调上了庾亮的另一支部队。粮草不够之类的，显然是编出来骗王导的鬼话。庾亮终于爽了。

但是，这次偷袭之后，庾家其实并没有占到便宜。庾亮的北伐虽然成行，但是却打了败仗，庾亮自己因为忧虑失败之后被王导加倍羞辱而生了大病。没想到，人算不如天算，王导死了，他忧虑的后果并没有出现。可是不久之后，他自己也死了。而夺来地盘的庾怿倒是心狠手辣：他曾经想用一杯毒酒解决王允之，因王允之先拿酒喂狗逃过了一劫。庾怿很快被晋成帝臭骂了一顿：大舅舅已经惹出苏峻的祸事乱了天下，你这个小舅舅又准备重蹈覆辙吗？最后庾怿被逼着喝了毒酒自裁。

王导和庾亮因为一时意气兴起的争夺损失了军队，损失了亲人，斗来斗去，最后，也不过是死亡作为结局。看来，只有时间能医骄傲这种病。但可惜的是，这种药总是来得太迟。庾亮的名字正谐音了他之前的"瑜亮"，他和这百年前的古人有同一种病，终究也饮了同一种药的苦涩。

但王导和庾亮之后，同样的故事却依然在发生，这是"骄傲"的宿命。

殷浩

失败的人生还值得讲述吗

出名要趁早,蹉跎到老再出名,成名的快乐也少了一半。

殷浩的人生有个一百分的开局,他有一个好出身和一个名满天下的父亲。殷浩的父亲是殷羡,从南京到武昌去做市长时,背了一包南京城里人托他捎到武昌去问候亲戚或者拉拢关系的信。不小心成了搬运工的殷羡到了南京城外实在吃不消了,看见路边有个水塘,直接把那包书信往水里一抛,如释重负般大声道:"升迁的人自然升迁了,倒霉的人已然倒霉了。问候本就是无用功,我才不做邮递员。"

有这么个父亲,殷浩的少年时候就被期许能够继承这种名士范儿。殷浩也不负众望。他曾经妙解过周公解梦里面"梦棺材是将要升官,梦见脏东西是将要发财"的玄机:官就是个腐臭的东西,不梦棺材梦什么?钱本就是粪土,发财当然就要梦见脏东西。

就像是阮瞻的那句"将无同"赢来一个太尉掾属一样,殷浩的妙解也为他赢得了做官的机会,不过除了给庾亮做过短暂的秘书处处长之外,他拒绝了大多数做官的邀请,自己一个人躲到父母的墓前守孝去了,一待就待了十年。

殷浩罢官归隐,反而成了一个传奇。社会上关于了不起的小名士殷浩的各种传说不胫而走,甚至出现了"殷浩不出山,天下苍生怎么办"的呼声。全国都成了他狂热的粉丝。

而殷浩,像是所有少年成名的人一样,小小年纪已经有了一览众山小的傲气。一般的官位看不上,牛人来请也难入他法眼。直到当时还是会稽王后来成了简文帝的司马昱入朝辅政,写了一封把殷浩捧上天的信——说什么你不出山这个时代就没希望,这个国家也没希望。殷浩掐好了日子,推辞了四个月,看看差不多了,终于走上这段赞誉与期待铺就的红毯,正式出山了。

东晋时候,是个名人就牛气冲天,拒不承认别人比他强。司马昱是皇亲国戚,自己也是清谈场上的一把好手,名士脾气并不比殷浩小。他愿意放下面子请殷浩出来,是已经被逼到了绝路,没办法的办法——这时候的司马昱日子过得风雨飘摇,十分惨淡。朝廷面对着上游虎视眈眈的大军阀桓温,他随时可以杀到南京来给他们俩耳刮子。想来软的,桓温不理他们,想来硬的……原先可以制衡桓温的大佬们,庾亮、庾冰、何充都老死了。司马昱此时力邀殷浩,是指望着他出来对付桓温。

然而年少知名的殷浩其实并没有什么政治上的谋略,从小被捧大的殷浩缺少虚与委蛇的韧性，一上任就拉开架势和桓温抢地盘。从东晋立国，中央和边镇争夺的焦点主要集中在扬州、徐州、兖州、荆州等几个边防重镇上。桓温的老巢在荆州，长江上游殷浩自然动不得。徐州、兖州原先在褚季野的手上，褚家是皇亲国戚，利益和中央一致。殷浩又提拔荀羡主管义兴、吴郡，很快徐州、兖州也控制住了。豫州在谢家手上，谢家也并不在桓温的控制之内。少年殷浩旗开得胜，更是骄傲得不得了，完全忘记了老领导的交代。

殷浩接受朝廷之前，是庾翼掌权。庾翼安排原来做徐州刺史的桓温去做荆州刺史，很大的原因是，东晋再没有比桓温更出色的战将来镇守这块战略要地。庾翼在临死之前给殷浩写了封信，为内外相安做了重要安排：外面靠庾家、桓家，朝廷里面靠何充、褚季野。意思是要他们和睦相处，不到最后别剑拔弩张撕破脸皮。这时候何充死了，殷浩顶替了他的位置。只是，殷浩却把制衡变成了叫板，处处与桓温争锋。

桓温和殷浩，也算是发小了，可从少年时代就喜欢搞谁比谁强的竞争。桓温总喜欢贬殷浩，说小时候玩，自己骑腻歪不要的竹马，殷浩就捡去骑。殷浩输人不输阵，桓温总是问他，"你和我比怎样？"殷浩总淡淡回道，"我还是喜欢我自己。"

长大了之后，除了争锋的舞台更加宽广之外，二人的相处还是这个模式。桓温一方军阀，自然骄傲。但殷浩论出身、论名声都比他好，也不会把他放在眼里。

于是就有了永和六年那次让桓温笑破肚皮的北伐。那时候后赵皇帝石勒死了，后赵除了继位的石虎之外又冒出来一个称帝的石遵，除此之外，还有石祇和石鉴，谁也不服谁，都想趁乱捞好处。于是石勒的干儿子冉闵趁机跳出来，借着为皇帝报仇的机会搅浑水。北边乱成一团，正是东晋光复首都的好机会。本来，带兵打仗是桓温的分内事，但是桓温做什么，殷浩一定要抢一抢。桓温倒是很冷静，殷浩要抢，他也没怎么争，就一句话撂在那里：殷浩吧，是治国的良才。但让他去打仗，这不是混搭是乱搭。意思是，他要是不出事，我桓字就倒过来写。

抢赢了桓温的殷浩借着这个机会明目张胆地都督了扬州、豫州、徐州、兖州、青州五州军事，给桓温很大的压力。但这次出兵的开局却很晦气：还没出兵殷浩就从马上摔了下来。这是凶兆。

这次北伐看似重大利好，其实很多问题：此时中原一片混战，东晋忽然加入战局，比攻打一方要花更多的精力，弄不好陷入东一枪西一炮的泥潭，就糟大了。

可惜的是，殷浩也确实是陷进去了。

有一个叫魏脱的人投降殷浩之后死了。殷浩让他的弟弟魏憬管理魏脱留下来的遗产，结果姚襄杀了魏憬，吞了他的人口财产。这个姚襄就是后来后秦的开国君主姚苌的哥哥。打仗要人口，趁着别人弱势，趁机兼并本就是天道。本来，人家胡人自相残杀，爱咋咋，跟殷浩没什么关系。可这时候殷浩主持正义的书生意气上来了，觉得这个头，自己得替魏憬出，姚襄打狗还得看主人呢。从小被书生理想养大的殷浩耻于承认利益才是永远的朋友。于是姚襄就看见魏家的后代频繁出入殷浩的大营，正怀疑他们要里应外合杀他，结果还真有他的人要反了投奔殷浩。姚襄听到消息，二话不说，杀。

殷浩大怒，想要带兵进攻，杀了姚襄。殷浩的自信，来自于他之前搞了个暗杀苻健的行动。这时候苻健的一个侄子苻眉从首都洛阳逃了出来，在信息极度不畅通的时代，殷浩以为苻健死了。兴奋之下表示，我要杀到洛阳去，反攻首都，修复园陵。那什么扬州刺史的活我也不干了，桓温我也不想管了，等我打下洛阳，我就专门待在洛阳，我也不回去了。洛阳的门殷浩还没看见呢，朝廷看见他忽然抽疯，自然是要敲打他让他冷静，只说不许。正在辅政的琅琊王司马昱的言下之意：你倒是忘了要压着桓温的事情啦？你不干扬州刺史难道让桓温的人去？

殷浩才不管。继续意气昂扬地往洛阳出发，计划着要修复陵园，还都洛阳。结果才到许昌，就接到噩耗：刚投诚过来的后赵大将张遇因为觉得自己没被殷浩重视投降了苻健，把许昌给让了出去。殷浩气死了，派谢尚去打。结果谢尚的贵族习气比殷浩还严重，自然是打了败仗，一帮人退回大本营。姚襄觉得他的机会来了，于是也反了。姚襄的反叛加上苻健没死，让殷浩害怕自己陷入多方作战的困境，被这些彪悍的少数民族杀得葬身疆场，重蹈当年王衍的覆辙，于是丢盔弃甲，跑了回去。

桓温见机很淡定地把早就准备好的奏章拿了出来，请中央把殷浩废为庶人，面壁思过去。

殷浩这回简直是从天上跌到了地下，但在落魄时，他依然保持着贵族的风度。除了常常在纸上写下"咄咄逼人"四个字暗讽桓温之外,没有更多的怨言。然而最后,又是这种充满优越感的矜持断送了殷浩最后入仕的机会。

后来桓温曾经招安过殷浩一次,邀请他出来做尚书令。任何一个有脑子的人都不会放弃这个东山再起的好机会。韩信还能忍受胯下之辱,殷浩借着这个机会进入朝廷,将来才有机会把桓温搞出朝廷。殷浩也不傻,这个位子他是准备接受的,但是写答书的时候犯了难:不能表现出太高兴,否则让桓温低看了他,不能表现得太感谢,要不然让桓温以为他刻意巴结。这个回信殷浩写了十多份都不满意,最后干脆,什么也没写,给了桓温一张白纸。

桓温一看怒了,什么意思?让他猜?桓温是个直来直往的人,在玄学上的修养也比较差,殷浩不是杨修,桓温也不是曹操,没雅兴来猜测他的意思。桓温干脆说,既然是空的,就当你不想干好了。换人!

殷浩这点傻乎乎的矜持就不如王衍:人家王衍可以"信口雌黄",说过了也可以拒不承认这话是我说的。殷浩怎么就不会呢?随便扯两句肉麻兮兮的马屁拍一下,对于这个才华横溢的人来说不算是难事吧?

后来人自然就学乖了,站在殷浩这些"傻子"的肩膀上吸取他们失败的人生教训:一以贯之的人生态度、自尊自爱的修养没法带来好处,信口雌黄、口蜜腹剑玩儿得越来越溜,管你是谁,管我是谁,随时随地,都可以轻轻松松跪下去。

桓温

天下人都骂你，也是一种豪杰

人活着，到处都是"鄙视链"。有钱的鄙视没钱的，有文化的鄙视没文化的。东晋时候，有权有钱的，全是有文化的世家子弟，他们格外喜欢到处挤兑、嘲讽、迫害那些讲话不会双关，谈哲学谈不到两小时，还总想着要往上爬的实在人。

在这样一帮以"文化"为资本相互攀比的公子哥儿之间，出身一般，背负着血海深仇，还一个劲儿要往上爬的桓温，就是个异类，永远要遭受排挤、嘲笑，做什么都是错。但桓温，就敢跟这些公子哥儿正面硬杠，几乎成为他们的噩梦。

桓温家不是世家，他爹桓彝（虽然有人考证出桓温的先祖可能是高平陵政变时杀出城投奔曹爽的大司农桓范）虽然也算是中朝"八达"之一，但是比起那些从三国开始就出省长的家庭，桓温的家世显然矮了一截。更惨的是，桓温很小的时候，宣城太守桓彝就因为苏峻的反叛而被韩晃杀了。少孤的桓温为了报仇，完全背弃了父亲那种不问世事喝酒吃肉的人生法则，贫穷和仇恨让他不得不以一种格外实际的思维来考虑问题。他为了摆脱贫困曾经和人赌钱，但是水平不够赌输了，被债主逼债逼得狼狈逃窜，后来大摇大摆地登门让赌博高手袁耽去帮他连本带利地赢回来。

桓温小时候有点像洛阳恶少曹操，只是曹操有有钱有势的老爹给他撑腰，更多的是纨绔，而桓温的恶劣，是为了讨生活的强悍。可惜，这不是群雄并起的前三国时代，桓温和周围的人格格不入，于是就成了善意或者恶意嘲弄的对象。

当时的贵族子弟都爱谈玄，桓温偶尔也谈，但是缺少琢磨的修为，所以水平不高。别人口若悬河的时候他又不会反驳，只能干着急。而他的朋友也毫不避讳地以埋汰他为乐。比如桓温曾经和刘惔一起听别人说《礼记》，桓温认为那人讲得特别好，入了玄妙之门。刘惔立刻说，一般一般。意思是，桓温真没品。

这种家世不够的门槛到后来一直若有似无地缠绕着桓温，好像一个挥之不去的阴影。桓温曾经为儿子向王坦之的女儿求婚，王坦之回家征求他老爹的意见，王坦之的老爹王述本来颇为亲昵地把王坦之抱在腿上，听见他提出这件事情大骂一声，你脑子坏了吧！桓温那个当兵的怎么能娶我孙女！太原王氏六代望族，后面三代就是我们说过的王承、王述、王坦之，都是通达有趣的名士，但是在婚姻问题上，立刻就不通达了，世家的联姻壁垒森严——总之，桓温，别想混进我们的VIP俱乐部来，你不够格。

摆在桓温面前的有两种选择，第一个是好好读书天天谈玄，努力混入玄学家的圈子，只是那需要花大量的时间，也不见得见效；还有一个就是我行我素，另类到底。

桓温想也不想，选择了后者。他和他颇为崇拜的将军王敦一样，都有点看不惯江东各位公子哥儿老家都打没了还在装模作样清谈的样子，打心底里觉得叽叽歪歪地开沙龙不如当兵，做个好将军，杀回中原去。这才是做大事的人要立的大志，那些文雅的礼节，学得会就学，学不会也没什么大不了的。所以后来的桓温，在文化人嘲笑他的时候，也能颇为不屑地嘲笑回去，一点不自卑。

桓温生活的时代，世家弟子都以戎装骑马杀气腾腾的样子为耻，所以有一回冬天，当桓温全副武装地去打猎的时候碰见了刘惔一群人，刘惔又想嘲笑一下桓温，于是问道："老东西你穿成这样干什么啊。"桓温反唇相讥道："我要是不这样，你们哪能这样悠闲地清谈。"意思是，要不是我戎装杀敌，你们早就和王衍一样摇着麈尾扇被少数民族给抓去了。

要做个好将军很难：没功劳是无能，功劳高是惹祸。尤其是那些有野心的将军，差不多都是皇帝提防的对象。曹操那句话说得好，他说，我拥兵自重并不是为了篡位，而是我一旦没有兵权，小命就得送在你们手里。这是要做大事者的悲哀。所谓出师未捷身先死，倒不是死在敌人手里，而是死于自己阵营里面的猜疑和嫉妒。桓温敏锐地认识到这种人性的弱点，而他的对策简单又霸道：做大佬，权倾朝野，等把自己打造成江东无敌再向中原进军，一举统一中国。

桓温出身的贫穷让他做任何一件事情都要三思而后行，没有绝对的把握绝不去做。因而他在权倾朝野的路上走得深谋远虑、踏实稳重。

首先，是出名。三国故事告诉桓温，要出名首先得找有名气的人给他吹。这一点桓温的基础不错：他还没周岁的时候，父亲的好友温峤看到他，就赞扬说这娃有奇骨，哭哭看。桓温一哭，温峤又说，这是英雄。桓彝很高兴，就让桓温的名字随了温峤的姓，桓温这个名字就是曾经被温峤赞扬的最好广告。后来桓温又勾搭上了刘惔，刘惔也毫不吝惜自己的溢美之词，说他长得"眼如紫石棱，须作猬毛磔"，是孙权、司马懿一流的人物。总之大英雄一定要长得怪模怪样特别抽象，比如说，刘邦屁股上有七十二颗麻子，桓温的脸上就有七星连珠。

天生异象，也是个出名的路子。走神秘主义道路的桓温终于娶到了晋明帝的女儿南康公主。按说，虽然东晋王族的势力一落千丈，但公主还是公主，想娶她的大有人在，干吗选了个没爹没家族势力的桓温？要不然，是桓山伯和司马英台一见钟情（南康公主能对一个满脸麻子的抽象男一见钟情实在是挺难想象的），要不然是晋明帝吸取了他老爹晋元帝因为忽视军队建设，结果被土敦打到南京的教训，决定选一个有军事才能够拱卫王权的女婿。不管什么原因，反正娶公主，对桓温来说是稳赚不赔的买卖，更何况，这个公主的舅舅是庾亮。总之，桓温的这次婚姻，开始把他送上快速发展的轨道，成了他命运的第一个转折点。

接下来，桓温以司马氏女婿和庾家女婿的双重身份静观庾亮和王导的斗争。无奈王导没活过庾亮，终于庾氏冲刺成功，后程胜出。更好的事情是，桓温的老丈人只在位了三年就不明不白死在了建康宫里，传说是庾皇后情杀。庾皇后的儿子晋成帝司马衍即位。庾亮以帝舅的身份领江州、荆州、豫州三州刺史，都督六州诸军事，镇武昌。庾亮此时风生水起，连带着庾家鸡犬升天。庾亮几乎掌控了整个东晋的上游军事重镇，准备来一次北伐。庾亮可能是同时代的人里给桓温影响最大的几个人之一。桓温在这个时候有了一次难得的实习观摩加扩大个人影响力的机会。

但是庾亮北伐要越过的障碍太多。荆州和扬州之间的江州不受他控制，长江上下游间方镇对立，他用尽心思都没能够夺下江州的控制权来。到庾亮死后，庾翼任安西将军，接替庾亮镇守武昌。庾翼是桓温的好友，他也主张要北伐。庾翼在任内联络表面上向东晋称臣的燕王慕容皝、凉州张骏，指望左右夹击石赵，但是很快也去世了。

庾亮、庾翼的相继去世却给了桓温机会，他接替庾翼成为安西将军，都督荆州、梁州等四州军事。桓温发现，庾氏的相继失败是因为他们太依赖北来的流民将领，而没有建立起自己的队伍。郗鉴、苏峻、陶侃，都各据要地，遇到大事公说公有理婆说婆有理，反正就是不听中央的。现在，桓温要做的是高筑墙广积粮，经营荆州。他有足够的耐心让这里成为他发迹的大本营。

庾氏和司马氏双重女婿的身份又给桓温赢得了独自发展的空间。本来，庾翼是要给自己的小儿子庾爰这个荆州都督的职位的，只是当时已经到了晋穆帝永和年间。晋穆帝是晋康帝的儿子，晋康帝是晋成帝的弟弟。庾翼这个晋康帝的帝舅到了晋穆帝这里，已经是八竿子打不着边。况且晋康帝另有一套颇为厉害的外戚队伍：以皇后褚祘子、皇后她爹褚裒和何充为首的打压庾氏力量的褚氏集团。何充不同意长江上游的重镇姓庾，两派一掐，同为庾氏和司马氏女婿的桓温就捡到了这个便宜，成为让何充和庾翼都下得了台阶的继任者。

永和年间，桓温在荆州积蓄力量，同时，他也围观了东晋前期的几次政治中心转移的斗争：先是王导和庾亮，再是庾氏和褚氏。在这种频繁的权力交接中，桓温看到了北伐背后的隐患：他选择哪一方，都有可能成为未来当权者所不容的政敌。但是他有个优势，他有军队，有自立山头的资本。他经营荆州，像陶侃一样做军阀已然是够了，可是他的志向不止于此，他想北伐。要想北伐，先要把后方的这些人给镇住。

很快出现了机会。朝廷决定收拾自晋室南迁之后一直闹独立的后蜀政权，桓温终于有机会扩大自己的声望和队伍。朝廷不愿意让桓温去打——谁也不愿意掌握着长江上游的军阀再掌握巴蜀。可是除了桓温，又没有别人有胜利的把握，只好硬着头皮点了头。桓温三战三捷，直接进了成都，灭掉了这个独立了十几年的小王国，自己也带回来一个漂亮的四川姑娘，惹得人老婆醋意大发。这是后话。

总之，平定了巴蜀之后，桓温解除了军事上被两面夹击的危险，后方无忧，专心准备起北伐来。但是灭了巴蜀李势之后桓温还是让中央紧张了，入朝辅政的琅琊王司马昱开始扶持殷浩对抗桓温。永和五年，石勒死了，冒出来一堆姓石的皇帝，桓温很兴奋，认为那是一个北伐的好机会。石勒刚死了两个月，桓温就出江陵，屯兵安陆，想要拔寨开路。司马昱好紧张，赶紧命令褚裒从京口拔寨，抢先开路，抢了桓温的机会。结果褚裒很快失败了。于是又有了殷浩在永和六年那次抢来的北伐。

历来史家在说桓温北伐这一段的时候，总要说这是桓温增加自身实力向朝廷相要挟的伎俩。然而，若想要挟朝廷，桓温大可以如王敦、苏峻一样直接打到南京去，何必一次又一次地上书请求北伐，一次次被拒绝的时候锲而不舍？懂得掉头转向是政治家的天赋，若非此事已成执念，必做不可，大可以有其他增加威望、要挟朝廷的办法。可见，桓温就是铁了心要北伐。

永和年间是东晋少有的和平年代，平定了巴蜀，平定了内乱，北方自顾无暇没有办法再南下侵扰。原先以攻为守的北伐计划渐渐被安逸地享受当下所取代。兵书是最冷门的东西，除了流民帅，大家对军事都兴致缺缺，也难怪殷浩、褚裒一打就输。在这样的氛围下生活，桓温格外显得是个异类，别人看他不舒服，他也瞧不上朝里这些人，相看两生厌。永和十年，桓温终于被批准北伐。第一次北伐，一直打到西安郊外的灞上，士气很旺，大得民心。老百姓又是送水又是送饭，简直是"箪食壶浆，以迎王师"。

灞上已经在长安郊区，汉人几百年的古都、大城市长安就在咫尺。是王粲"南登霸陵岸，回首望长安"的地方，历来从长安出城，在霸陵告别就是传统。孟郊也说过，"灞上轻薄行，长安无缓步"。

但是就在离旧都如此之近的灞上，桓温停下了。攻打长安不见得能够打得下来，打得下来也不见得能够守得住。桓温决定以江东为基地，打运动战。以多次小规模战争，消灭敌人有生力量。就算不能马上光复，也能起到恐吓敌人的效果。这是个以弱胜强的好办法。

永和十二年，桓温又一次北伐。这一次打到了洛阳，西晋的首都，江东多少氏族的祖宅故土，中原的军队阔别了四十多年的城市。站在洛阳城头，桓温看着本该属于自己的土地此时为胡人所占，不禁愤慨，"神州陆沉，王衍这些人难辞其咎！"这句话让朝廷里的文化人很不高兴——王衍是文化人的代表，尽管他搞砸了西晋，但不能说他不对，说王衍不对，就是说文化人不对。建安时代被军阀压制着的文化人此时咸鱼翻身，不许当兵的说他们一句空话。

因而，桓温此时虽然打了胜仗，但还是郁闷：朝廷不信任他。不仅内政他插不上手，在军事上，豫州、徐州的管理权也不在他手上。以江南半壁之力北伐本来就是以小搏大的事情，纵览中国史，没一个偏安王朝能够反攻成功。桓温这时候最需要的是同仇敌忾，需要朝廷的支持和坦诚。但是没一个皇帝敢这么放手一搏：又不是日子过不下去了，至于押上这么大的赌注吗？

桓温的偏脾气上来，上了一道奏折：奏请还都洛阳。朝廷自然不愿意，谁喜欢把自己往老虎身边送啊，胡人都是吃人不眨眼的。江南待着多快乐，当年王敦之乱之后，温峤他们建议从南京挪一挪窝，挪到其他地方，王导还不同意，何况越过长江走到那么远的洛阳。

桓温也没指望朝廷能同意，他就是出一口这个离心离德的恶气：地方我给你们打下来了，也通知让你们来了，你们不来，可就不关我的事。于是桓温从洛阳撤军，既没有再往长安打，也没有全军窝在洛阳，退回江东去了。

洛阳很快再次陷落。

桓温开始明白一件事情：要想北伐成功，除了带兵之外，他得取得政权。否则任何人在粮草上掐一掐他，在背后使个坏，他就得死无葬身之地。很多将军都明白这个道理，但是没有这个胆量，因为一个拿捏不好就是谋反的帽子扣上来，这可犯了忠君的大忌。但是桓温不管。

借着这次北伐的大功劳，桓温拿到了都督中外诸军事的职位，虽然他的影响力在豫州和徐州依然不太灵，但是好歹名义上是都归他管了。下面，桓温上书，指出了政治上的七条弊病，每一条都一针见血：

一、朋党雷同，私议沸腾。

二、户口凋敝，整个国家的人口还没有汉末一个大城市多。

三、办事拖沓，一件事情办个十天半个月是常有的事（都跑去开沙龙了，谁干活啊，又不涨工资）。

四、忠诚、干事勤快的官吏要涨工资（针对第三条的解决办法）。

五、褒贬赏罚要公允（不能光看家庭背景，还得看个人努力)。

六、要选定官方教材,让大家都进皇家读经馆读经去(都去逛沙龙叽叽歪歪朝廷的事情不如老实读书让人省心)。

七、要选史官,写《晋书》(《晋书》由阮籍他们开了个头,但是后来大家都忙着逃难也没人管这事情了)。

桓温的这七条建议显示出一副当朝大佬的范儿来,从经济、吏治到文化,都管了。本来,桓温也懒得管那么多,但是这七条,其实每一条都指向一个中心:安定人心。这是要打大仗之前最重要的事情。桓温经过两次北伐,深刻体会到攘外必先安内的道理。

接下来,晋哀帝兴宁元年开始,桓温主持了一次重要的改革:庚戌土断。

庚戌土断实际上是为中央财政向世家大族的口袋里掏钱的。直接针对的是七条政治弊病的第二条,户口凋敝,一个原因是打仗把人都打死了,还有更重要的原因是世家大族把流民都收罗进自家的庄园种地去了,不给上户口。不上户口国家自然收不到税,这些人就成了大族们自己的佃客和部曲。结果就是世家大族更有钱,国家更没钱。打仗要靠国库支出,又不能叫世家大族捐钱,所以只能让他们把户口给交出来。

晋哀帝是晋成帝的儿子,和桓温一样的辈分,桓温却已经是三朝的老臣,他要改制,晋哀帝还真没啥话好说。经过这次改制,东晋的户口经过大致的整理,钱也多了,人也多了。这也是件很稀奇的事情,历来改革都会腥风血雨闹成一锅粥,主持改革的人十个有九个功败垂成没有好下场，但是桓温就做成了。庚戌土断之后，桓温又移镇姑孰，扼住了建康的南大门。这样，朝内就清理得差不多了。

晋哀帝去世，他儿子司马奕上台，太和四年，桓温开始谋划他的第三次北伐。斗争是激烈的，愿望是强烈的，桓温已经不再年少，这次出征，有志在必得的勇气，也有胜败在此一举的悲壮。

这一次，大军从姑孰出发，目的地广城的行军途中，他经过了金城。他曾经在这里种过一棵柳树。当年种下的时候还是一棵小树苗，但现在已经长成了十围的大树（和庾敳的腰围差不多），桓温不禁潸然泪下，"木犹如此，情何以堪"。毕竟功业可以等待，统一早一百年迟一百年都只是历史的记述，但对于一个想要完成他的事业的将军，时间是他在扫清了一切阻力之后最无力应对的。在岁月残酷的一视同仁面前，他的刚强也只有一滴眼泪的重量。这句话在后人那里产生了一种对于人生一世如寄如客的共鸣，后来的诗人庾信根据这件事情写了一首《枯树赋》：昔年种柳，依依汉南。今看摇落，凄怆江潭。树犹如此，人何以堪。

这时候中原进入了前燕时代。这一次北伐的开局不错，刚开始就在湖陆活捉了慕容暐的将军慕容忠。之后，桓温在林渚遇见了慕容垂，慕容垂硬拼没拼得过，被桓温打败了。桓温乘势追击，一直追到枋头。但是很快就让慕容垂发现了他的弱点：当时天旱，桓温把黄河的水引入了巨野三百余里，想用船来进行运输。但是保护这条水路需要占领石门。桓温把这个任务交给了袁真，他让袁真攻打谯梁，打下谯梁就可以占领石门，通水路。慕容垂很快重兵把守石门，袁真怎么都打不下石门来，这时候军粮已经竭尽。

桓温以为这次他万事俱备，没想到在这里就面对了严酷的选择。执意往前，只能是深入敌境，以疲惫之师应战，全军覆没不是不可能。但是只要一退，那些被他夺了佃户部曲的士族一定会落井下石，痛打落水狗。他也知道，不管他怎样选，都不会有再来一次的机会。但强悍的桓温还是不愿放弃，思量再三，他决定把船烧掉，步行撤回，从东燕，出仓垣，走了七百多里路，凿井取水。但后果也很惨重，士兵损失大半，最终还是只能无奈退回。

本来是慕容垂打得好，但是桓温不得不在兴师问罪的浪潮中抓出袁真来当替罪羊，回来就表奏把他废为庶人。袁真不愿意为他背这个黑锅，反了。

桓温的北伐梦想随着这一次士兵损失了一半的大败而受到严重的打击，他自己年纪也大了。桓温把这种壮志未酬的不满发泄在朝中，像个孩子一样要求他的政治权力。先是废了司马奕，让原来跟他唱对手戏的司马昱上了台。司马昱唯唯诺诺，只想保命而已。桓温经过三次北伐无疾而终，到了老年心情越发的不平衡，最后病入膏肓的时候做了一件蠢事，让他从此和王敦一起进了《晋书》的叛臣传。

他向朝廷要九锡，这是一个皇帝将要禅让时才会给另一个人的东西。但是他的对手已经换了，朝廷里新冒出了谢安、王坦之。他的时代,注定已经过去了。负责起草这份《让九锡表》的是大文学家袁宏,谢安和王坦之死活要袁宏反复修改那份《让九锡表》,终于把桓温给拖死了。

桓温还有个儿子叫桓玄,后来真的造反,做了皇帝。可他老爹,明明只想痛痛快快驰骋疆场恢复故土,却因为不爱搞文化,性格又强硬,就被"老贼""老贼"骂了几千年。叫人想起梁启超给李鸿章写传时候的那句名言,搁在桓温身上,也很应景:

天下惟庸人无咎无誉。

誉满天下,未必不为乡愿;谤满天下,未必不为伟人。

王羲之

一个流传千年的误会

王羲之小时候又傻又愣,是那种扔进人堆里就销声匿迹的小孩。直到有一次周顗请客吃牛肉,周顗在一桌子聪明小孩子间独独看中了王羲之,第一刀下去割的最好的牛肉先布在了王羲之面前。大概他的好朋友王导事先给他打了招呼,叫他帮忙抬举一下这个傻侄子,又大概,周顗真的慧眼识珠,总之,王羲之是一饭成名。这不得不让人想起同样又傻又愣的王述,也是在类似的场景里趁着别人死命拍王导马屁的时候,一盆冷水泼上去,反而泼出来王导的刮目相看。

王羲之和王述,这两人几乎是同时代的人。王羲之是王导的侄子,王述是王承的儿子,一个琅琊王氏,一个太原王氏,本来就代代要攀比,到了他们这代,马拉松进入新站点。巧的是,他们的先代,对于这种攀比并不上心,到了王羲之这里,却十分在意,甚至让王羲之非常愤恨地对着他的儿子们说,"我和王述出身差不多,智商差不多,才能也差不多,到现在他们家比我们家发达得多,就是因为你们这几个小兔崽子没一个能比得上人家的儿子王坦之!"王家的几个儿子,凝之是书法家,献之是未来驸马,徽之是当时数一数二的潇洒人物,结果在急怒攻心的老爹嘴里,都变做了烂狗屎。可见王羲之有多么咬牙切齿。

事情要从王羲之代王述为会稽内史开始说起。王述母亲亡故,所以去官守孝,住在会稽边境。上面派去代替王述的是王羲之。王述以为他和王羲之都是当朝名士,自然惺惺相惜,一直等着王羲之的拜访。没想到王羲之只是礼节性地吊唁了一下王述的母亲,匆匆来了,又匆匆去了,之后就再无音讯。可王述总认为他一定还会来的,每次一听见门外有吹角的声音,知道有客人来,就命人打扫了卫生,摆好酒菜等着接待王羲之。

这么过去好几年,王羲之竟然一次都没有来过。王述自觉被王羲之怠慢,不仅损失了酒菜还损失了面子,从此心里不爽,一定要把这个面子讨回来。

没想到不久之后王述就因缘际会升了扬州刺史,王羲之的会稽郡就在扬州刺史的治下,这下王述成了王羲之的顶头上司。王述真要感谢老天帮忙,给了个出气的机会,于是在治所考察工作的时候到处都去了,独独绕过了王羲之所在的会稽郡。王羲之气得连忙给中央上书,说,我不要在他手底下干了,强烈要求把会稽郡划到越州的治所里去。中央当然不同意,更惨的是,这封公文一不小心被透露了出来,成了当时饭桌牌局上的笑柄。

王述觉得解气，但还是忍不住跑去了会稽郡，想看看王羲之气成什么样儿了，也想给他顺顺毛——我就是报复你一下，回头还是好朋友。没想到王述包含了多重含义的拜访，太过认真，又让王羲之不爽了一回：王述考察工作，事无巨细都仔细问一遍。本来王述可能是好奇加八卦，你王羲之一个大名人做地方官，到底是咋干的？结果在王羲之眼里事情就变味了：大家当官都是吃大锅饭公款开沙龙的，你现在问得这么细，难不成是指望发现什么纰漏好让我再丢老脸吗？

　　王羲之一怒之下撂了挑子：老子不干了！找了个很蹩脚的理由：身体不好。谁都知道这是个再假不过的理由，但是中央这回管不了他。这是人心惶惶的永和十一年。桓温从永和六年殷浩北伐失败之后把他的势力从荆州扩展到京都，一举控制了长江上下游。永和十年，桓温第一次北伐前秦，一路上声势浩荡直打到洛阳。朝廷正为如何处理这日益坐大的权臣人心惶惶，谁也没想要真理会隔三岔五犯抽的王羲之。

　　况且这回王羲之是吃了秤砣铁了心，谁劝也劝不回来。本来做官就烦，还要在王述这种装模作样的人手下装孙子，不如回家种田去！为了表示自己的决心，王羲之专门跑到父母坟上去，借着上坟指天发誓，说，"我本来就命不好，老爸死得早。妈妈和哥哥把我养大，虽然笨，但是因为国家聪明人少，所以在矮子里拔了将军。其实我对做官不感兴趣，我就喜欢老庄的书，老是觉得自己日子不多了，想要放浪形骸在山水间，但是为了我们家族又很矛盾，不敢退下来。而现在我决定了，我要退休。这个月一定找个良辰吉日大摆筵席金盆洗手，告慰各方神仙。从今以后，我要是说到做不到，又蠢蠢欲动地想做官就不是你们的儿子！天地之间，人人得而诛之！我向太阳发誓！"

王羲之这一番恶狠狠的誓言顺利促成了他的退休。中央没有派人挽留，因为桓温不喜欢他，原因很简单，桓温是北伐的坚定支持者，而王羲之则是不遗余力的反对派。本来中央和桓温的关系就岌岌可危，没必要因为王羲之再起波澜。

这是王羲之一根筋的具体表现，大概是小时候那点傻愣的遗留问题。他喜欢的东西永远喜欢，比如说鹅。传说中他爱鹅成痴，曾经在一次出游时，为了几只漂亮的鹅为养鹅的道士写了一遍《道德经》，得到鹅才心满意足地离开。他不喜欢的永远不喜欢：比如说王述，比如说北伐。

王羲之是个和平主义者，对于反攻北方一直抱着消极态度。他的想法很有儒家的传统色彩：只要我们把内政搞好，和善亲民，大力发展生产力，江对面的人民一定会望风归附，不用打仗就得民心得天下。可是，没人理他。于是每每打仗之前，王羲之都要祭出一句"外宁必有内忧"的谶语来吓人。意思是，仗一旦打胜了，国家统一了，就必然出现能共患难不能同富贵的现象，大家分地盘抢女人一定会把这个国家搞灭亡。

王羲之的反战并不是危言耸听。王羲之经历的反攻北方几乎都不是出于"壮志饥餐胡虏肉，笑谈渴饮匈奴血"的动机，反而更是中央和外镇军阀互相炫耀实力、攀比威望的手段。

王羲之的第一次大规模反战在殷浩准备第二次北伐的时候。

这次北伐殷浩本来也没准备真打，而是被桓温逼得没有办法的下策。桓温自始至终是个北伐狂，自从做了荆州刺史把长江上游经营成个"小斯巴达"之后，就一直要求朝廷让他出兵北伐。但朝上的褚太后、管事的褚裒和殷浩想的却是：桓温是有实力的，他一旦北伐成功，一个复国权臣怎么安置？特别是殷浩，他几乎可以肯定一旦桓温北伐成功，自己的首辅地位一定会被取而代之。永和六年，冉闵大肆屠杀胡人，并且自立为魏王，后赵的很多将领不服气，纷纷割据一方。东晋光复北方的机会说来就来，没有说不的理由。殷浩被逼无奈，硬着头皮主持了这次北伐。结果文人将兵，殷浩毫无悬念地失败了。

王羲之在会稽一边游山玩水一边冷笑：这仗根本就没想打，没有士气，没有必胜的信心，没有置之死地而后生的气概，不败就怪了。只是在殷浩极没面子地准备又一次北伐的时候，王羲之笑不出来了：他们这样怄气争名声，结果要我们给他们买单（三吴三浙地区是东晋最富庶的区域，会稽更是贵族聚居的富中之富，打仗要的钱粮人，三吴三浙首当其冲，王羲之就是被摊派的主之一）。输了的结果我们担待，赢了的名声他们戴着，有傻子会干这种事吗？王羲之终于忍不住了，劝了殷浩一顿，最后隐晦表示，再要打仗，这种冤大头的活儿我不干了。我要弃官游山玩水去了。

但是永和十年，桓温又北伐了——谁也没把王羲之的建议放在眼里。

王羲之除了无奈还是无奈。好在，历史并没有特写他的愤愤和无奈，时间记住的却是他的潇洒。因为，在这次北伐之前，一向对政治表示忧虑的王羲之组织了一次让他流传千古的雅集。让这个实际上经常处在愤愤状态中的王羲之留给后世一个悲悯、伤感、浪漫的形象。这也许是中国古代最浪漫的雅集之一，由于后来唐太宗的官方强烈推荐成了唯一。那一年的三月三修禊日，王羲之在兰亭宴请好友，曲水流觞。

出去玩是魏晋贵族们最喜欢干的事情之一，在这之前，有石崇的金谷园雅集，也有王导、王承和阮瞻每逢三月三的踏青。然而这次的兰亭会却因为阵容之奢华，制作之精良而值得大书特书。

那天天朗气清，绍兴会稽山的山道上星光熠熠。参会的巨星有：谢安和他的弟弟谢万、侄子谢玄，孙绰，王羲之和他的子侄凝之、徽之、肃之、玄之、蕴之，还有郗昙，庾蕴，庾友等。谢家，王家，郗家，庾家，俱为名门。大家玩游戏，把杯子放在特别疏通过形状的溪水里漂流，酒杯停在谁的面前谁就要喝酒作诗。这一个游戏本是轻松愉快的事情，然而，这些越是衣食无忧的人越有对于命运和人生的担忧。所以王羲之那篇为这些诗作总结的《兰亭集序》是很有宿命般的悲凉感的：

永和九年，岁在癸丑，暮春之初，会于会稽山阴之兰亭，修禊事也。群贤毕至，少长咸集。此地有崇山峻岭，茂林修竹；又有清流激湍，映带左右，引以为流觞曲水，列坐其次。虽无丝竹管弦之盛，一觞一咏，亦足以畅叙幽情。是日也，天朗气清，惠风和畅，仰观宇宙之大，俯察品类之盛，所以游目骋怀，足以极视听之娱，信可乐也。夫人之相与，俯仰一世，或取诸怀抱，晤言一室之内；或因寄所托，放浪形骸之外。虽取舍万殊，静躁不同，当其欣于所遇，暂得于己，快然自足，不知老之将至。及其所之既倦，情随事迁，感慨系之矣。向之所欣，俯仰之间，已为陈迹，犹不能不以之兴怀。况修短随化，终期于尽。古人云："死生亦大矣。"岂不痛哉！每览昔人兴感之由，若合一契，未尝不临文嗟悼，不能喻之于怀。固知一死生为虚诞，齐彭殇为妄作。后之视今，亦犹今之视昔。悲夫！故列叙时人，录其所述，虽世殊事异，所以兴怀，其致一也。后之览者，亦将有感于斯文。

这种对于生命短暂的悲悯，从自然中生发，又把自己融进去。后来也许感动了盛唐的诗人李白，他在那首《春夜宴桃李园序》中不点名地向王羲之致敬，"夫天地者，万物之逆旅；光阴者，百代之过客。而浮生若梦，为欢几何！"

王羲之本不是这么悲凉的人，却巧合地留下这有名的悲凉文章，让后人误会他是个"老文青"。王羲之喜欢游山玩水不假，但未必常怀着生命短暂的悲凉，他那句雅痞味道十足的"在山阴道上行走，如同走在画上。我要乐死在这里啦！"才更能代表老王享受人生的态度。

老王罢官是想向朝廷较较劲，摆个谱，却没想到退休申请顺利地批了下来，他那时候心里一定是不开心的。但退休之后，或许是年纪大了，磨去了年轻时候的好胜心，也许是绍兴的会稽山、曹娥水让他乐而忘返，如入仙境。总之，越到老，王羲之的心境越澄澈平和，又变得像少年时候一样有些许木讷，只是这种木讷带着历练之后的回归。

后来，他曾给好友谢万写过一封信，读起来，颇有《归去来辞》那样鸡鸣狗吠、桑茶炊烟的温馨味道，比美得有些冷冽残酷的《兰亭序》多了些温暖的色调，更有历尽风雨之后归于平静的老派风骨：

古之辞世者，或披发佯狂，或污身秽迹，可谓艰矣。今仆坐而获免，遂其宿心，其为庆幸，岂非天赐！违天不祥。顷东游还，修植桑果，今盛敷荣，率诸子，抱弱孙，游观其间，有一味之甘，割而分之，以娱目前。虽植德无殊邈，犹欲教养子孙以敦厚退让。戒以轻薄，庶令举策数马，仿佛万石之风。君谓此何如？比当与安石东游山海，并行田视地利，颐养闲暇。衣食之余，欲与亲知时共欢宴，虽不能与言高咏，衔杯引满，语田里所行，故以为抚掌之资，其为得意，可胜言耶！常依陆贾，班嗣，杨王孙之处世，甚欲希风数子，老夫志愿尽于此也。

这样的文章，最难写。像是后来的辛稼轩说的："少年不识愁滋味，爱上层楼；爱上层楼，为赋新词强说愁。而今识尽愁滋味，欲说还休，欲说还休，却道天凉好个秋。"

没有阅历的人最喜欢说爱，说死，说痛苦，生怕别人质疑自己的洞察力，反而是睿智的老人，经历过生命里的坎坷，才能以慈和的眼光看待眼前的一草一木。越是阅历丰富的老人，越喜欢这样波澜不惊的话语。越深的海，表面越是风平浪静。

王羲之少年入世与人争，生在权臣辈出的时代，到老，却让田园梦成了人生最后的追求。不是夸张的披发佯狂，也不再愤愤。种树采果，儿孙满堂，其乐融融。抱着孙子在山道上漫步，脚下是一带如碧的曹娥江，让自然教会孩子们敦厚退让的品性。

  他最深刻的记忆，不是少年被赞扬，不是十几岁就被临死的庾亮鼎力推荐，而是和好友谢安东海游船、田园散步的往事，是和朋友们喝酒唱歌、读书吟唱的过去。

王徽之

也许想着你,不需要见到你

王羲之是个特不懂教育的家长。他受了王述的气就回家骂儿子,一句"没出息"骂出来,儿子们真的绝了积极做官光耀门楣的念想,自暴自弃,一个个变着法子叛逆。其中最搞怪,最五花八门,最令人目不暇接的就是王徽之。

他走到哪里,就算是只住一个晚上的屋子,也要让人在屋前种竹子,几十年如一日。他还曾经一声招呼都不打就住进一户人家待了好几天,弄得主人神经紧张,他却只是看了几天人家种的竹子,拍着手赞叹,好竹子,好竹子!之后扬长而去。旁人劝他别总是兴师动众,他却说:饭可以不吃,竹子不能不看。

但毕竟生在贵族家庭,就算他再搞怪,朝廷也要挪一个体面的位置给他,以示对王家的尊重。于是对军事一窍不通的王徽之被安排做了桓温的参军,之后又转为桓冲的骑兵参军。对于王徽之，做官和没做也没有什么区别——天天不洗脸不上班，直到桓冲忍无可忍来兴师问罪。桓冲问，你具体的工作是什么？王徽之稍微想了一下，大概是管马的？桓冲又问，管多少马？王徽之说，我都不认得马，哪里知道有多少？桓冲咬牙切齿，又问，马和死相比起来怎样？王徽之听出这是威胁他，但依然淡定地装糊涂，我还不明白活着呢，怎么明白死呢？不能打，不能骂，碰上王徽之这样一个"无赖"，桓冲只能听之任之。在桓家这样一个有着积极朴素的处事传统的家族里，最不兼容的大概就是王徽之这种人。但是王徽之也有办法在桓家找到知己：桓伊。

王徽之有次坐船回家，船停在南京城里的清溪码头，这时候恰好桓伊从岸上过。两人素昧平生，但是王徽之听说桓伊善吹笛，就大方要道，能不能给我吹一首？桓伊当即掏出笛子奏了三调。王徽之在船上听着，仿佛有梅花的气息幽深又飘渺，这曲子就是后来的《梅花三弄》。而后两人又各走各的路，没有一句交谈。

王徽之爱竹，爱好听的音乐，爱一切能够让他产生美妙情感的东西。虽然魏晋是中国人最敢爱敢恨的时代，但在名声和事务的包裹下，更多的人只能适可而止。但是王徽之不知足，他要把有限的生命投入到无限的寻找快乐的事业中去。他把自己活成了一幅画，像是神仙一样，让人膜拜。

元代的画家张渥有幅名画：《雪夜访戴图》，主角就是王徽之。

大雪初歇，月夜亮如昼。徽之卧而不能眠，干脆爬起来一舸一人一壶酒去找老朋友戴逵。然而坐了半夜的船，爬了半夜的山，走到戴逵门前，徽之想了想，却最终没有叩动门环，又转身走了回去。

按照重结果的实用主义观点来看，这是中国古代最二百五的故事——辛辛苦苦折腾了大半夜，到了朋友家门口却不进去，简直是傻X。但是王徽之要的就是心里想着友人，眼睛看着风景的好心情，至于敲开门之后，既要解释半夜来访的理由，又要顾虑好友是否正有同样的心情，还是算了。

后来颇有魏晋风度的苏东坡也遇见过一个差不多的场景，然后非常文青地写了一篇日记——《记承天寺夜游》：

元丰六年十月十二日,夜，解衣欲睡，月色入户，欣然起行。念无与为乐者，遂至承天寺，寻张怀民。怀民亦未寝，相与步于中庭。庭下如积水空明，水中藻荇交横，盖竹柏影也。何夜无月？何处无竹柏？但少闲人如吾两人者耳。

但是苏东坡显然没有王徽之孤独的自由，硬生生地闯到张怀民屋子里把他拎了出来。

苏东坡也想做王徽之这样纯粹的人，只是他的抱负太大太多，闲庭信步只能是偶尔犯文青病时候的随笔。后来的很多人也想学王徽之，于是有了各种各样的度假别墅、山林大宅。只是王氏的生活只能是庸常生活中的一次小憩，谁也不敢把整个生命交托给愉悦。好像不苦大仇深地逼一逼自己，做出点也许微不足道的业绩，就对不起这一辈子。那个业绩就是王徽之不在意可别人却非常在意的东西：结果。

家里信"天师道",又从小跟和尚们混,王徽之早早的一眼看到所有人最后的那个结果:死亡。既然生命到最后不是寂灭就是轮回,那虚耗在自己不喜欢的事情上,为了得到几句虚无缥缈的赞扬不是件很傻的事情吗?王徽之对于美和愉悦的追寻从来那么急切,急切得好像那是他可以做的最后一件事情。

在他临死之前,一向满不在乎的王徽之终于显出最悲伤的一面来。徽之和弟弟献之的关系非常好,不知道是不是上天的有意安排,在徽之病入膏肓命不久矣的时候,传来噩耗:王献之病亡了。王徽之听到这个消息一滴眼泪也没流,只是淡淡地问,"什么时候死的?为什么我一点都不知道?"他面无表情,家人恐慌,居然没有人敢拦卧病在床的徽之要去奔丧的要求。

奔丧也有规矩。吊唁的人要先在灵前大哭,还要一边哭一边跳脚,跳三下是规则。然后逝者的儿子也要跟着哭。而后,客人要握住逝者儿子的手寒暄一下,互相慰问。但是魏晋时候死了人,这套礼节就不怎么要求了,先是有曹丕带着太子府的哥们儿在王粲坟前学驴叫,后来又有阮籍死了妈照样又吃猪肉又喝酒。而王徽之到了献之家,也不哭也不跳,更不握孝子的手,径直坐到灵床上,抚起献之的留下的琴来。古琴是个容易走调的乐器,每次弹之前按道理要调弦,但是徽之不管不顾地弹起来。歌不成歌,调不成调。失去至亲的伤痛全都在琴声里,是只有徽之和献之能懂的默契。一曲弹罢,徽之像伯牙一样投琴掷地,大呼一声,"献之啊献之!人和琴都亡了!"

悲痛之下,只过了一个月,徽之也亡故了。

王徽之和王献之是王羲之最小的两个儿子。献之老幺,自然最受父母宠。王献之是个乖孩子,平稳地做官,安静地做名士。既有名士的率性,又有当官的那种端着的劲儿。有次失火,徽之赤着脚赶紧跑出来,献之还不紧不慢地穿衣服,让人把他放在肩舆上抬出来。有人说这是献之处乱不惊,将他和坐船遇到风暴、惊涛骇浪间依然神色安然的谢安相提并论。但人都怕死,处乱不惊除了胆大更说明这人"装劲儿"十足。谢安的装劲儿是魏晋第一,王献之算是他的徒弟。对于做官的人,这是极好的品质。但是徽之不需要,他的爱恨是原始的,不需要巧饰。处乱不惊可以装出来,但是原始的真诚却只能是浑然天成,修炼不来。

后来的武侠大师写小说,总喜欢让男主角跳崖或者半死不活之际为世外的高人、不食人间烟火的仙子所救,只是伤愈之后要不然是将世外高人也搅进江湖恩怨,要不然就是救人的人反被追踪而来的仇家所杀。总之,在文人的梦里,除了侠客还有原始的拙朴,可是原始的拙朴常常不能善终,因为我们都明白,这种桃花源般的性情太过脆弱,稍一放纵就会伤害自己和家人。于是当王徽之这样的人大喇喇地出现的时候,我们只能倒吸一口凉气,缓缓吐出,赞一声:酷!

谢安

风流绝

今天，上虞的东山依然是江南最美的风景。从上虞市到上浦镇，只需要沿着如凝玉一样的曹娥江寻去，看到连绵不绝的群山，满目苍翠倒映在水中，分不清是山是水。半山腰有一片湖，湖边有块大石头，传说就是谢安垂钓曾经坐过的地方。一千七百多年前，谢安在这里生活到四十岁，无官无职，吃喝玩乐，养儿教子，度过了人生最好的年华。

四十岁像是下午三四点的太阳，还没下山，但想干点什么却已经迟了。上有老下有小，想要潇洒走一回还得考虑因此产生的巨额机会成本。若是到这个时候还没闯出个样子来，难免就要心浮气躁地超速进入更年期。在东晋，年少成名的孩子太多，人才济济，像是一列满载的火车，在这个站台没有搭上车，后面站台上依然熙熙攘攘，哪能容你再挤进去呢？

但是，四十岁的谢安，这个超龄考生，现在却硬要觍着脸去求个官职，挤上这趟早已经满员的列车。他只好装聋作哑，视而不见周围的窃窃私语、异样的眼神，哪怕他自己也怪不好意思的。

本来，做官并不在他的考虑之内，谢家已经在朝堂上足够吃香，多他一个不多，少他一个也不少。谢安的父亲是谢裒，曾经做过高官太常，九卿之一，主管国家典制礼仪。在他的年代，更出名的是他堂哥，谢鲲的儿子谢尚。谢尚这哥们儿精通音乐，会跳舞，据说他曾自创一曲"鸲鹆舞"。但跳舞给自己看是风雅，给别人看就难免被看低，毕竟只有特殊职业的从业者才跳舞娱人，因而大家都想看，又怕他生气，不敢对他说。只有王导倚老卖老，在一次宴会上趁着热闹问他，可以跳给我们看吗？谢尚欣然起舞。谢尚书法写得好，清谈也拿手，总之什么都会。他八岁就被称赞像孔子的弟子颜回。有人气，也有实力。庾亮的小弟弟庾冰辅政的时候，朝廷对庾家很不放心，谢尚便作为朝廷的挡箭牌，先被派去管了江州，在庾家的步步紧逼之下不得已退到了历阳，做豫州刺史——鹬蚌相争渔翁得利，谢家人也成了一代军阀。

螳螂捕蝉黄雀在后，桓温在长江上游渐渐牛气起来，谢家再次收到了朝廷危机的红利。此时，谢家守豫州的人选换成了谢奕。豫州本来是朝廷制约桓温的前线，豫州荆州本来快要剑拔弩张了，可谢奕和桓温的关系好。好到谢奕半夜三更跑到桓温家里找他喝酒，把桓温喝到要躲到老婆房间里。谢奕和朝廷的关系也不差。作为桓温和朝廷的缓冲带,谢奕吃香得很。谢奕死了之后有谢万,哥哥弟弟们轮番上阵,怎么也轮不上谢安。一个家庭,有厉害的人撑着,他继续做自己的老纨绔子弟,很是心安理得。

时间,地位,这些寻常的参照物在他这里,都没什么要紧。他已经得到了想要得到的东西,剩下的那些,他都不在乎。不在乎,也就什么都不害怕。王羲之曾经和他一起坐船出海。路上遇到风浪,小船在浪里上下颠簸侧转,王羲之惊恐地要求开回去,谢安却依然吟咏长啸,游兴不减。

谢安"无所事事",便在家里专业教孩子。谢家下一代,一大票孩子都归他管,多多少少传染了他从容自在的习气,哪怕天塌下来,也要洗好脸穿好衣服再去顶着。谢安隐居的那些年,孩子们常常去看他,他是一个长辈,也是一个朋友。让人尊敬,却不让人畏惧。在古代,这一点最不容易做到。哪怕温和睿智如孔子,他儿子还是挺怕他,见他在院子里走路都要汲汲皇皇。但谢安的子侄辈却很幸福,叔叔轻松自在,甚至还很幽默。有一年夏天,谢安的侄子谢玄光着膀子躺在院子里乘凉看星星,看着看着就睡着了。谢安一大早进来,看到这家伙衣冠不整睡在躺椅上,也没喊醒他,就进了屋。后来谢玄听见声音,睁眼一看,伯伯来了,赶紧套上衣服趿拉着鞋子去拜见。谢安看着谢玄穿的一副波西米亚范儿慌慌张张地跑进来请安,给侄子减压说,你这和苏秦他老婆说苏秦"前倨后恭"是一个意思吧——你这个两面派,人后光膀子,人前穿得好好的,然而都被我看见啦!虽然是一个冷笑话,但却恰到好处地化解了谢玄的尴尬。

谢安教子每每用些四两拨千斤的手段，他知道这些孩子们的性情，知道怎样对症下药。当他心里有十足的把握去拿捏他们的时候，他就不需要板着脸去确保说话有人听。谢玄小时候有点公子哥儿习气，喜欢收集香囊，腰上挂着香水手绢走来走去。虽然是一种时尚，但是谢安却觉得不妥。谢安不说当时的风尚是多么不好，也不简单直白地没收，痛骂一顿，写检查。这样太气急败坏，不够斯文。他不急不慢地和谢玄下围棋，约定，如果谢玄输了，就把所有的香囊手绢儿都送给伯伯。谢玄当然是输了，于是谢安一把火烧了那些香囊手绢儿，还轰轰烈烈搞得众人皆知，谢玄当然就明白了言外之意。

在谢家，家庭沙龙是常有的事情。谢安喜欢召集孩子们在秋高气爽的天气在院子里谈谈理想，下雪的天气里围在炉子边作诗谈艺，在这些最放松的时候，他也就看明白了每个孩子的性格。

过得快活，又受孩子们喜爱和尊重，本来是乐以忘忧的好日子，但现在，谢安却不得不出山了。谢家已经支撑不住他的清闲自在。谢奕死了，谢万被桓温逐出豫州，家族势力摇摇欲坠。他受过家族荣华的福，别人该上班的时候他在家玩，现在家族衰败，他必须站出来了。从前他在家里待着，人人都想请他出来做官。三请四邀。现在他真正要出来了，却没有红地毯，没有人放鞭炮，没有高官厚禄，做的是很早之前就被他拒绝过的桓温的司马一职。当年冷眼旁观着满朝大佬对谢安三请四邀却被无情拒绝的那些人，此时也还在。桓温的幕府里多的是看不起的讥诮。桓温北伐，在新亭举行阅兵的时候，大家都见到谢安了。有人就忍不住讽刺道："当年您隐居的时候，到处都在传言，'安石不肯出，将如苍生何！'现在您倒是出来了，现在天下苍生又怎么说了？"意思是也没见你多大本事嘛。有人送给桓温一种叫"远志"的草药，桓温随口问，这种草为什么又叫小草又叫远志？谢安在座，那个别人晒书他晒肚子的郝隆此时也在座，于是顺口讥讽说，这种草在山中就叫远志，出来了就叫小草。说完之后呵呵呵地看着谢安。谢安什么也没说，依然正襟危坐，但脸上却显出一点愧色来。

但谢安既然来了，光是嘲讽，并无法击垮他。他可以在狂风暴雨的海上岿然不动，自然也可以在政治斗争里温和沉稳，蓄势而动。更何况，现在桓温和朝廷对立，大的政治形势已经足够复杂。谢安很会看形势站队，他在桓温的幕府里做参谋，做了几年，因为谢万去世，辞职了。而后，又做了几年吴兴太守，做得也很不错。朝廷上的掌权者看谢安确实能够做些事情，履历又攒得差不多了，于是把他调进了朝廷中央，做皇帝顾问，侍中。具体的任务很简单，斗垮他家的老朋友，他的老上司，桓温。

桓温这个人，文化程度不高，但军事才能很高，也没有可以夸耀的家族背景，从小就没有名士包袱。他的想法也很简单，我就是要北伐，我就是要掌兵，我做事儿的时候你们少来七嘴八舌提意见。朝廷里的世家大族能允许吗？于是处处给桓温使绊子。桓温就更来劲儿了，你给我使绊子，我就把你搬走。先是仗着手上有兵，废了晋废帝司马奕，改立晋简文帝司马昱，给朝廷里对他横挑鼻子竖挑眼的世家大族一个警告——我连皇帝都可以废立，你们算老几。但朝中王谢这些人，既没把皇帝放眼里，也没把桓温放眼里。这些从东汉起家里就出过九卿，掌握经典解释权的文化政治精英哪里能是你随便吓唬一下就怂了的？桓温也不来虚头巴脑的，上来就拿殷家开刀。安排人诬告简文帝的兄弟司马晞、著作郎殷涓、太宰长史庾倩等人想要为晋废帝报仇，想要谋反。殷涓就是殷浩的儿子，当年殷浩跟桓温之间没少折腾。简文帝只敢哭，最后拼着不做这个皇帝总算保下了自己的兄弟司马晞，可其他人全部被杀。

当时朝廷里愿意出面去斗桓温的是太原王氏的继承人王坦之。简文帝临终，想要下诏把皇位让给桓温，当时王坦之是侍中，第一时间看到了这份诏书，二话没说，在皇帝面前就把它撕了个粉碎。还把病入膏肓的皇帝教训了一顿：你居然讲你的皇位是桓温给的？这不是宣皇帝司马懿和元皇帝司马睿打下来的吗？真是糊涂！最后，原准备让位给桓温的诏书，从"自取之"，到"摄政"，最后到了"辅政"。

诏书到桓温手上，他气炸了。他南征北讨屡立战功不说，连简文帝的皇位都是他给的，居然只让他"辅政"？全程参与了拟定诏书一事的谢安被派去姑孰请桓温到南京来辅政。朝廷别人不派，单派谢安，是知道桓温不会把他怎样。谢安小时候，桓温的父亲桓彝就很喜欢他，说他"风神秀彻"。当初跟桓温称兄道弟，斗酒的时候把桓温喝到躲进老婆房间里的谢奕，正是谢安的大哥哥，桓温又是谢安的老上司，谢安来了，绝口不提桓温与朝廷的剑拔弩张，只叙旧，请人。桓温正在气头上，当然拒绝了。没想到，过了几个月，桓温的气还没消，干脆带兵南下，说是要拜一拜简文帝的皇陵，其实是向南京朝廷示威。南京早就感受到了他的怒气，有谣传说桓温要来"诛王谢，移晋鼎"。这是把王坦之和谢安推到了风口浪尖。

朝廷很害怕，策略很简单，既然你要抓"王谢"来出气，我就把他们推给您，任您处置。于是派了王坦之和谢安去新亭接桓温。王坦之有些慌乱，手里的笏板都拿倒了，自己都不知道。谢安却脸色不变，迎了上去。一路走来，谢安明明白白看见斧声烛影，在房间里的围屏后，藏的都是兵士。桓温的意思很明确，就是要吓死你们这些只会动口的白面书生。没想到，谢安走到他面前，劈头就问，桓公，我听说大将驰骋疆场，守卫四方，您把兵士藏在帷帐后面，是什么意思呢？

桓温反倒一愣，没想到谢安根本不吃他这套。你来吓唬我，我不怕。你当真能把我杀掉吗？桓温这次声势浩大的吓人行动，竟然就以谢安的一声喝问告终。桓温拜了皇陵，回去不久就病了。

桓温病中依然咽不下这口气，要朝廷给他"九锡"——这是九样礼器，朝廷把它们给了一个人，就等于同意了他把皇帝取而代之。谢安又明白，人说"老小"，人到了老年，总有点偏执的小孩子脾气，况且桓温这种本来就大刀阔斧、什么都不在乎的老爷。谢安只命令袁宏反复修改《让九锡表》，"拖"得桓温终老于人臣的位置。

桓温病重，谢安还去看望了他。不管是作为通家少年，还是作为朝廷的代表，表示慰问的礼节总还要有。桓温看着谢安走进来，感叹说，我的家门很久没有这样的人进来了！他现在已经放下了对朝廷的不满，剩下的，只是对谢安风度德行的敬佩。

从此，在朝廷上谢安的威望与日俱增。不仅妥善完成了桓温死后桓家势力与中央的交接，也最大程度上团结了互相看不顺眼的士族，他也高居尚书仆射、扬州刺史，领中书监、并录尚书事。

这时候，前秦的统治者苻坚已经统一了北方，开始计划向南方进军。南方打算重建"北府兵"，应对可能的战争。北府兵的统帅是焦点人选，开会围坐的时候，各家心里都有个名字，却又不愿意提前透底，眉来眼去，合纵连横之下，都想看看对方是什么牌。倒是主持人谢安大大方方站起来讲，我推荐谢玄。就是他那个光着膀子看星星、热爱收藏香囊却被他一把火给烧了的侄子。

那些打着算盘斟酌着试探着的家伙，被谢安坦坦荡荡的"内举不避亲"噎了一嘴，但也说不出反对的意见来，只能抱着看笑话的心态——就看看谢安提拔自己这个年轻的小侄子，最后做得怎么样吧。

但谢玄是谢安二十多年隐居生涯最重要的成果，哪有什么笑话好看。之后的淮南之战、淝水之战，东晋都以少胜多，保住了半壁江山。作为朝廷指哪儿打哪儿的"军锋"，谢玄却继承了很多谢安式的生活乐趣，血火兵燹之外，另有人生。他从谢安那儿继承了爱钓鱼的习惯，驻军在外的时候，曾经钓上鱼来腌好之后给伯伯和妻子寄回去，别人家是"但愿人长久，千里共婵娟"，谢家是"咸鱼千里寄相思"。

传说淝水之战时，谢安正与友人下棋，消息传来，谢安看了一眼战报，又继续落子。事关生死存亡，倒是友人焦急，棋也下不下去了。谢安还是安稳下完这局，才告诉他，小儿辈，大破贼。

淝水之战之后，谢安又执政两年。盛极而衰是人生的道理，权力和威势都是人人争相觊觎的东西，况且皇帝长大了，也总要在大家族的争锋里分一杯羹。谢安便想要重新回到东山去隐居，但志向终于没有达成。

传说他死的时候，刚开始在广陵步丘修建新城，想要修完了新城就出海玩去，却没想到就此病了下来。人病了，没做完的公事却也要有个交代，八月的时候，谢安在病中回了首都建康。车到西州门，忽然停了。他便有些惆怅地说起自己从前的一个梦。他说在与桓温周旋的时候，他总担心自己活不久了，有一晚做了一个梦，梦见自己坐着桓温的车子走了十六里，见到一只白鸡才停下来。现在我明白了，十六里，是十六年，白鸡属酉，今年正是乙酉。我从桓温那里继承权位已经十六年了，到这里，该结束了。没多久，谢安就死了。

谢安的个人修养是东晋名士的巅峰，谢安把儒家孝顺忠诚的处世态度，道家庄子的热爱天地自然、从容安闲的生活态度融为一身。是让人信赖的工作伙伴，也有让人崇拜的个人气质。桓温的弟弟桓冲死的时候，没有按常理向朝廷上表安排自己的子侄，倒是给谢安写了一封信。他说，我的亡兄桓温的小儿子桓玄还小，亡兄桓温曾经托付我照管他，现在我却不能履行诺言了，这是我唯一的遗憾。

书法家王珣曾经是谢万的女婿，也是王导的嫡孙，王珣习作《伯远帖》在一千多年后还被乾隆皇帝在养心殿建了个"三希堂"专门供奉，家世、能力、心气都很高。但是后来在谢氏阻止桓温专权的斗争中做墙头草，谢安非常讨厌他，二人也从此交恶。但是谢安死了之后，王珣拉着王献之去给谢安哭丧，看门的不让进，他也不在乎，硬闯了进去，也不按礼仪慰问谢安的儿子，只是不按章法哭了一通，飘然而去。

谢道韫

有些人，从未想过会有交集，但最后，倒是一起走到了地老天荒

大多数时候，女人的故事只能在后妃列传或者野史中间去挖掘。因为平心而论，中国历史上的女人不少，只是单调，异常的单调。

要么是怨死在长门宫的陈阿娇，要么是把情敌切断了四肢扔进酱菜缸子的吕雉，要么是被画师画歪了像没得宫妃做，只好去搞国际关系的王昭君。要知道，女人斗女人都是狠绝的，尤其是在这样一个一群女人以争取一个男人的眷顾为最终目标的竞赛里，是一开始就拼上了身家性命并且只能赢不能输的不归路，其间的合纵连横、谋略手段，细细读下来，不下于一部三国史。

再不然，是李师师跟了浪子燕青，红拂女随了李靖，董小宛从了冒辟疆，私奔是永恒的主题。狗血的爱情故事很多，看多了

难免过敏。

好在，还有个魏晋，于是能够欣慰这块土地上也曾生活过自我而自由的女子，宗白华先生说得好，是"矫矫脱俗"。她们聪慧温柔，清醒得如同深秋的夜月，当得起一个"敏"字。

谢道韫出生在当时正鼎盛的谢家，伯伯是风流宰相谢安，弟弟是淝水之战以少胜多的将军谢玄。她工文墨，有诗才。有一天下大雪，谢安让谢家的儿女们咏雪，实心眼的谢朗说是"空中撒盐"，这个标准的郭靖似的回答引出了谢道韫的千古绝句，"不如柳絮因风起"。

其实谢朗说得并不错，若是状物，盐和雪粒确实是极像的，只是作为诗，他少了谢道韫句子中温柔的质感，少了那些"冬天已经来了，春天还会远吗"的憧憬。

曹雪芹一定喜欢这个故事，他在《红楼梦》里配给最让人珍爱的女主角林黛玉的判词便是，"堪怜咏絮才"。谢道韫有少女共有的幻想，又有别的女孩子所没有的发现美和解读美的天赋。只是，洞察得越多，越容易寂寞——谢道韫没有一个能够和她痴嗔憨顽，共读西厢的宝哥哥。

作为世家高门的女子，不奇怪的，谢道韫嫁到王家，做了王羲之的大儿子王凝之的夫人。本来她未来夫君的人选还有：雪夜跋山涉水寻访友人却在门前折返，到哪里都要种竹子，宣称"何能一日无此君"的王徽之；有写字"丹穴凤舞，清泉龙跃"，后来和他爹并称为"二王"的王献之。王凝之和他的弟兄们比起来，既没特长也没个性，除了在几个儿子中年纪最大之外（王羲之的大儿子早夭，老二王凝之便递补成了最大的），没什么能称得上第一的。

然而对于人生和政局洞若观火的谢安却给谢道韫选了王凝之。

谢道韫失望，不满意，发牢骚。《世说新语》记载她回家省亲的时候曾经对谢安叹息："一门叔父，则有阿大、中郎；群从兄弟，则有封、胡、遏、末。不意天壤之中，乃有王郎！"谢道韫的叔父，有满腹才气、清歌啸咏的谢万，精通音律和书法的谢尚，弟兄同辈里有著书立说的谢韶，能文能武的谢玄，还有虽然比不上谢道韫的文学造诣但是也博学广闻的谢朗，以及有文名的谢渊。

一时的风华，谢家占了大半，列数自家兄弟的才华令名的时候谢道韫未必没有小声嘀咕着王家的兄弟：徽之，献之，都是又帅又有才华的男人，怎么就让我嫁了个王凝之呢！

天地之大，竟然有王凝之这样的男人！

这段话历来被当做谢道韫发泄郁闷的证词。然而仔细一看，却发现谢道韫说到这里的时候，无奈和着娇嗔，撒娇是主要目的，简直似曾相识：已婚妇女们聊天，都喜欢诟病自己的夫君。然而哪一天真的有人攻讦起先生们，最先揭竿而起的定然是夫人们。

谢道韫未必是不满意王凝之。否则，以谢安对她的宠爱，纵然是与王家和亲，也不会武断让她嫁一个定然不喜欢的凝之。

有才华的女子多，只是被旷达睿智的谢安调教大的谢道韫，既懂得要饱含热望也懂得要理解生活的琐屑和无奈。她甚至颇为

"世故"地明白,一个女人,一个注定要带上"联姻"使命的女人怎样才能安稳又舒心地度过一辈子。谢道韫如此钟灵毓秀的女人,心里明白,嫁给王凝之,是她最好的选择。

王徽之为人任情于心,虽然风流,但是变化多端,若是谢家姑娘跟了这位深更半夜跑出门去暴走一夜,大天亮再往回赶的风流才子,恐怕担心劳累早就红颜薄命了;王献之先是娶了郗家的女儿,后来郗家失势,又娶了公主,郗家和谢家一样是东晋大族,王献之或薄情寡义或是迫不得已,总之,太过耀眼的王献之不能带给谢道韫保有一生的安全感。

嫁给风流的徽之献之,是举案齐眉,却也是情深不寿。后来的李清照和赵明诚从"赌书消得泼茶香"到"小簟轻裘各自寒"不正是验证了谢道韫的选择的正确吗?之前的司马相如和卓文君从"凤求凰,有艳淑女兮在闺房"到"朱弦断,明镜缺"的故事,已是聪慧的女子们不堪细说的往事。

王凝之没有什么特殊的才华,却也并不太差,有匹配的家世,不多不少正够混的才名,偶尔吟诗清谈也能拎得出手。没有太过锋芒的性格和才华,因而能在乱世里远避祸端,安稳地从江州刺史、左将军一路做到会稽内史。

会稽就是今日的绍兴上虞一带,是整个东晋风景最优美、生活最富庶的地方。在那里做地方长官的夫人,谢道韫的日子过得该是安逸的吧。

嫁给王凝之,是谢道韫自己的选择,现世安稳,岁月静好。

这是这位才女真正通透的地方,她终于跳出了只闻新人笑不见旧人哭的恶性循环，戳破了看上去很美的肥皂泡，放弃了把一辈子投入一场在当时代价昂贵却结果低微的爱情豪赌中，在平淡的爱情里收获了相濡以沫的婚姻。

谢道韫总让我想到因为妮可·基德曼的电影《时时刻刻》而变得流行的弗吉尼亚·伍尔夫。她也出生在一个书香门第，常常参加父亲的茶会，和当时最出色的男子促膝而谈。她的朋友，有后来拯救了大萧条而一举成名的经济学家凯恩斯，有写过《西方哲学史》的数学家罗素，有《007》之父小说家弗莱明。他们后来分享了一个共同的名字布鲁姆斯伯里，这个名字最后成为文化世界的一个绮梦，让后来所有的文化人扼腕而叹自己生不逢时。

如果晚生一千多年，谢道韫未必不能成为中国的弗吉尼亚·伍尔夫。

谢道韫和伍尔夫中西两分，隔着一千多年，然而要真的比较起相同点来，她们都有超越了性别的见识和欣赏能力，都有可以比肩男子的知识和才华。然而作为两个女人，她们最有趣的共同之处大概是，都有一个懂得欣赏她们的丈夫。

伍尔夫有严重的强迫症，屡屡有自杀倾向，是最懂得欣赏她的丈夫雷纳德·伍尔夫屡屡救下她。那时候一个女子写作还需要承受来自男权社会的种种挑剔，是伍尔夫先生为伍尔夫建立了间自己的房间，让她可以在那儿留下给全人类的礼物。尽管雷纳德的名字注定被淹没在芸芸众生之中，然而没有伍尔夫先生便没有日后完整的伍尔夫太太。

王凝之在历史上也是不出色的，他几乎消失在了王家另外两个兄弟耀眼的光芒中,甚至谢道韫彼时的声望亦高于他,有人戏称,王家对历史的贡献,在于献之的字,徽之的放诞和凝之的老婆。然而王凝之并没有表现出不耐,他没有以丈夫的身份将谢道韫的足迹和思想限定在闺阁之内,他也没有让谢道韫经历古往今来那么多才女经历过的颠沛流离。

一个男人,能够容忍并且以温和愉悦的态度接受和欣赏妻子高于自己的才华和声望,定然不简单。也许他平庸,但他以他的胸襟包容着她,保护着她,在他力所能及的那些岁月里免她惊,免她苦,免她四处流离,免她无枝可依。

作为丈夫,王凝之是出色的,他成全了谢道韫,用他的平凡。

在他的庇佑之下,谢道韫是自由的,她有自己的心灵空间和追求,不再囿于闺阁,不再伤春悲秋,而是醉心于人生和世界的哲学思索。仔细观察这个女子,你常常会想,如果她不是女子,也该是永和九年那一次兰亭之会上俯仰天地、品类宇宙的一员,也该在《世说新语》中像她的叔叔谢安一样被写进"雅量"篇或是"排调"篇中。

曾经有一个颇有识见的尼姑在比较谢道韫和当时与她齐名的才女张玄的妹妹顾夫人时说过:"王夫人神清散朗,故有林下之风;顾家妇清心玉映,自有闺房之秀。"看着是你好我好大家好,但高下却依然是分出来了:闺房之秀,一般女子努力读书少做错事勉强可及,可是一个女子,有疏朗清阔的竹林名士的风采,便早已超越了学识修养,而是气度和胸襟了。

谢家经常有文人雅集，开明的谢安允许孩子们一起参加，他曾经问过孩子们最喜欢《诗经》中的哪一句。谢玄回答的是深富美学意味的"昔我往矣，杨柳依依。今我来思，雨雪霏霏"。而谢道韫喜欢的却是"吉甫作诵，穆如清风。仲山甫永怀，以慰其心"。和谢安喜欢的"吁谟定命，远猷辰告"一样出于《诗经·大雅》，是周朝的老臣忧心国事的句子。

她不仅忧心国事，对于当世的事情也看得透彻，她曾经提醒过谢玄，你天分有限，警告他不要尘务经心。那时候谢玄打赢了淝水之战，是功高震主的强臣。谢道韫看到了盛极必衰的苗头，隐晦地提醒谢玄该是止足的时候了。

她还关心自然，像当时的很多聪明人一样思考人生和天地的关系，思考名教和自然的相生相克，她一定不是小家碧玉似的容易脸红的女子，也许还曾经女扮男装遨游四方。

谢道韫曾经去泰山玩，有诗留下：

峨峨东岳高，秀极冲清天。

岩中间虚宇，寂寞幽以玄。

非工复非匠，云构发自然。

气象尔何物，遂令我屡迁。

逝将宅斯宇，可以尽天年。

这是当时流行的玄言诗，讲究意在言外，于是诗句本身便晦涩起来，不好读。六朝的诗歌无法跟唐诗的工整浓丽相比，只是看着这一句"逝将宅斯宇，可以尽天年"，你不会想到那句带着豪情的"以天为盖地为庐"吗？后来那位写出"采菊东篱下"的陶渊明也一定会将谢道韫引为同类,赠她一杯菊花酒。

女人写诗常见,卓文君写"白头吟,伤离别",左芬写"何时当奉面,娱目于书诗。何以诉辛苦,告情于文辞",写得都好,只是终究气宇不够。除了丈夫和父母,她们的生活里没有更多的主题,难免让人觉得可惜,这不是才华的局限,而是视野的狭窄:波伏娃说女人之所以成为第二性,是她们把自我规定和认同为女人。把自己的关注点局限在琐碎和家长里短之上,是闺秀,但成不了名士。

但谢道韫不一样,她参加家庭的集会,聆听当时最有才华和气量的男人们的谈话,甚至在青帏后面参加他们的辩论。她的小叔子王献之曾经与人辩论,被她听见,当时王献之已经尽落下风,差一点落败,却没想到谢道韫从青帏后出声,将原先已经穷尽的词理步步引申,最后居然让客人词穷,为王献之赢得一局。

你大概会想,岁月如此静好,慢慢变老也许是这个睿智的女子应得的从容,然而,在她的故事终将结局之前,是陡然的翻天覆地。这样一个独特的女子最后一次出现在史书上却是一次惊心动魄的战斗,只是那时候她已经没有了王凝之的庇护。

隆安三年(公元399年),孙恩叛乱,攻到会稽,虔诚的五斗米教徒王凝之不组织守军,反而胸有成竹地说他已经通告天上的神仙,孙恩蹦跶不了多久就要被收走了。王凝之倒不见得真的如此昏聩,只是熏染了一辈子名士温雅的凝之从心里不相信,也不能想象孙恩真的敢把他怎么样。然而结果却是刀剑无情,孙恩真刀真枪地杀将进来,血溅了凝之的名士理想。

谢道韫和谢安一样的坚韧和从容在此时体现了出来：听到这个消息谢道韫立刻组织了一帮娘子军，自己也佩刀杀将出去。虽然花拳绣腿不见得管用，却向孙恩传递了一个坚强又勇敢的信号：作为谢家的女儿，王家的媳妇，她会代表这两家高门抵抗到底。这不能不说是个让孙恩再三思量的信号。

后来谢道韫的四个儿子都在此次叛乱中遇难，孙恩又想杀掉她的外孙的时候，已经年迈的谢道韫怒斥他，"事在王门，何关他族？此小儿是外孙刘涛，如必欲加诛，宁先杀我！"

孙恩听说过谢道韫的才名，又刚见识过她的勇敢，再被怒斥一顿，想想不禁胆寒：王谢是当世大族，自己刚杀掉五个姓王的，再杀掉一个名满江南的谢家女子，将来恐怕不见得有好果子吃，于是谢道韫的外孙因而免于一死。

每次看到这个故事，常会不自觉地想，是魏晋的自由和豁达成全了谢道韫，但也是这个乱世葬送了她精心选择的生活。它让一个女子名冠天下，却也让她晚景凄凉。谢道韫运用了她所有的才智给自己安排了一辈子的平庸：她知道，一个女子的幸福来源于她的平庸，那些在书本上留下传奇的女子所经历的跌宕和不幸，在现实中的重演会摧折女子本来敏感而温暖的心。

后记

在历史与文学的分叉点

　　大英博物馆里对于文艺复兴的解说是:"这是人们改变看待世界方式的时代。"

　　在中国人的历史里,"看待世界的方式"其实一直发生着变化。"二十四史"向来被认为是确凿记载、复盘过去的"准绳",但它们的标准,却因时代的不同而不同。

　　《史记》里,司马迁记载了三皇五帝,记载了"信而见疑,忠而被谤"的屈原,记载了"赵氏孤儿"的故事。在司马迁的标准里,他写历史,为了"究天人之际,通古今之变,穷一家之言"。所以在他的历史里,他问道,如果上天是公正的,为什么伯夷叔齐这样有德行又近乎严厉地要求自己的人,却落得饿死首阳山的下场?

　　但司马光,他不会这样问。《资治通鉴》里,没有屈原,没有李白杜甫，也没有伯夷叔齐，他只关心那些"有鉴于往事，以资于治道"的人与事。他的标准是，作为一个"社会人"，怎样才算履行了自己的职责？

"史书"是历史记载，更是史家最火热明确又无保留的道德观念。在我们放心地把他们的记载当做发生过的事实的时候，也照单全收了史家关于"善恶""对错"和"世界应该有的样子"的标准。所以，文明史学家威尔·杜兰特说，历史大部分是猜测，剩下的是偏见。作为后来人，我们其实没有选择另一种视角的权利——材料与观点早已血肉相连，我们看到的过去，永远透过的是历史学家的眼睛，我们甚至没有权利去选择景深、色调，到底特写谁。

但好奇心并不允许亦步亦趋的阅读，总想要发现更多的角度、材料，拼凑出更完整更有血肉的人物。裴松之给《三国志》做注，做出了许多细节丰富的侧面，甚至改写了人物的品格。他提供了荀彧的两种死法：陈寿在《三国志》正文里写，荀彧因为忧虑死了。裴松之却说，《魏氏春秋》还有另一种讲法：曹操送给荀彧空食盒，荀彧便知道，这是曹操不能容忍他，便自杀了。他也提供了曹操杀吕伯奢一家的两种解释：《魏书》说，曹操逃到吕伯奢家，吕伯奢的儿子们知道董卓在捉拿曹操，想要把他绑起来，曹操杀了他们跑了。《世说新语》里说，曹操因为怀疑吕伯奢要把自己交给董卓，杀了吕伯奢和他的儿子，自称"宁愿我负天下人，不可天下人负我"。而陈寿根本没在《三国志》里记载这件事情。

后来修历史的人在选择甄别材料的时候，也往往受不住诱惑，甚至根本就是在寻找一条符合自己故事脉络的拼图。

《晋书》为后来人所批评，因为在编纂当中，采用了太多的"小说家言"：《语林》《世说新语》《幽明录》《搜神记》，不仅有段子，还有怪力乱神。但这给后人提供了更多观察人物的角度。像是一整版拼图，拼成一个完整的图样，严丝合缝，点儿不剩才算"正确"。现在，不再有绝对的"正确"，因为有了更多的拼图块儿，也就有了更多的可能。

鲁迅曾经赞扬《史记》，说它是"史家之绝唱，无韵之离骚"，在赞扬司马迁作品的史学与文学价值的时候，其实也承认了一个基础，在这里，历史叙事与文学叙事就像是一对兄弟，他们本沿着同样的轨迹成长。但后来，出于对"真实"的不同理解，它们分道扬镳。人在"文学"与"历史"间筑起矗立千尺的堤坝，意在他们互不侵犯。

但换一个角度，文学也为历史提供了更多的"素材"，现在，不仅诗歌可以做史料，甚至墓志、方志、传说，都被用来作为"重构历史"的素材。以这样的角度来看《晋书》，甚至以后一切进入了人物的内心空间去叙述历史的作品，它们在提供某些历史档案与材料的时候，也在提供一种看待过去的更有强烈立场与同情心的方式：它们重新"塑造"着历史人物，他们所处的位置，当时人对他们的看法，他们自己对于当世的态度。

在某些流派的历史学家看来，这是一种危险，但在另外的历史学家看来，这正是阅读与写作历史的意义与乐趣——像侦探一样，打碎早已拼好的拼图，看看能不能获得一个新的图案！

而我，我偷偷摸摸跟在历史与文学家之后，最关心人。在这本书里，收录了一部分将近十年前的旧文，修改过后，与一部分新文放在一起，合成一辑，写我以为在今天最该被关注的时代。收在这本书里的这些人，千年前受过良好教育，却在时代的动荡里面临一次又一次的选择，因为对人生有了不切实际的幻想，而眉飞色舞，又跌进无尽深渊。

在利用前人留下的历史记载与当代研究的时候，我也忍不住进行合理的推测，想要以一个千年后的现代人去照见他们的内心。也许根本照不见，只是徒劳证明，他们也遇见我们一样的问题罢了。

历史可以无限细腻地复原过去：吃什么，穿什么，戴什么，怎样看医生，怎样置换房子炒地皮。历史当然也可以成为"做人指南"：告诉你怎样拍老板马屁，跟同事搞好关系，人人都爱你。你还可以在书店同样的柜台买到"麦肯锡教你XX条职场规则"，"巴菲特给年轻人的XX条意见"。你读完八百本"职场秘籍"，八面玲珑，深信自己是"职场精英"，也没法躲开一场突如其来的裁员。

在另外一个层次上，历史也可以是一种情感交流——既然人同此心，我们深陷其中的人生问题，他们也曾经遇到过。我想要用这本书写他们的人生，像折返跑，像过山车，有高潮有低谷，这根本是无法预期也无法避免的事情。甚至，在获得最大世俗成功的时候，也会沮丧空虚。我想回到他们的时代，站在他们身边，看到他们眼前最动荡又迷茫的人生。

时间变了，世道也变了，但"人生"这个难题依然横亘在你我面前。我想翻开他们的答题簿，看看他们的答案。不管对错。但他们写得那么认真，潇洒而美。这就有多好。

不足与疏漏大概不少，有时候推测太多，难免脱缰野马。也欢迎给我发邮件，问题、建议、赞美、吐槽，都照单全收：yizhou2011@foxmail.com。也欢迎大家扫以下二维码关注我的公众号。

谢谢看到这里。

2017年感恩节于美国农村

北溟鱼，南京人。主业法律，历史票友。著有《在深渊里仰望星空》《长安客》等。

参考书目

《三国志》,陈寿撰,岳麓书社,2005年版。

《晋书》,房玄龄等著,中华书局,1996年版。

《资治通鉴》,司马光著,中华书局,2007年版。

《建康实录》,许嵩著,上海古籍出版社,2009年版。

《文选》,萧统编,李善注,上海古籍出版社,1986年版。

《全上古三代秦汉三国六朝文》(全四册),严可均编,中华书局,2000年版。

《柏杨版资治通鉴》,柏杨著,中国友谊出版公司,2000年版。

《世说新语笺疏》,刘义庆撰,余嘉锡笺疏,中华书局,1993年版。

《魏晋南北朝史》,王仲荦著,中华书局,2007年版。

《魏晋玄学论稿》,汤用彤著,上海古籍出版社,2001年版。

《陈寅恪史学论文选集》,陈寅恪著,上海古籍出版社,1992年版。

《何兹全文集》,何兹全著,中华书局,2006年版。

《魏晋风度及文章及药与酒之关系》,鲁迅著,上海古籍出版社,2000年版。

《山涛论》,徐高阮著,中央研究院历史语言研究所集刊第41本第一分册,1969年版。

《魏晋南北朝史论稿》,万绳楠著,安徽教育出版社,1983年版。

《六朝贵族制社会研究》,[日]川胜义雄著,徐谷芃、李济沧译,上海古籍出版社,2008年版。

《纪念陈寅恪先生诞辰百年学术论文集》,北京大学中国中古史研究中心编,1989年版。

《读史集》,何兹全著,上海人民出版社,1982年版。

《鹊华山馆丛稿》,王仲荦著,中华书局,2007年版。

《金明馆丛稿二编》,陈寅恪编著,上海古籍出版社,1980年版。

《金明馆丛稿初编》,陈寅恪著,上海古籍出版社,1980年版。

《东晋门阀政治》,田余庆著,北京大学出版社,2005年版。

《才性与玄理》,牟宗三著,广西师范大学出版社,2006年版。

《郭象评传附向秀评传》，王晓毅著，南京大学出版社，2006年版。

《玄学与魏晋士人心态》，罗宗强著，天津教育出版社，2006年版。

《士与中国文化》，余英时著，上海人民出版社，2003年版。

《魏晋南北朝禁卫武官制度研究》，张金龙著，中华书局，2004年版。

《三国前传：汉末群雄天子梦》，于涛著，中华书局，2006年版。

《魏晋玄学论讲义》，汤一介著，鹭江出版社，2006年版。

《两汉魏晋南北朝宰相制度研究》，祝总斌著，中国社会科学出版社，1990年版。

《王弼评传》，王晓毅著，南京大学出版社，1996年版。

《建安风骨》，李宗为著，中华书局，2004年版。

《波峰与波谷：秦汉魏晋南北朝的政治文明》，阎步克著，北京大学出版社，2009年版。

《魏晋南北朝诗选评》，曹道衡、俞绍初注评，三秦出版社，2004年版。

《诗品译注》，[梁]钟嵘著，周振甫译注，江苏教育出版社，2006年版。

《诗品全译》，[梁]钟嵘著，徐达译注，贵州人民出版社，2008年版。

《万川之月：中国山水诗的心灵境界》，胡晓明著，北京大学出版社，2005年版。

《思想史上的失踪者》，朱学勤著，花城出版社，1999年版。

《王羲之》，杨成寅编著，人民大学出版社，2005年版。

《中国书法理论体系》，熊秉明著，天津教育出版社，2003年版。

《南朝诗魂》，杨明著，中华书局，2004年版。

《魏晋诗歌艺术原论》，钱志熙著，北京大学出版社，2005年版。

《魏晋名士风流》，宁稼雨著，中华书局，2007年版。

《魏晋文人讲演录》，马良怀著，广西师范大学出版社，2009年版。

《世说新语精读》，骆玉明著，复旦大学出版社，2007年版。

《陈寅恪魏晋南北朝史讲演录》，万绳楠著，贵州人民出版社，2007年版。

《魏晋南北朝史论集》，周一良著，北京大学出版社，2000年版。

《秦汉魏晋史探微》（重订本），田余庆著，中华书局，2004年版。

《中国美学史（魏晋南北朝编）》，李泽厚、刘纪纲著，安徽文艺出版社，1999年版。

《知人者智——〈人物志〉解读》，王晓毅著，中华书局，2008年版。

《华丽家族：六朝陈郡谢氏家传》（二版），萧华荣著，三联书店，2008年版。

《簪缨世家：六朝琅邪王氏家传》（二版），萧华荣著，三联书店，2008年版。

《魏晋南北朝史札记》，周一良著，北京大学出版社，2007年版。

《魏晋之际的政治权力与家族网络》，仇鹿鸣著，上海古籍出版社，2012年版。

本书大事年表

（根据王仲荦《魏晋南北朝史》与袁行霈《中国文学史》整理）

帝王纪年	公元	大　　事
东汉灵帝 中平元年	184年	二月，黄巾大起义。
中平六年	189年	四月，灵帝卒，少帝刘辩立，帝舅大将军何进辅政。八月，宦官杀何进，袁绍诛宦官。董卓提兵入洛阳。九月，董卓废少帝，立献帝。
东汉献帝 初平元年	190年	正月，关东州郡起兵讨董卓，推袁绍为盟主。二月，董卓胁献帝迁都长安。是岁，辽东太守公孙度自立为辽东侯、平州牧。曹操作《蒿露行》。 阮瑀受学于蔡邕。 王粲年十四，至长安，为蔡邕赞赏。
初平二年	191年	七月，袁绍自领冀州牧。
初平三年	192年	四月，诛董卓，司徒录尚书事王允并害蔡邕，曹操领兖州刺史。六月，董卓部将李傕、郭汜等破长安，关中大乱。十二月，曹操败黄巾于济北，得戎卒三十余万，收其精锐，号青州兵，操兵力始强。 曹植生。 王粲与王凯赴荆州投奔刘表，王粲有《七哀》诗。
建安元年	196年	七月，献帝被劫返至洛阳。八月，曹操迎汉献帝至许昌。是岁，曹操始募民屯田许下，得谷百万斛。
建安三年	198年	祢衡作《鹦鹉赋》，被曹操杀害。

续表

帝王纪年	公元	大事
建安四年	199年	九月,曹操出兵与袁绍相持于官渡。十一月,张绣降于曹操。
建安五年	200年	四月,孙策卒,弟孙权继位。十月,曹操大败袁绍于官渡。 陈琳作《为袁绍檄豫州文》。 王粲作《荆州文学记官志》。 刘桢、应场、阮瑀在曹操幕府。
建安七年	202年	五月,袁绍卒,绍三子袁谭、袁熙、袁尚争立。 蔡邕女蔡琰(文姬)被曹操赎归,作《悲愤诗》。 曹丕作《蔡伯喈女赋》。
建安九年	204年	曹操灭袁谭,走袁熙、袁尚,遂定冀州(河北)。 陈琳归曹操,为司空军谋祭酒。 徐幹约于本年归曹操,为司空军谋祭酒。 颁田租、户调令。
建安十一年	206年	正月,曹操击高干,取并州。作《苦寒行》。 王粲作《登楼赋》。
建安十二年	207年	八月,曹操击破乌桓。回军时,作《步出夏门行》组诗。
建安十三年	208年	十月,赤壁之战。 阮瑀、陈琳、徐幹、刘桢皆从征。 孔融被曹操所杀。
建安十五年	210年	曹植作《铜雀台赋》。 阮籍生。
建安十六年	211年	正月,曹丕为五官中郎将、丞相副。

续表

帝王纪年	公元	大事
建安十七年	212年	阮瑀卒。 曹丕、王粲作《寡妇赋》，伤阮瑀妻儿之孤苦。
建安二十二年	217年	徐幹、陈琳、应场、刘桢皆感染瘟疫，病卒。 王粲卒。曹植作《王仲宣诔》。 曹丕被立为太子。
建安二十三年	218年	曹丕整理徐幹、陈琳、应场、刘桢集成。
魏文帝黄初元年	220年	正月，曹操卒。曹丕继位为丞相、魏王。 二月，实施九品中正制。十月，曹丕称皇帝，三国开始，东汉亡。
黄初四年	223年	曹植徙封雍丘王。作《洛神赋》。
黄初七年	226年	正月，曹丕卒，子曹叡继位，是为魏明帝。
魏明帝太和六年	232年	十一月，曹植卒。
景初三年	239年	正月，魏明帝曹叡卒，曹芳继位。曹爽、司马懿辅政。二月，曹爽转司马懿为太傅，不令录尚书奏事。
齐王曹芳正始元年	240年	何晏、王弼开始提倡玄学。
正始四年	243年	嵇康尚长乐亭主，拜郎中。
正始六年	245年	嵇康居山阳，与阮籍、山涛、刘伶、向秀、阮咸、王戎为"竹林之游"。
嘉平元年	249年	正月，高平陵事变，曹爽、何晏等被杀，司马懿专擅魏政。是岁，玄学家王弼病卒。

续表

帝王纪年	公元	大事
嘉平三年	251年	四月,魏都督扬州诸军事王凌谋立楚王曹彪,司马懿率兵镇压,王凌自杀。八月,司马懿卒,司马师擅政。
魏高贵乡公正元元年	254年	二月,司马师杀中书令李丰,太常夏侯玄。九月,司马师废魏帝曹芳,立高贵乡公曹髦。
甘露二年	257年	四月,魏征东大将军诸葛诞于寿春举兵反魏。
魏元帝景元元年	260年	五月,司马昭杀曹髦,立曹奂。
景元三年	262年	嵇康被杀。
景元四年	263年	阮籍卒。
西晋武帝泰始元年	265年	十二月,司马昭之子司马炎代魏称帝,是为西晋武帝。
太康四年	283年	三月,齐王司马攸病卒。
西晋惠帝永熙元年	290年	三月,西晋武帝卒,子司马衷继位,是为惠帝。帝舅杨骏辅政。
元康元年	291年	三月,楚王司马玮承贾后意,杀杨骏。贾后干预朝政。六月,贾后命楚王玮杀汝南王亮、太保卫瓘,又杀楚王玮。
永康元年	300年	三月,贾后杀废太子遹。四月,赵王司马伦杀贾后,并害张华及裴頠。是岁,文学家潘岳、哲学家欧阳建被杀。
永宁元年	301年	正月,司马伦称皇帝。四月,伦败死。惠帝复帝位,宗室混战开始。
永兴元年	304年	十月,匈奴北单于刘渊举兵于左国城,称汉王。李雄亦于成都称成都王。是岁,张轨出镇凉州。

续表

帝王纪年	公元	大事
光熙元年	306年	六月,李雄称皇帝,国号大成。八月,东海王司马越擅政。十一月,晋惠帝卒,弟司马炽即帝位,是为怀帝。
西晋怀帝永嘉元年	307年	九月,琅邪王司马睿移镇建业。
永嘉二年	308年	十月,刘渊称汉皇帝,建都平阳。
永嘉四年	310年	七月,刘渊卒,太子刘和继位,刘和兄刘聪杀和自立。九月,王如起兵于南阳。
永嘉五年	311年	正月,巴蜀流民四五万家起义于湘州,推杜弢为主。三月,东海王司马越病死于项。四月,石勒击灭西晋主力军于苦县宁平城,死者十余万人。六月,汉刘耀等攻陷洛阳,俘晋怀帝。
西晋愍帝建兴元年	313年	四月,秦王司马业即皇帝位于长安,是为愍帝。
建兴四年	316年	十一月,刘耀攻陷长安,俘西晋愍帝,西晋亡。
东晋元帝建武元年	317年	三月,司马睿即晋王位于建康,东晋建国。
太兴元年	318年	三月,司马睿改称皇帝,是为东晋元帝。十月,刘曜称帝。
太兴二年	319年	六月,汉刘曜改国号曰赵,史称前赵。十一月,石勒称赵王,史称后赵。
永昌元年	322年	王敦举兵。
东晋明帝太宁二年	324年	王敦病死。
东晋穆帝永和元年	345年	八月,东晋以桓温为安西将军、荆州刺史。
永和三年	347年	三月,桓温率兵取成都,成汉亡。

续表

帝王纪年	公元	大 事
永和七年	351年	正月,符健自称天王,国号秦,史称前秦。
永和八年	352年	四月,前燕主慕容儁灭魏,杀冉闵。
永和九年	353年	三月,王羲之写出《兰亭序》。十月,殷浩北伐失败。
永和十年	354年	二月,桓温伐前秦,至灞上。六月,桓温因为缺乏粮食退兵。
永和十二年	356年	桓温北伐,攻入洛阳。
升平元年	357年	六月,符坚杀符生,称大秦天王,始任王猛为政。
升平三年	359年	十月,谢万(谢安弟弟)北伐失败。
东晋太和元年	366年	前秦建元元年,敦煌莫高窟开掘。
太和四年	369年	桓温北伐前秦,至枋头,因粮竭退兵;燕军追至襄邑,晋军败归。
东晋简文帝咸安元年	371年	十一月,桓温率兵入建康。
东晋孝武帝宁康元年	373年	七月,桓温病卒,谢安执政。十一月,前秦取东晋梁州、益州。
太元二年	377年	东晋建立北府兵。
太元四年	379年	二月,前秦取东晋襄阳。是岁,王羲之卒。
太元八年	383年	十一月,秦晋淝水之战,前秦大败。
太元十年	385年	八月,谢安卒。是岁,王献之卒。
太元二十年	395年	戴逵卒。
东晋安帝隆安三年	399年	十月,孙恩起义。

续表

帝王纪年	公元	大事
隆安四年	400年	五月,孙恩起义军攻破会稽。
元兴元年	402年	三月,桓玄入建康。孙恩失败,卢循领导起义军。
元兴二年	403年	十二月,桓玄称皇帝,国号楚。
元兴三年	404年	二月,刘裕、刘毅为首的北府兵将领起兵讨伐桓玄。五月,桓玄死。十月,卢循取广州。
义熙元年	405年	正月,桓玄残余势力被消灭。三月,晋帝复位。

本作品中文简体版权由湖南人民出版社所有。
未经许可，不得翻印。

图书在版编目（CIP）数据

在深渊里仰望星空：魏晋名士的卑微与骄傲 / 北溟鱼著. —长沙：湖南人民出版社，2018.4（2021.11）
ISBN 978-7-5561-1887-8

Ⅰ.①在… Ⅱ.①北… Ⅲ.①文人—人物研究—中国—魏晋南北朝时代 Ⅳ.①K825.4

中国版本图书馆CIP数据核字（2018）第001153号

ZAI SHENYUAN LI YANGWANG XINGKONG WEIJIN MINGSHI DE BEIWEI YU JIAOAO
在深渊里仰望星空：魏晋名士的卑微与骄傲

著　　者	北溟鱼
出版统筹	陈　实
产品经理	刘　婷
责任编辑	田　野
装帧设计	刘　伟
封面题字绘画	@老树画画
出版发行	湖南人民出版社［http://www.hnppp.com］
地　　址	长沙市营盘东路3号
邮　　编	410005
印　　刷	湖南天闻新华印务有限公司
版　　次	2018年4月第1版 2021年11月第19次印刷
开　　本	880 mm × 1230 mm　1/32
印　　张	10
字　　数	200千字
书　　号	ISBN 978-7-5561-1887-8
定　　价	48.00元

营销电话：0731-82683348（如发现印装质量问题请与出版社调换）